U0570047

科学出版社"十四五"普通高等教育本科规划教材
新编高等学校公共管理专业精品教材

智慧城市建设与管理

汤志伟　主编

科 学 出 版 社

北 京

内 容 简 介

本书在推进国家治理体系和治理能力现代化建设和"十四五"规划中对城市治理水平提升的新要求背景下，系统阐述我国智慧城市建设与管理的重要议题和关键环节。全书共 10 章。首先，论述智慧城市的概念特征和信息基础设施；其次，从智慧政务、智慧产业和智慧民生等领域介绍智慧城市的应用实践；再次，从体制机制、政策制度、标准规范等方面介绍建设智慧城市的保障体系；最后，描绘智慧城市建设的目标愿景与实施路径。

本书可作为行政管理、电子政务、城市规划及相关专业的本科生、研究生的教材，也可作为从事智慧城市建设与管理的在职人员培训用书和自学参考书。

图书在版编目（CIP）数据

智慧城市建设与管理 / 汤志伟主编. —北京：科学出版社，2022.6
科学出版社"十四五"普通高等教育本科规划教材
新编高等学校公共管理专业精品教材

ISBN 978-7-03-071713-9

Ⅰ. ①智… Ⅱ. ①汤… Ⅲ. ①现代化城市－城市建设－高等学校－教材 Ⅳ. ①C912.81

中国版本图书馆 CIP 数据核字（2022）第 034861 号

责任编辑：方小丽 / 责任校对：贾娜娜
责任印制：张 伟 / 封面设计：蓝正设计

科学出版社 出版
北京东黄城根北街 16 号
邮政编码：100717
http://www.sciencep.com
保定市中画美凯印刷有限公司印刷
科学出版社发行 各地新华书店经销
＊
2022 年 6 月第 一 版 开本：787×1092 1/16
2024 年 11 月第七次印刷 印张：12 1/2
字数：290 000

定价：52.00 元
（如有印装质量问题，我社负责调换）

序言：智慧城市推进城市治理变革

在城市治理的数字化转型中，智慧城市、城市大脑、数字孪生、数字政府等成为城市治理新理念和新实践的代名词。习近平总书记强调："运用大数据、云计算、区块链、人工智能等前沿技术推动城市管理手段、管理模式、管理理念创新，从数字化到智能化再到智慧化，让城市更聪明一些、更智慧一些，是推动城市治理体系和治理能力现代化的必由之路，前景广阔。"

智慧城市是在广泛信息化的基础上，通过物联网将城市中的万物进行互联，运用新一代信息技术对各种信息进行智能化处理及分析，以促进城市治理、公共服务和民众生活的智慧化、人性化及高效化，最终为人民创造美好的城市生活并实现城市的可持续发展。

《中华人民共和国国民经济和社会发展第十四个五年规划和2035年远景目标纲要》提出了新时期分级分类推进新型智慧城市建设的重要路径，党的二十大报告提出了要加强城市基础设施建设，打造宜居、韧性、智慧城市的主要目标。随着智慧城市较大规模的试点及新型智慧城市的发展，我国智慧城市建设的不断深入、全面。在经历实践探索、规范调整和战略攻坚三个阶段后，我国于2017年迎来了智慧城市全面发展时期。中共中央网络安全和信息化委员会办公室（简称中央网信办）的数据显示，目前我国95%的副省级城市、83%的地级城市，总计超过500座城市均明确提出或正在建设智慧城市，建立智慧城市统筹机制的城市已超过88%。这些城市依托智慧城市的理念，把数字技术产品、信息技术网络、资源管理等整合起来，为社会管理服务提供有力支撑，在数字化基础设施建设、公共服务、产业创新等方面都取得了显著的进展，并不断推动城市治理变革。

智慧城市的建设与管理是一项系统性工作，更需要构建系统性的知识体系以形成对实践工作的理论完善，这是汤志伟教授撰写《智慧城市建设与管理》一书的初衷。本书不仅从多个层面对智慧城市进行认知建构，如信息基础设施、应用体系、数据资源管理、规划与实施、管理体制和机制创新、政策制度与标准体系、安全保障以及评价方法和指标体系等；更着重强调以下四个四点，以求在关键领域实现对智慧城市的统筹推进，引发智慧城市建设与管理的前沿思考。

一是基于智慧城市的发展，解析中国特色新型智慧城市建设。随着新一代信息技术的发展和应用，信息化与城市化不断融合，城市建设和管理正向智慧化方向不断迈进。从智慧城市概念的提出开始，我国就对智慧城市建设给予了高度关注，并在建设和发展智慧城市方面做出诸多努力。我国的智慧城市大致经历了从电子政务、智慧城市到新型智慧城市这三个阶段，智慧城市试点正持续增加，多主体的协同效应推进智慧城市生态持久运行，各地涌现出了多元化的发展模式。在智慧城市的应用体系层面，智慧城市涵盖了智慧政务、智慧产业和智慧民生。经过多年发展,智慧城市试点在推动公共信息平台建设、保障社会公共服务供给等方面取得显著成效。习近平总书记在党的二十大报告中明确提出,"高质量发展是全面建设社会主义现代化国家的首要任务"。本书回应了智慧城市如何在经济转型、产业升级以及城市创新中发挥其引擎作用。

二是推动体制机制和管理创新,实现智慧城市发展的新突破。智慧城市建设不仅在于信息化技术的应用,更重要的是体制机制的创新。智慧城市管理体制主要包括政府管理体制、经济管理体制、社会管理体制和文化管理体制等内容,主要目标是以数字化和智慧化为指引,引导城市中的政府管理体制、经济管理体制、社会管理体制和文化管理体制朝向数字化、智慧化发展。信息处理、技术升级和资源配置等机制作用于整个社会治理体系,使社会治理的主体、客体、制度和方法互相协调,高效运行,从而提升整个城市的社会治理能力。通过建立跨部门合作共享机制,统筹规划、综合协调智慧城市建设。在智慧城市管理机制创新内容体系中,智慧城市基础设施建设和智慧城市制度完善是抓手。本书从内涵、价值取向、内容体系、实践等方面回应智慧城市管理体制和机制创新问题。

三是提供制度与安全保障,增强智慧城市的风险防范与应对能力。随着5G、物联网、大数据、移动互联网、人工智能、区块链等新一代信息技术快速发展,催生了"智慧社区""无人驾驶""智慧医疗"等新场景、新应用。智慧城市作为数字中国的核心载体,推进智慧城市建设仅有信息技术是不够的,还需要完善的政策制度与标准体系。我国智慧城市政策演进划分为探索期、推动期和提升期三个阶段。本书通过梳理相关政策制度,有助于读者更好地理解智慧城市建设实践。信息技术是一把双刃剑,它和智慧城市深度融合的同时,也造成了个人隐私泄露、基础设施落后、治理手段失效等新型风险,因而增强智慧城市的风险防范与应对能力至关重要。本书通过分析智慧城市所面临的安全风险,提出构建智慧城市安全技术体系、管理和运营措施,为智慧城市安全保障提供框架和参考。除此以外,本书还提出智慧城市评估的三大原则及其评估指标体系设立的八大原则,为科学合理评估智慧城市建设与管理提供保证。

四是延伸智慧城市建设成果至智慧社会,推动智慧城市的全面智能化和可持续发展。党的十九大提出智慧社会建设蓝图,党的二十大提出打造"宜居、韧性、智慧城市"。智慧城市建设是构建数字中国、智慧社会的重要内容,将智慧城市建设成果延伸至智慧社会是全面深化改革的必然要求。探索智慧社会建设的目标是研究智慧社会的必要切入点,智慧社会建设的总体目标是在充分发挥新技术支撑作用的基础上,通过激发全社会创造力、汇聚发展合力,推进社会制度创新和社会形态重构,形成适应新的生产力发展要求的生产关系,从而解决社会发展不平衡不充分的主要矛盾,最终实现人们对美好生活的向往。在建设智慧社会过程中需要处理好"数字与物理""自由与秩序""治理与管理"三对基本关系,以层次、议题与领域三个维度构建智慧社会总体建设框架。在新一代信息技术的高速发展下,服务意识、服务水平、公民理念逐渐放大,建设智慧社会应以提供智慧服务为导向,以创新技术驱动为核心,以智慧产业为支撑。本书最后指出,智慧社会对于智慧城市建设具有战略性引导意义,而智慧城市的高质量建设与发展也是构建智慧社会的关键环节。

　　面对当下数字化转型的浪潮，《智慧城市建设与管理》可谓应时之需，为智慧城市建设的学习者、实践者和研究者，认识中国当下基于智慧城市所开展城市治理变革伟大实践提供有益参考。

孟庆国

清华大学国家治理研究院执行院长

清华大学电子政务实验室主任

清华大学互联网治理研究中心主任

2023 年 12 月

前　言

自 2008 年 IBM 公司提出"智慧地球"概念，到 2013 年中华人民共和国住房和城乡建设部（简称住房城乡建设部）公布第一批智慧城市试点名单，再到 2014 年国家发展改革委会同其他七部委共同出台了《关于印发促进智慧城市健康发展的指导意见的通知》，我国智慧城市建设经历了地方自主探索实践阶段、中央统筹指导规范阶段、重难点突破阶段以及纵深发展全面推进阶段。我国智慧城市建设取得长足成效，目前我国 95% 的副省级城市、83% 的地级城市，总计超过 500 座城市，均明确提出或正在建设智慧城市，形成了像杭州市的"城市大脑"、深圳市的"智慧产业集聚"等典型案例，并且建设智慧城市已经成为各地方政府的共识。

党的十九大提出了建设智慧社会的美好蓝图，这为我国智慧城市建设指引了目标与方向。党的十九届四中全会审议通过的《中共中央关于坚持和完善中国特色社会主义制度、推进国家治理体系和治理能力现代化若干重大问题的决定》对国家治理体系和治理能力现代化建设十分重视，而智慧城市作为提升政府治理水平和改善政府治理手段的一种重要实现载体，对于推进治理现代化具有重要意义。党的十九届五中全会做出的《中共中央关于制定国民经济和社会发展第十四个五年规划和二〇三五年远景目标的建议》提到"加强数字社会、数字政府建设，提升公共服务、社会治理等数字化智能化水平"与"提高城市治理水平，加强特大城市治理中的风险防控"等要求与目标。党的二十大报告中指出，高质量发展是全面建设社会主义现代化国家的首要任务；打造宜居、韧性、智慧城市。这是党中央在全面建设社会主义现代化国家开局起步的关键时期作出的重大战略部署，其顺利实现需要推进智慧城市建设。由此编撰本书，为智慧城市建设与管理提供指导、借鉴，也为相关专家、学者以及有意步入该研究领域的同行提供参考。

智慧城市是在广泛信息化的基础上，通过物联网将城市中的万物进行互联，并运用新一代信息技术对各种信息进行智能化的处理及分析，以促进城市治理、公共服务和民众生活的智慧化、人性化及高效化，最终为人民创造美好的城市生活并实现城市的可持续发展，是解决新时代社会主要矛盾的一个重要手段和工具。

本书分为 10 章。

第 1 章和第 2 章主要对智慧城市的特征、内涵、发展阶段、典型案例、整体框架以及信息基础进行阐释，有助于读者对智慧城市相关概念、演进历程、整体框架、信息基础的大致了解。

第 3 章～第 5 章分别就智慧城市的应用体系、智慧城市的数据资源管理、智慧城市的规划与实施展开叙述；探讨智慧政务、智慧产业、智慧民生，概述数据资源管理，介绍智慧城市数据生命周期管理模型，数据感知、汇聚与活化以及数据存储、分析与呈现，智慧城市决策服务及其数据资源共享与开放；论述智慧城市的规划与实施，围绕顶层设计方法论、部署，智慧城市项目管理及其建设模式展开。这三章使读者可以把握智慧城市的现实运作和实际价值。

第 6 章～第 9 章探索智慧城市管理体制和机制的创新，为创新智慧城市发展提供体制机制保障；梳理智慧城市政策脉络、标准体系，介绍智慧城市风险；分析智慧城市的安全保障，介绍国内外智慧城市安全现状，阐释智慧城市安全技术保障和安全管理保障；介绍相关评估方法，给智慧城市的建设与管理评估提供合理视角。这四章有利于读者对智慧城市创新发展、整体政策演进和安全风险有较为全面的认识，并对智慧城市安全保障和有效评估展开深入思考。

第 10 章从智慧社会的目标定位、总体框架、实施路径展开分析，从而为读者基于智慧城市展望智慧社会提供思路。

本书的撰写由本团队成员共同完成。其中，汤志伟教授负责拟定大纲、统稿和质量把控，张会平教授、冯小东副教授、贾开副教授、张龙鹏副教授、何阳副教授、杨柳讲师、韩啸讲师和郭雨晖博士参与书稿撰写。具体分工如下：第 1 章杨柳、第 2 章贾开、第 3 章和第 9 章张龙鹏、第 4 章冯小东、第 5 章郭雨晖、第 6 章何阳、第 7 章和第 10 章韩啸、第 8 章张会平。对团队成员的辛苦付出表示感谢，对本书撰写过程中阅读、参考文献的相关专家、学者与同行表示感谢。此外，由于作者自身水平有限，本书难免会有不足与疏漏，还请阅读本书的同行批评指正。

汤志伟

2023 年 10 月

目　　录

第1章　智慧城市建设与管理概述

随着新一代信息技术的发展和应用，城市建设和管理正逐渐向智慧化方向迈进。智慧城市的内涵和特征是什么，中国智慧城市建设的特色体现在哪些方面，如何构建智慧城市框架等，仍然是要进一步探究的问题。因此，本章着力探索智慧城市的起源，界定智慧城市的概念、内涵和特征，梳理中国智慧城市的发展阶段和发展现状，分析国外智慧城市的探索与实践，从而构建智慧城市的框架体系，为智慧城市建设和管理奠定理论基础。

1.1　智慧城市的缘起

智慧城市的概念起源于 20 世纪 90 年代，是城市发展的新态势。分析智慧城市概念的起源是研究智慧城市问题的逻辑起点，而梳理城市的发展脉络有利于准确把握智慧城市的内核，因此，本节从城市的起源与发展入手，并在此基础上探究智慧城市概念的起源。

1.1.1　城市的起源与发展

城市是社会、自然、政治、经济等多重因素综合发展的结果，是人类社会发展史上一个重要的里程碑。对城市的起源进行探索，并对城市的发展历程进行梳理，有助于深刻认识和理解城市。

1. 城市的起源

世界上的城市起源于乌尔，建于公元前 3500 年，距今已有 5500 多年。中国最早的城市出现在湖南城头山古文化遗址，距今有 4700 多年[1]。在古代，"城"主要是指有防御性围墙的地方，"市"则是指商品交易的场所，因此，最早的城市主要突出军事和经济功能。随着时代的变迁，城市也经历了复杂的演变，逐渐融合了政治、经济、文化、社会等领域的功能，"城"和"市"的概念也随之结合，成为如今的"城市"。

2. 城市的发展

随着世界最早城市的诞生，城市经历了 5500 多年的演变，发生了天翻地覆的变化。梳理城市的发展脉络，可根据发展阶段将城市划分为早期城市、传统城市、近代城市和现代城市四个阶段。

早期城市始于乌尔的诞生，随之发展起来的是古巴比伦等城市，而古埃及的底比斯城是世界上第一个超过十万人口的大城市。在中国，夏商周时期形成了初具规模的城市，战国时期出现了发展繁荣的大规模城市。由于生产水平并不高，早期城市仍然以政治统治为主。

随着生产力的提升，商品的交换日趋频繁，城市的商贸功能逐渐突出，并伴随文化功能的融入，城市随之进入传统城市阶段。在这个阶段，城市功能逐渐开始丰富，但对农业经济的依赖性仍然较强，而工业革命的到来彻底扭转了这一局势。

工业革命以蒸汽机的发明为标志，引致社会生产力的飞速提升。交通方式的改变打破了地理距离的局限，促使人口和资本向城市的高度集中，城市也由此进入近代城市阶段。在这个阶段，城市规模急剧扩张，但社会资源实现了前所未有的集中，城市经济功能日益凸显。

时代的变迁并未阻止城市扩张的脚步，20 世纪出现了前所未有的特大都市和城市群，城市也进入现代城市阶段。在这个阶段，城市内部结构发生了较大变迁，变迁为功能更为多元化的综合性城市，成为一个地区甚至国家的政治、经济和文化中心，对外扩展能力和吸引力持续提升。但随着城市人口和经济活动的过度集中，许多城市超负荷运行，交通拥堵、环境污染、治理失灵等城市问题频发，成为城市发展过程中亟待解决的难题。

1.1.2　智慧城市概念的起源

科技为解决现代城市面临的一系列难题开拓了新的思路，也促使了智慧城市的诞生。了解智慧城市概念的提出，并对智慧城市概念进行科学系统的界定是智慧城市研究的起点，也是本节的主要内容。

1. 智慧城市概念的提出

智慧城市的概念最早提出是在 1990 年美国加利福尼亚州旧金山召开的以"智慧城市、快速系统、全球网络"为主题的国际会议上，此次会议讨论了综合信息通信技术与城市经济、基础设施建设的关系，以及如何共同推动城市竞争力提升的可持续的智慧发展等内容，探索了城市通过信息技术聚合"智慧"以形成可持续竞争力的成功经验，并正式出版《科技社会的一种现象——智慧城市、快速系统、全球网络》，为智慧城市的发展开辟了先河[2]。

欧盟在 2007 年的《欧盟智慧城市报告》中率先提出了"智慧城市"（smart city）的创新构想，为智慧城市的系统规划提供了借鉴。同年，维也纳理工大学区域科学中心在《欧盟中等城市智慧城市评估》中首次从智慧产业、智慧民众、智慧治理、智慧移动、智慧环境和智慧生活 6 个维度对智慧城市进行测度，并在此基础上构建了 31 个二级指标和 73 个三级指标，利用该指标对欧盟 70 个城市进行了智慧化水平评估。

IBM 公司也提出了"智慧城市"的概念，这一概念来源于 2008 年在纽约召开的美国对外关系委员会上提出的"智慧的地球"的理念，认为世界的基础结构正在向智慧的方向发展，可感应、可度量的信息源无处不在，互联网的平台让这一切互联互通，让一切变得更加智能。2009 年，IBM 公司在其发表的《智慧城市在中国》中对"智慧城市"进行了全面的说明，认为智慧城市是运用信息通信技术手段感测、分析、整合城市运行核心系统的各项关键信息，从而对包括民生、环保、公共安全、城市服务、工商业活动在内的各种需求做出智能响应的生态系统。报告还明确指出，有效利用信息技术提升城市管理水平，推动中国社会的城市化进程，成为城市管理者的当务之急，建立智慧的城市将是城市信息化的终极目标和战略方向。

受全球智慧城市研究热潮的影响，中国也在智慧城市建设方面进行了积极的探索。2009 年，国务院总理温家宝向首都科技界发表了题为《让科技引领中国可持续发展》的讲话①，深度诠释了"物联网""智慧地球"等与智慧城市相关的概念，标志着智慧城市建设引起中国国家层面的高度重视，中国的智慧城市建设就此拉开序幕。

2. 智慧城市概念的界定

智慧城市理念自提出后便在全球获得了迅速普及，很多城市在探索智慧城市的实现路径，但智慧城市的概念界定仍然没有达成一致，学者分别从不同的视角对智慧城市概念进行了辨析和界定。

通常认为，智慧城市建设的基础是物联网，通过网络实现城市设施的万物互联，从而使政府和企业更为便捷地实现科技和业务的创新发展，使公众更为高效地参与智慧城市的不同子系统中[3]。基于此，有学者在界定智慧城市概念时强调通信与网络等基础设施的建设，认为智慧城市应当通过运用先进的计算机技术将基础设施进行整合与监控，从而实现资源优化和城市服务能力的提升。除此之外，有学者将智慧城市划分为多个领域，包含经济、治理、环境、教育、公共安全和医疗卫生等，智慧城市应当利用前瞻性的智慧处理各领域面临的城市问题，并强调激发生活在城市中的公众积极参与城市治理，从而促进城市的智慧化。考虑到概念的系统性和全面性，也有学者将智慧城市看成连接多个子系统和部件的大型有机系统，智慧城市的作用在于整合各子系统，使各子系统之间的关系更加智慧、运作更加协调。

智慧城市的概念虽然侧重点有所不同，但仍然存在共同点与交叉点，这些概念均认为智慧城市是利用新一代信息技术进行智慧化治理，目的是实现公众生活水平的提升和城市的可持续发展。在已有学者的研究基础上，本书对智慧城市的定义为：智慧城市是在广泛信息化的基础上，通过物联网将城市中的万物进行互联，并运用新一代信息技术对各种信息进行智能化的处理及分析，以促进城市治理、公共服务和民众生活的智慧化、人性化及高效化，最终为人民创造美好的城市生活并实现城市的可持续发展。

1.2 智慧城市的内涵与特征

1.2.1 智慧城市的内涵

智慧城市建设需要将"智"和"慧"实现充分融合及协同发展，既要运用新一代信息

① 中国政府网. 温家宝发表《让科技引领中国可持续发展》的讲话[EB/OL]. （2009-11-03）[2021-12-14]. http://www.gov.cn/ldhd/2009-11/03/content_1455545.htm.

技术增进城市的"智",又要构建良好的人文、生态、科技以及经济环境,提升城市的"慧"。目前,智慧城市正处于初始阶段,需要透彻理解其含义,才能直面并解决城市发展过程中面临的诸多难题。基于前面的分析,智慧城市的内涵可以概括如下。

1. 新一代信息技术是打造智慧城市的根基

从智慧城市的概念提出以及概念界定中可以发现,智慧城市的建设和发展离不开以物联网、云计算、大数据、互联网等为代表的新一代信息技术,其中,物联网可以促进城市治理的精准化,大数据技术能够为政府决策、城市治理、公众生活提供强有力的决策支持,云计算技术能够增进社会信息化水平并促进社会生产力变革,宽带网络技术保障了城市高速、畅通的信息交换,移动互联网技术则充分拓宽了信息的传播渠道和范围。多种新一代信息技术协同发力,共同推动智慧城市的发展。

2. 人是智慧城市的核心

智慧城市的建设者、管理者以及服务对象均为生活在城市的人,人才是智慧城市发展的核心[4]。首先,新一代信息技术的智能能够促使人的智慧得到最大程度的发挥,这是因为新一代信息技术能够为人的决策提供充分的信息支撑,人能在此基础上更好地发挥自身的判断力和决策力,从而为城市制定更为高效和精准的发展战略与策略。其次,智慧城市的宗旨应以人为本,这不仅因为智慧城市的建设和发展是为了给人创造更好的生活,还因为技术是为人服务的,是为了使人类的智慧得到更深刻的挖掘和发挥,人的存在才使技术的价值得以充分彰显。

3. 创新是智慧城市的灵魂

智慧城市打破了原有城市发展的模式,塑造了城市可持续发展的新面貌,而这种变革主要依赖创新,创新也成为智慧城市建设和可持续发展的灵魂。城市是一个复杂庞大的系统,要使原先不智慧的城市发展为智慧城市,需要对城市的经济、社会、人文、环境等各领域进行创新性变革,既要充分在各领域使用新一代信息技术,变革原有的发展模式,又要充分将各领域进行协同融合,共同促进城市这个复杂系统的整体革新和进步。因此,智慧城市的发展需要从城市的系统架构入手,充分融合人的"智慧"和新一代信息技术的"智能",将城市各领域的各环节进行创新,从而构建真正的智慧城市,并使其获得长久的可持续发展。

1.2.2 智慧城市的特征

智慧城市的特征着眼于描述那些推动智慧城市变得"智慧",从而不同于其他城市的特点。结合智慧城市的内涵,任何城市发展的核心均是人,但促使智慧城市更"智慧"的原因主要是作为根基的新一代信息技术以及作为灵魂的创新精神,两者也造就了智慧城市与众不同的新特征。

1. 广泛的互联互通

新一代信息技术在智慧城市中的充分应用不但推动了城市通过智能传感器实现对不同物理空间物体的感知和测量，便于城市通过对信息获取及传递实现物与物的有效互联，而且能将个人、组织和政府有关的分散信息进行连接、交互以及多方共享，从而实现不同主体之间的高效联通和充分协作，为城市发展提供充分的信息保障。

2. 系统的智能处理

物联网和互联网技术的有效应用能有效推动城市信息网的构建，并通过对多源异构数据的集成、融合和同化搭建庞大的城市系统。系统中心通过对所采集的海量数据进行深度加工和分析，提升信息的利用价值，从而为城市智能决策提供支撑。

3. 参与式的创新模式

智慧城市能够通过新一代信息技术将尽量多的城市主体融合到智慧系统中，充分实现公众参与和社会协同。公众的有效参与可以为城市决策提供多渠道的信息来源，不但能够助力城市智慧决策，而且能够推动基于系统认同的创新获得成功，实现智慧城市以人为本的宗旨和可持续发展目标。

1.3　中国智慧城市的发展阶段

从智慧城市概念的提出开始，中国就对智慧城市建设给予了高度关注，并在建设和发展智慧城市方面做出了诸多努力，也取得了显著效果。《中华人民共和国国民经济和社会发展第十三个五年规划纲要》中提出，加强新一代信息基础设施建设，推进大数据和物联网发展，建设智慧城市。党的二十大高度重视信息化数字化发展，就加快建设网络强国、数字中国提出一系列新要求。为了让人民群众在信息化发展中有更多获得感、幸福感、安全感，让亿万人民共享信息化数字化的发展成果，要分级分类地推进新型智慧城市建设。智慧城市建设又一次被推到了时代前沿。总体而言，中国的智慧城市发展可以归纳为如下三个阶段。

1.3.1　电子政务阶段

智慧城市建设从电子政务开始，主要是指 20 世纪 90 年代至 2012 年。2008 年，智慧城市的概念经过 IBM 公司的推广在全球引起了广泛关注，中国也逐渐加入智慧城市的建设进程中。但在这之前，中国便利用计算机和互联网技术，从国家信息化发展入手，以电子政务建设为抓手，积极推进城市数字化进程，全面提升了政府的工作效能。

20 世纪 90 年代，随着计算机技术和互联网的兴起，中国的电子政务建设启程。当时，政府已经初步具备利用计算机和互联网进行办公以及信息收集和处理的能力，中国的电子政务建设已经形成数字化和网络化发展的雏形。2002 年，国务院总理朱镕基呼吁"政府先行，加快电子政务建设"，有效推动了传统政务到电子政务的充分转变。

随着智慧城市建设在全球的兴起，中国的电子政务建设也发生了重要的变革。首先，各地方政府搭建了综合的网络政务平台，实现了各级政府资源的高效整合，有利于政府在充分获取信息的基础上实现智慧决策。其次，打破了不同政府部门之间的数据壁垒，实现了资源和信息的互联与共享，有利于政府各部门之间更好地发挥协同作用。再次，政府积极推动重要战略性数据库的建设，如人口数据库、农业信息库等，为政府决策提供有力的信息支撑。最后，政府积极推进"放管服"改革，有效地减轻了企业和群众办事负担，实现了真正的以人为本。经过一系列的重要举措，中国的电子政务已经达到较高水平，并为全面发展智慧城市提供了借鉴。

这一阶段，政府主要通过采购硬件设备并在此基础上建立应用系统的方式推动电子政务的发展和优化，所建立的应用系统包括核心办公类应用系统、辅助业务管理信息系统、领导决策支持系统等，有效地推动了电子政务的发展，为智慧城市的进一步发展奠定了良好的基础。

1.3.2　智慧城市阶段

智慧城市阶段主要是指从 2012 年 12 月中国启动国家智慧城市试点工作到 2015 年，在这一阶段，中国的智慧城市建设进入试点探索期。智慧城市试点建设主要以重点项目或应用为抓手，目的是推动新兴信息化技术的全面应用，以更好地提升政府工作效能和公共服务能力。

鉴于智慧城市建设涉及城市生活的诸多领域，智慧城市阶段的主要特征是碎片化推进各涉及群众生活和企业发展的城市模块，包括智慧交通、智慧医疗、智慧教育、智慧税收、智慧建筑等，各模块既独立运营又相互协作，共同推进智慧城市建设。

随着城市各领域的智慧化推进，政府服务也进行了创新性变革。与早期的政府网站主要收集和整合信息不同，智慧城市阶段政府网站主要突出服务功能，因此，政府网站创新性地加入了服务功能和访客互动版块，通过账号可以判断不同用户的需求，从而为各用户提供精准化的服务。这打破了传统网络只是文字链接与点击的局限，实现了知识图谱一样的链式相连，更综合高效地实现为人民服务的目标。

这一阶段，智慧城市的建设已经由电子政务阶段的线状分布演化为网状分布，政府不但采购了较多支撑软件发展的硬件设备，也与多个企业合作开发了更多创新性的服务，例如，与微信合作开发的城市服务版块，与腾讯联合打造的民生服务平台，涵盖公众生活所需的教育、医疗、交通、社保、缴费等多项功能，为公众生活提供了诸多便利。

1.3.3　新型智慧城市阶段

新型智慧城市阶段主要是指 2015 年 12 月至今。2015 年 12 月 17 日，中国电子科技集团樊友山在互联网大会"数字中国论坛"上发表了题为《携手共建新型智慧城市美好未来》的演讲。同日，在国家统筹并由多部委共同见证下，中国电子科技集团与深圳、福州、嘉兴共同签署了新型智慧城市建设战略合作框架协议，标志着中国迈出了新型智慧城市建设的第一步。

新型智慧城市的发展主要由数据驱动，这与电子政务阶段的发展主要由行业应用驱动，以及智慧城市阶段的发展主要由新兴技术驱动有着较大区别。这是因为数据驱动下智慧城市建设更容易形成一个纵横联合的系统，运用智慧城市平台实现数据和信息的集成与共享，从而达成智慧城市发展各领域和各阶段的智慧决策。当然，新型智慧城市阶段的创新还不止于此，新型智慧城市的建设和发展更强调以人为本，注重统筹集约和成效提升，这与电子政务阶段强调行业应用数字化和网络化以及智慧城市阶段强调信息技术全面应用相比，有着截然不同的意义，因为人是智慧城市建设和发展的核心，智慧城市建设应以人为本，实现人在城市生活的便利和舒适。

这一阶段，信息化与城市化将实现高度融合，新型智慧城市将成为经济转型、产业升级以及城市提升的新引擎。在新型智慧城市的发展过程中，越来越多的企业参与其中，为新型智慧城市的建设和发展出谋划策。例如，阿里巴巴集团在杭州开启的"城市大脑"为城市生活打造了全新的数字化界面，市民可以通过它感受城市温度并便捷地享受高水平的城市服务，城市管理者可以利用它实现公共资源的优化配置以及社会智慧的智慧决策。目前"城市大脑"不断地发展和优化，已经在苏州、衢州和澳门等多个城市相继落地，实现了更多城市的智慧化。

1.4 中国特色的新型智慧城市解析

2015 年，新型智慧城市第一次被写入政府工作报告。2016 年，《中华人民共和国国民经济和社会发展第十三个五年规划纲要》明确提出要"建设一批新型示范性智慧城市"，对新型智慧城市建设和发展提出了新的要求和发展目标。那么，相比传统智慧城市，新型智慧城市到底"新"在哪里呢？本节将从新型智慧城市的特点、目标和建设重点等方面对新型智慧城市进行解析。

1.4.1 新型智慧城市特点

传统的智慧城市建设主要围绕技术和管理，而作为使用技术的"人"并没有在传统智慧城市建设中引起足够的关注。与传统智慧城市不同的是，新型智慧城市建设更强调"人"的重要性，注重人与技术的互动，以及数据驱动下的信息与城市整体系统的协调，为生活在城市中的公众提供更好的居住和工作体验。综合而言，新型智慧城市建设有如下特点。

1. 实行数据开放，促进多主体对新型智慧城市的共建和共享

新型智慧城市的发展主要由数据驱动，政府应当在新型智慧城市建设中充分发挥数据的作用，使公众和企业等社会主体了解政府的整体规划，并对规划不合理的地方提出自己建设性的意见，以在新型智慧城市建设中达成社会共识，实现新型智慧城市多主体参与的共建。另外，政府要对新型智慧城市建设中不同的公共服务进行高效的整合，其中不但包括政府供给的公共服务，而且包括企业和社会团体等其他社会主体供给的公共服务，公共服务的整合能够实现政府和其他社会主体对新型智慧城市的协作共赢，共同促进新型智慧城市的建设和发展。

2. 推动公共服务的均等化和精准化，提高公众的获得感和幸福感

传统智慧城市建设的重点在于提高公共服务的供给水平，但所提供的公共服务多属于信息技能含量较高的服务，虽然大部分公众能够通过对有关信息技术的掌握而享受这些公共服务，但仍有部分弱势群体由于无法掌握有关技能或地处偏远落后地区而被排斥在公共服务之外，导致公共服务的不均等化。新型智慧城市在建设过程中针对该公共服务困局进行了诸多创新，不但通过多渠道供给来实现公共服务获取的便捷化，确保弱势群体同样能够享受高水平公共服务，而且全力支持国家新型城镇化战略，尽力消除数据鸿沟，确保公众能享受均等的公共服务，从而提高公众公共服务的获得感。除此之外，新型智慧城市能通过对数据信息的智慧化分析，为不同公众提供精准化的公共服务供给，从而提高公众公共服务的幸福感。

3. 打破中小城市的发展局限，实现城市特色化

智慧城市来源于大城市，最早建设和发展智慧城市的也都是大城市。大城市拥有较好的禀赋，有充足的实力推动新一代信息技术的使用，这使得智慧城市的发展模式并没有办法直接应用到中小城市，长此以往，便会导致大城市与中小城市的脱节。新型智慧城市能够很好地打破这一困局，突破中小城市在智慧城市建设和发展方面的局限与障碍。这是因为新型智慧城市并没有将大城市的发展模式照搬到中小城市，而是打破了智慧城市同构化的思路，注重中小城市的特色，推动中小城市在发展智慧城市方面实现特色化，如建设特色化小镇和特色化经济区、推动地区多样化发展等，以充分发展中小城市的优势，实现中小城市新型智慧城市的可持续发展。

1.4.2　新型智慧城市目标

新型智慧城市的核心是"人"，因此，在发展中不但注重信息技术的使用和数据的共享，而且注重人的参与以及技术与人的充分互动，以更好地实现城市的可持续发展。新型智慧城市建设和发展过程旨在实现以下目标。

1. 以数据开放共享、推动政府信息共融为目标

新型智慧城市建设主要由数据驱动，作为新型智慧城市建设的主要规划者和执行者，政府应当打破原有的数据壁垒，促进数据在不同层级和不同部门之间自由流动，充分实现数据的开放共享，建成透明高效的在线政府，为政府制定系统全面的新型智慧城市方案提供信息支撑。同时，政府应构建政务信息资源共融共享体系，通过对多源异构数据进行挖掘和处理，实现人口、经济、政务、民生、地理信息等基础数据的综合，便于公众查阅和监督，为政府新型智慧城市建设规划出谋划策。

2. 以构建系统的公共服务体系、全面提升公共服务质量为目标

新型智慧城市建设以为人民服务为目标，旨在提升公共服务质量，使人民享受全方位的更好的公共服务。为了达成这个目标，新型智慧城市在建设和发展过程中构建了系统化的智慧民生服务体系，不但能够为公众提供全面高效的公共服务，实现公共服务供给的清廉化和均等化，而且能够充分实现教育、社保、就业、养老、医疗、公共安全、食品安全、社区服务、家庭服务等智慧民生服务信息的互联互通，真正实现不同领域和不同类型公共服务的数据共享与服务协同。

3. 以搭建一体化治理平台、实现城市高效治理为目标

新型智慧城市的目标是实现高效有序的城市治理，以推动城市运转的各环节和各领域协同发展，提升城市治理体系和治理能力的现代化。为了实现这个目标，新型智慧城市要搭建一体化的城市治理平台，将城市治理的多个环节和多个领域纳入该平台中，并以数据为主要驱动力，打破城市治理中不同领域和不同环节之间的信息壁垒，实现城市中海量信息的自由流动和互通共享，以推动城市治理的系统化决策和智慧化决策，实现高效的新型智慧城市治理目标。

1.4.3　新型智慧城市建设重点

新型智慧城市主要在数据驱动下实现为人民服务的宗旨，数据驱动离不开相关设备和工程的支持，数据和信息需要通过有关设备在不同的系统与平台间进行共享共融，因此，新型智慧城市建设重点围绕以下方面。

第一，构建开放的体系架构。新型智慧城市是一个复杂综合的大型系统，要实现系统中数据的共享共融，就要在建设时运用系统工程的方法，构建一个开放的体系架构，秉承对共用功能进行强化，对通用功能进行整合，并将应用进行开放的原则，推进新型智慧城市的建设和可持续发展。

第二，构建共用的一体化网络。新型智慧城市建设主要通过物联网技术的应用实现对城市万物的感知，并通过互联网技术的应用实现数据和信息的自由流动以及共享共通，为了将城市作为一个整体的系统进行感知和分析，需要构建共用的一体化网络，实现对城市万物的精准感知和信息的互联互通，为新型智慧城市建设奠定坚实的基础。

第三，搭建通用功能平台。新型智慧城市建设需要实现高效的城市治理和高水平的公共服务目标，这就关系到城市不同领域间的协同，而这些领域会有通用的功能和信息资源，因此，新型智慧城市建设需要搭建一个通用功能平台，将城市基础信息资源进行整合，实现数据和信息的融合共用，提升城市的社会治理及公共服务供给的智慧化水平。

第四，建立统一的运行中心。新型智慧城市需要对城市生活所涉及的公共交通、市政设施、生态环境、公共安全、经济发展、民生民意等各项事务进行清晰的把握和高效的管理，因此，新型智慧城市需要建立统一的城市运行中心，能够有效推进不同城市资源的汇聚共享及协调联动，真正实现城市管理的高效化和精准化。

第五，设置技术创新与标准体系。标准化是实现城市各领域和各部门有效对接的基础保障，因此，新型智慧城市需要设置技术创新与标准体系，包含新型智慧城市建

设、改革、评价等方面，结合不同城市的发展特色，实现对新型智慧城市建设和发展过程中的各事项分类规划，让新型智慧城市建设有据可依，从而推进新型智慧城市规范有序发展[5]。

1.5　中国智慧城市发展现状

2012 年底，住房城乡建设部启动了首批国家智慧城市试点项目，标志着中国的智慧城市建设正式进入试点阶段，为中国全面推行智慧城市建设创造了一个良好的开端。2012～2014 年，中国陆续发布了多个以政府长期规划、建设方案、指导意见、项目管理方法等为主的政策文件。2015～2018 年，中国陆续发布了多个政策文件支持智慧城市建设，并侧重智慧城市的基础设施建设以及细分领域的发展，如智慧交通、智慧医疗、智慧政务、智慧旅游等，为智慧城市建设提供了有力的发展依据和政策指引。纵观中国的智慧城市发展，整体现状总结如下。

1.5.1　智慧城市试点持续增加

2012 年 11 月，住房城乡建设部在其发布的《国家智慧城市试点暂行管理办法》中提出国家智慧城市试点申报和设施管理等内容，并在同月发布的《国家智慧城市（区、镇）试点指标体系（试行）》中列明智慧城市试点的指标体系，为智慧城市试点发展提供了较为有力的支持。2013 年 1 月，住房城乡建设部公布了首批国家智慧城市试点，共有 90 个城市。智慧城市试点工作开启后，住房城乡建设部在 2013 年 5 月公布了新增的 103 个第二批国家智慧城市试点，并在 2015 年 4 月公布了新增的 97 个国家智慧城市试点，越来越多的城市作为试点城市开启智慧城市建设。截至 2016 年 12 月，全国智慧城市试点近 600 个，提出智慧城市规划的城市已超过 300 个。

2016 年 11 月，国家标准化管理委员会（简称国家标准委）、中央网信办、国家发展改革委发布了《关于组织开展新型智慧城市评价工作务实推动新型智慧城市健康快速发展的通知》，并同时发布了《新型智慧城市评价指标（2016 年）》，使智慧城市建设推进到一个新的阶段——新型智慧城市。文件一经发出，便成为各城市的关注焦点。次年 7 月，全国 338 个地级以上城市中有 249 个城市启动了新型智慧城市指标数据的填报工作，其中 220 个城市已完成填报，为中国新型智慧城市建设开创了良好的局面。

1.5.2　多主体协同推进智慧城市发展

2014 年 8 月，八部委印发的《关于促进智慧城市健康发展的指导意见》中明确提出"以人为本，务实推进"的基本原则，强调智慧城市建设要突出为民、便民、惠民，使公众分享智慧城市建设成果。人是智慧城市的发展核心，要围绕人来建立智慧城市生态，使智慧城市更好地实现为人民服务的宗旨。

智慧城市生态涉及不同的参与主体，需要多元化主体发挥协同效应，才能实现智慧城市生态的持久运行。具体而言,参与主体主要包括:系统的管理者,主要负责智慧城市建设的规划、指导、协调、监督、决策等工作;应用开发商,主要负责开发智慧城市运行过程中所使用的各种智能应用;系统集成商,主要为用户提供所需的系统模式,并解决应用过程中所遇到的具体系统问题;服务运营商,主要对现有的城市资源进行整合,以实现传统产业与智慧应用的协同发展;第三方机构,主要为智慧城市生态提供资金和咨询等服务[6]。多主体彼此联合,协作共生,共同推进智慧城市实现更好的发展。

1.5.3　智慧城市发展模式趋向多元化

智慧城市生态的参与主体呈现多元化特点,既包括作为管理者的政府,也包括应用开发商、系统集成商、服务运营商等其他主体,各主体的参与程度有所不同,也催生了不同的智慧城市发展模式,其中,根据政府参与程度可以将智慧城市发展模式划分为政府独立投资建设和运营模式、政府和运营商共同投资但由运营商负责建设和运营模式、政府投资但委托运营商或者第三方建设和运营模式、政府牵头的建设—经营—转移模式,由企业主导或参与的模式主要有运营商或第三方独立投资建设和运营模式、联合建设运营模式、联合公司运营模式[6]。

中国的智慧城市建设最初由政府主导,但随着公司和其他社会主体在智慧系统与智慧应用方面的创新,由政府主导的单一智慧城市建设模式已经悄然发生转变,不仅引入了更多的参与主体,也逐渐把系统开发和软件应用等与智慧城市建设相关的事务交由更为专业的公司来管理和运营,推进了智慧城市发展模式的多元化,既可以减轻政府的管理负担,又可以充分发挥市场的活力并融合多元社会主体的智慧,更高效地推进智慧社会发展。

1.6　国外智慧城市的探索与实践

智慧城市概念提出后,世界各国致力于建设并发展具有本国特色的智慧城市。美国率先提出了国家信息基础设施及全球信息基础设施计划,紧随其后的是欧盟积极推进的信息社会计划,将信息通信技术列为欧洲未来的战略发展重点。本节将对美国、瑞典以及新加坡三个在智慧城市建设方面具有代表性的国家进行分析,以探究可供借鉴之道。

1.6.1　美国:智慧城市先驱

2009 年 9 月,美国艾奥瓦州迪比克市与 IBM 公司共同宣布,将建设美国第一个智慧城市,迪比克就此成为美国第一个也是世界第一个智慧城市。作为美国最宜居的城市之一,迪比克在建设智慧城市时兼顾城市的智慧化和可持续发展,安装了数控水电计量器并搭建了综合检测平台,实现对城市水电资源的充分了解,从而防止资源浪费。同时,迪比克向使用水电的个人和企业公布水电信息,激励他们在充分了解自己水电使用情况的前提下推动资源节约利用,促进城市的可持续发展。

美国智慧城市的建设从迪比克开始，迅速扩散到其他城市。作为美国第一大城市及第一大港口，纽约在智慧城市建设方面也积极跟进。纽约利用数据挖掘技术，对城市中具有火灾风险的建筑物进行了火灾危险指数测算，其中涵盖学校和图书馆等人口密集度较高的场所，以及年代久远的建筑等，根据测算结果划分出了需要重点监测和检查的建筑，有效实现了对城市火灾的预防，减少了火灾发生次数。当然，在智慧城市建设方面做出积极努力的并不只有纽约，作为国际金融中心的芝加哥也走在智慧城市建设的前沿。芝加哥通过在街边路灯灯柱上加装传感器的方式，实现了对城市路面信息和环境数据的搜集，以便于政府更详尽地了解城市不同位置的空气质量、噪声水平、温度、湿度、风速、风向、光照强度等情况，实现对城市脉络更为细致的感知和把控。

1.6.2 瑞典："节能减排"智慧城市

作为北欧最为发达的国家之一，瑞典在智慧城市建设方面也走在时代前沿，成为较早建设智慧城市的国家。瑞典的首都斯德哥尔摩在智慧交通上表现卓越，曾在国际智慧城市组织智慧社区论坛（Intelligent Community Forum，ICF）的评选中荣获"全球智慧城市"奖。通过搭建智能交通系统，斯德哥尔摩有效缓解了交通拥堵状况，城市污染和温室气体排放也随之降低，在提升城市智慧化水平的同时有效促进了城市的节能减排。

建设智慧城市之前，斯德哥尔摩的交通拥堵情况十分严重，市民每天的通勤时间持续增加，2005年市民每天的通勤时间比2004年增加了近20%，造成了很大的工作和生活困扰。为了缓解城市的交通拥堵状况，2006年初，瑞典当局宣布征收道路堵塞税，期望通过减少每天进出市区的车辆的方法来实现车辆畅行[7]。但该政策在实施之初便遇到了执行困境，如何对市区车辆收税以及如何计量税款成为阻碍政策实施的最大难题。于是，瑞典国家公路管理局与斯德哥尔摩市政厅在IBM公司的帮助下，构建了智能交通系统，用于识别车辆并实行计税和收费。具体而言，主要通过射频识别（radio frequency identification，RFID）、激光扫描以及自动拍照等技术，并结合自由车流路边系统，实现对市区车辆的自动识别，从而对不同时间段进出市区的车辆征收差异化的税收。智能交通系统不但有效改善了斯德哥尔摩的交通拥堵状况，而且减少了交通废气和二氧化碳排放量，推动斯德哥尔摩实现了智慧化的"节能减排"。

1.6.3 新加坡："智慧国"

新加坡的智慧城市建设起步较早，在2006年6月便推出了"智慧国2015"计划。该计划绘制了新加坡为期十年的资讯通信产业发展蓝图，旨在通过多方面的战略规划推动新加坡成为由资讯通信驱动的智慧国家。在资讯通信的驱动下，新加坡积极推动多个城市领域的数字化和智慧化，既提升了城市治理和公共服务水平，推动了城市经济发展，又成为亚洲资讯通信产业最为发达的国家，为智慧城市建设探索了一条新路径。

新加坡在智慧城市建设方面的一个代表性做法是建立了以市民为中心的市民、企业、政府合作的电子政府体系,不但实现了数据资源的有效整合,而且有效地推动了市民和企业参与政府事务,体现了智慧城市建设中多元主体参与的特点。除了电子政府,新加坡也积极推动信息技术在其他领域的使用。在金融服务领域,加强信息通信技术在理财管理前端服务以及直通式处理中的使用,将新加坡打造成了亚洲金融服务创新中心;在教育领域,为学生提供个性化信息和通信设备的同时,强化与学习有关的应用开发,实现教育的无墙壁模式;在医疗保健领域,促进医疗机构数据的共享共融,确保医疗保健的精准化和个性化;在物流与制造业领域,搭建贸易平台,巩固新加坡供应链中枢的地位;在旅游业领域,实施数字礼宾服务项目,为游客提供个性化的旅游服务。通过提升多个领域的智慧化水平,新加坡一步一个脚印,发展为全球建设智慧城市的代表国家。

1.7　智慧城市的框架体系

智慧城市的发展主要利用新一代信息技术,将城市与科技进行完美融合,从而提升城市的智慧化水平,这与城市发展之初主要依托农业的发展模式以及工业革命后以工业为主的发展模式有着明显差异。本节主要探究智慧城市作为一个复杂的庞大系统,具有怎样的区别于传统城市的框架体系。

1.7.1　智慧城市的技术框架

智慧城市建设所使用的技术种类繁多,涉及感知、控制、通信、计算机、软件等多个技术领域,可以根据其发挥的作用将其划分为基础技术和关键技术。其中,基础技术是指智慧城市建设过程中所依赖的一种共性技术,它在不同的智慧城市领域均有使用,主要是指信息技术与支撑技术,包括网络技术、计算机技术、通信技术、人工智能技术等;关键技术是指智慧城市建设和发展过程中所涉及的核心技术,主要包括通过传感设备把物品与互联网连接起来,从而实现物物相连的物联网技术,以及通过网络中分散计算机同时接收信息的方式提高信息收集渠道,从而更高效地为一个目标服务的云计算技术。

利用这些技术,智慧城市搭建了不同层次的体系结构,从而更好地实现城市的智慧化。第一层是物理层,这是智慧城市建设的硬件前提,主要是通过传感器、读写器、射频识别、摄像头等基本组件实现对物品信息的采集,并通过传感和读写网络对基本组件进行融合,以更好地实现对城市事物的识别和感知。第二层是网络层,这是智慧城市的“神经网络”,主要通过接入网和传输网实现信息的接入、传输和交换,其中,接入网主要利用光纤、无线、以太网、卫星等方式接入物理层的信息,传输网主要利用电信网、互联网、广电网、专用网等网络。第三层是数据层,主要是利用云计算技术、虚拟技术、高可信技术等先进技术对感知和接收的信息进行挖掘、分析、控制与决策,从而为智能层服务。第四层是智能层[8],主要实现信息技术与不同行业和专业领域的深度融合,以推动城市治理、公共服务、产业发展等领域的智慧化,更好地促进城市发展。

1.7.2　智慧城市的功能结构

智慧城市的应用功能是建设智慧城市的关键，由于智慧城市建设涉及城市的各方面，功能结构也应当范围广泛，需要覆盖城市生活的各领域[9]。考虑到每个城市在实现智慧化的过程中有共用的基础功能以及特色的个性化功能，可以从基础功能和个性化功能方面来对智慧城市建设的功能结构进行解析。

基础功能是每个智慧城市在建设过程中都必须要重视的，主要涵盖涉及城市生产和生活的关键领域，主要包括智慧政务、智慧教育、智慧医疗、智慧交通、智慧生态、智慧社区、智慧安防等[10]。其中，智慧政务是政府利用新一代信息技术将政务管理和服务职能进行高效整合，以为公众和企业提供更为便捷、高效、精准的服务。智慧教育是通过构建智慧化的教育平台，有效实现教育资源的共享共融和多方互动，推动教育资源公平分配和便捷获取。智慧医疗是以全民电子健康档案为载体进行的健康保障信息共享和医疗资源整合，以更好地为公众提供医疗服务。智慧交通是利用新一代信息技术与系统工程技术实现人、车、路的相互感知和智能互动，从而实现智慧化的交通管理。智慧生态是利用信息技术和信息网络对环境进行监测、预警、治理等环节的信息共享和协调运作，以实现智慧化的生态保护模式。智慧社区是利用新一代信息技术为社区生活提供全方位和多元化的服务，以实现居民与社区的智能互动以及社区资源的均衡分配。智慧安防是利用信息技术实现城市资源的整合与联动，提升城市的安全防控和应急处理能力。

个性化功能主要是每个城市根据自身发展特色所涉及的应用体系[11]，例如，旅游业较发达的城市着重利用新一代信息技术搭建旅游信息平台，鼓励游客通过智能终端感知旅游资源和旅游活动等信息，并可针对不同游客的需求定制旅游计划，从而实现旅游业的智慧化，为游客提供更好的旅游体验；交通枢纽城市可以通过信息技术推进物流各环节的精细化、动态化和可视化管理，提高物流系统的智慧化分析决策与自动化操作执行能力，实现更高效的物流新模式。

1.8　智慧城市研究的总体框架

本书总体框架如图 1-1 所示。

第 1 章从理论上对智慧城市的起源、内涵、特征、发展阶段等进行了梳理和界定，构建了本书的理论基础；第 2 章从"物理层：作为城市感知的终端与节点""网络层：作为城市连接的网络""数据层：作为城市记录的新要素"以及"智能层：作为城市决策的新技术"方面分析了智慧城市的信息基础设施。

第 3 章探索了智慧城市的应用体系，包括智慧政务、智慧产业和智慧民生领域；第 4 章阐释了智慧城市下的数据资源管理的定义、功能、意义，并在此基础上分析了智慧城市的数据生命周期管理模型，数据感知、汇聚与活化，数据存储、分析与呈现，决策服务，以及数据资源共享与开放；第 5 章探索了智慧城市顶层设计方法论、顶层设计部署、项目管理以及建设模式。

第 6 章探索了智慧城市管理体制和机制的创新，为智慧城市的创新发展提供了保障；第 7 章梳理了智慧城市的政策脉络，分析了智慧城市的政策制度和标准体系，为智慧城市管理提供了制度保障；第 8 章为智慧城市发展提供了较好的安全保障；第 9 章分析了智慧城市的评价方法、指标体系以及评价实施，为智慧城市发展提供了科学的指标体系和评价方法。

第 10 章探究了智慧城市的发展目标——智慧社会，构建了智慧社会的总体框架，以及建设智慧社会的实施路径，拓展了智慧城市的分析，为智慧城市向智慧社会的发展提供了借鉴。

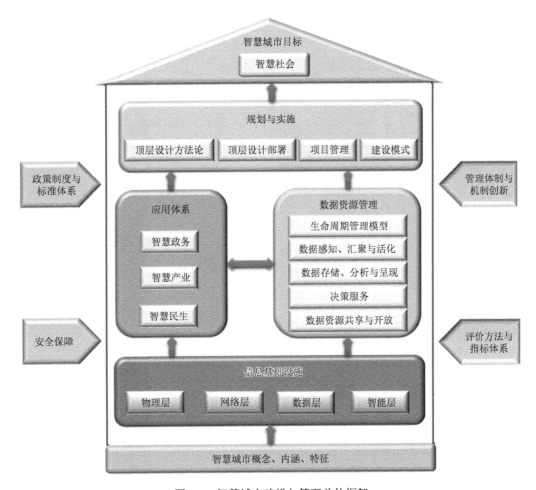

图 1-1　智慧城市建设与管理总体框架

参 考 文 献

[1]　赵大鹏. 中国智慧城市建设问题研究[D]. 长春：吉林大学，2013.

[2]　曲岩. 我国智慧城市建设水平评估体系研究[D]. 大连：大连理工大学，2017.

[3]　张小娟. 智慧城市系统的要素、结构及模型研究[D]. 广州：华南理工大学，2015.

[4] 陈如明. 智慧城市定义与内涵解析[J]. 中国信息界，2013（Z1）：80-82.

[5] 唐斯斯，张延强，单志广，等. 我国新型智慧城市发展现状、形势与政策建议[J]. 电子政务，2020（4）：70-80.

[6] 亿欧智库. 道阻且长，行则将至——2019 年中国智慧城市发展研究报告[EB/OL].（2021-11-10）[2021-12-10]. https://www.iyiou.com/research/20190523630.

[7] 闫海. 我国智慧城市建设水平评价研究[D]. 太原：太原理工大学，2013.

[8] 王金锋. 从工程数字化应用到智慧城市实践[J]. 中国勘察设计，2020（1）：36-39.

[9] 焦黎帆. 我国智慧城市建设与政府管理问题研究[D]. 西安：西安建筑科技大学，2015.

[10] 王奕程. 智慧城市建设研究——以合肥市为例[D]. 合肥：安徽大学，2014.

第 2 章　智慧城市的信息基础设施

智慧城市建设与管理离不开信息基础设施的建设；事实上，在一定程度上可以说正是信息基础设施的更新与完善才推动了智慧城市建设的进程。按照信息技术本身的发展逻辑与结构，智慧城市的信息基础设施可以从四个层面展开：物理层、网络层、数据层和智能层。

首先，物理层主要是可观察到的物理设备和硬件，提供了智慧城市的硬件载体，提供了感知城市功能，主要包括各种移动智能终端、传感设备、通信设备、计算硬件等。

其次，网络层主要是连接物理硬件的网络和通信技术，实现对硬件设备的使用主体的连接，主要包括光纤网络代表的互联网通信网络、第五代移动通信技术（5th generation mobile communication technology，5G）逐渐兴起的移动通信技术及互联网协议第 6 版（internet protocol version 6，IPv6）。

再次，数据层是对智慧城市各主体的全面记录与描述，也是智慧城市的重要资源，主要的技术涉及大规模数据的并行存储技术、数据的抽取转换加载（extract-transform-load，ETL）预处理技术和数据的交互共享技术，以实现数据的价值最大化，为数据的智能分析提供基础。

最后，智能层是对记录的数据资源进行智能挖掘分析，发现隐藏在数据中的潜在规律和特征，实现对智慧城市的洞察研判，主要技术包括以发现关联性为主要特征的大数据分析挖掘技术、以深度学习为代表的新一代人工智能技术、虚拟现实和增强现实下的可视化技术。

本章将从技术内涵和业态内涵两个方面对这四个层面展开论述。

2.1　物理层：作为城市感知的终端与节点

2.1.1　物理层的技术内涵

智慧城市的物理层主要是可观察到的物理设备和硬件，它提供了智慧城市的硬件载体，提供了感知社会的功能，主要包括各种移动智能终端设备、传感设备、通信设备、计算设备等。

传感器技术作为信息技术的三大基础技术之一，是当前各国家竞相发展的高新技术。传感设备主要包括用于感知状态、识别物体、采集信息的设备，通常包括二维码标签和识读器、射频识别和读写器、摄像头、全球定位系统（global positioning system，GPS）、机器对机器（machine to machine，M2M）通信终端、传感器网关等。我国在 1986 年将其确定为国家重点攻关项目，从此开始了研究传感器的实质发展阶段，形成了较为完整的传感器研发制造产业链。尤其近年来，传感器作为物联网的重要组成部分，被提到了新的战略高度。虽然我国传感器市场发展很快，但技术水平与发达国家相比仍存在很大差距，在感知信息方面的落后及传感器自身在智能化和网络化方面的落后成为主要问题。

通信设备为基础通信运营商及信息服务商提供通信相关设备和软件系统，为终端用户提供各种终端应用设备，在整个通信产业中起着重要作用，包括核心网设备、接入网设备和终端设备。我国通信设备产业的增长主要受网络强国战略等一系列政策的驱动，保持较快的增长，2013 年 8 月 1 日，国务院发布了《"宽带中国"战略及实施方案》，部署了宽带发展目标，宽带首次成为国家战略性公共基础设施。中华人民共和国工业和信息化部（简称工业和信息化部）发布的《信息通信行业发展规划（2016—2020年）》显示，"十二五"期间，我国信息通信基础设施不断完善，宽带网络建设明显加速，城市地区 90%以上家庭具备光纤接入能力，行政村通光缆比例超过 75%，并建成了全球最大的第四代移动通信技术（4th generation mobile communication technology，4G）网络，基本实现城市和县城的连续覆盖。但是相关核心技术依然掌握在国外相关机构中，这对未来通信设备的健康发展构成了一定的风险。

计算设备主要指计算机相关设备的核心处理器，即芯片。总体上，我国的芯片领域起步较晚，发展缓慢、技术相对落后。目前，世界知名的芯片基本由国外企业研发生产，如英特尔、英伟达、高通、德州仪器等。不过，随着时间的推移，我国芯片技术越发精湛，龙芯3A4 核芯片的出现打破了国外企业在中央处理器（central processing unit，CPU）领域的垄断局面。一直以来，对于芯片的不重视也是我国芯片实力薄弱的一个原因，长期依赖国外芯片技术已经成为行业的发展现状，虽然短期内面临的问题没有凸显，但是长期来看并不可取。

2.1.2　物理层的业态内涵

物理层在智慧城市方面的价值更多地体现为技术支撑，且因其与公众并不直接接触，其在业态层面的相关应用和创新相对较少，但这并不代表物理层不存在任何业态层面的应用。近年来兴起的共享单车业态事实上即可被视为物联网建设过程中所伴随的业态创新。共享单车的迅速铺开一方面在极短时间内形成了庞大产业业态，另一方面使得以智能车锁为节点的物联网快速建成。相关统计显示，我国近年来物联网节点数量的快速增加正是由于共享单车业态的蓬勃发展。可以说，共享单车的业态创新推动物联网建设迅速展开，也正是物联网的潜在价值使得共享单车的运营和融资具备了发展潜力与愿景。

但总的说来，物理层的业态内涵还相对较少。与之相比，尽管网络层往往因为远离公众而缺少参与业态创新的机会，但近年来 5G 和区块链技术的快速发展正在改变这一趋势。2.2 节将对此做更进一步的阐释。

2.2　网络层：作为城市连接的网络

2.2.1　网络层的技术内涵

智慧城市的网络层主要是连接物理硬件的网络和通信技术，实现对硬件设备的使用主体的连接,主要包括光纤网络代表的互联网通信网络、5G 逐渐兴起的移动通信技术及IPv6。

在通信基础技术上,太赫兹波逐渐引起关注。由于太赫兹波的频段比微波通信高出 1～4 个数量级,太赫兹波的传输信息量更大,满足大容量传输场景的通信要求。在空间通信方面,太赫兹波可以作为高速宽带的通信载体,具有极高的方向性和穿透能力,因此适用于恶劣环境下的短距离保密通信,也适用于高带宽需求的卫星通信领域。国内科研机构已经逐渐开始研究太赫兹波。2012 年 9 月 11 日,国内知名高校联合共建了太赫兹科学协同创新中心。该中心近年来取得了很多技术突破,成为通信基础技术的一个关注点。

从技术发展阶段来看,当前关注的焦点是 5G 和区块链技术。当前 5G 正处于技术发展成熟和应用普及期,其在短期内将对智慧城市产生重大影响。5G 具有高速率、高连接密度、低时延性、高覆盖度、高吞吐量、高安全性和高质量等诸多特点。从技术内在发展逻辑以及相关业态同步演进的可能性来看,5G 不能被简单理解为通信网络的又一次常规技术升级,而应被视为带有根本性、颠覆性的"奇点"技术变革,其特征体现在三个方面[1]。

首先,5G 将推动基础网络的虚拟化。5G 突破了传统无线网络的技术瓶颈,将物理网络按照不同服务需求(时延、带宽、安全性和可靠性等)划分为多个虚拟网络,以灵活应对消费级移动宽带、大规模物联网和关键任务型物联网等不同的网络应用场景,由此推动了基础物理网络的虚拟化,在催生更为丰富和更为灵活的互联网业态的同时加速基础网络服务的个性化转型。

其次,5G 将推动基础网络的服务化。传统互联网由三层结构组成:以基础网络、设备终端为主体的物理层,以通信协议、互联标准为主体的逻辑层,以及以各种互联网内容或服务为主体的应用层。三个层次边界相对清晰、功能相对确定。物理层主要为数据通信提供物理网络,逻辑层旨在实现全球范围互联互通的统一标准,在此之上才催生了繁荣丰富的互联网应用。5G 时代下,虽然这种三层结构仍然存在,但不同层次之间的边界开始模糊、功能开始交叉。

最后,5G 将推动基础网络的智能化。传统互联网运营商主要发挥数据流通渠道的作用,无法对数据流通产生差异化影响。然而在 5G 时代,网络运营商在数据输出时即能够识别数据本身的信息,从而可以为其提供个性化的数据传输服务,这就为基础网络的智能化转型提供了可能。网络运营商将不再对流经渠道的数据"充耳不闻",而是能够支持更多智能化应用及服务。但这同样带来了新的数据监控隐忧,凸显了网络安全、数据安全的重要性。

与 5G 类似引发焦点关注的是区块链技术。区块链来源于对信任问题的探索。信息不对称情况下,理性个体间难以建立信任关系,从而出现"拜占庭将军问题",使市场上的多方利益受损。信任问题的传统解决方案是第三方担保,即银行、政府、支付宝等被社会广泛信任的"中心化"机构为信息不对称的两方理性个体作担保,但这种模式存在天然缺陷。一方面,第三方担保会产生交易成本,尤其在跨国交易、小额支付等情况下,交易成本挤压微薄的利润空间,导致交易无法达成;另一方面,"中心化"的第三方担保者会无偿占有交易双方信息,这又带来隐私安全问题。为弥补第三方担保的缺陷，2008 年，中本聪（Satoshi Nakamoto）提出基于区块链技术来解决互联网上的信任问题[2]。

从技术内涵来看，区块链可从三个视角加以解释[3]。第一，可将区块链视为分布式账本技术的创新与发展。账本是人类社会久已存在的技术形态，其主要作用是记录每个人所拥有的财产及其交易、变更和转移的过程。区块链对于账本技术的创新与发展便在于其第一次通过去中心化（或弱中心化）的方式实现了对于社会公共账本的管理和维护，即实现了分布式账本。相比于集中管理模式，分布式账本的优势在于其可以避免集中管理主体的安全风险①、信用风险②和权力滥用风险③，使得账本记录不会因单个主体的改变而改变；但是分布式账本也存在不足，就当前区块链技术的发展和应用程度而言，这又具体体现为账本更新的延时过长④、并发效率不高⑤、账本维系的存储和计算成本过高⑥等方面。第二，可将区块链视为一系列技术的组合创新。相当部分研究认为区块链并非单一种类的技术突破，而应被视为多个已有技术的重新组合。综合已有研究论述，大体上可认为这些组合技术包括加密技术、时间戳技术、共识算法、点对点传输技术、智能合约技术、"代币"设计技术等类型。也正因为是不同技术的组合创新，区块链可根据不同应用场景需求而体现出不同的功能与价值。例如，加密技术保证了区块链存储信息的安全性，时间戳技术确保区块链记录信息的时间连续性，共识算法使得区块链作为分布式账本可以不依赖第三方的集中式管理，点对点传输技术使得区块链能够摆脱中介而提升信息传递的效率，智能合约技术支持区块链成为更为灵活的交易平台，"代币"设计技术则有利于形成相关主体之间的激励与约束关系。第三，可将区块链视为一般性通用技术的新发展。一般性通用技术是指被普遍应用于各领域且能够因为互补效应而提升该领域生产力的技术类型。以太坊的创始人布特林认为，区块链是由一套协议构成的平台，任何人都可以将程序上传至该平台并使之自动运行，程序运行过程中的历史状态都将被记录并公开可见，而平台则按照加密经济学的方式确保程序能够按照平台既定规则持久地运行下去。

2.2.2　网络层的业态内涵

长久以来，与物理层类似，智慧城市的网络层总是被视为"渠道"而忽略其本身的业态创新可能，但 5G 和区块链技术的发展正在改变这一局面。2.2.1 节对于 5G 特征的论述事实上已经包含业态创新方面的趋势。

首先，5G 背景下基础网络的虚拟化可能带来消费级移动宽带、大规模物联网和关键

---

① 安全风险是指因账本受特定主体集中管理和维护，故该特定主体成为账本技术的单个集中风险点。一旦该集中管理主体出现数据泄露或其他安全事故，整个账本就会受到影响。

② 信用风险是指账本集中管理主体可能随意改动账本记录以使之有利于其本身或者其内部分成员。

③ 权力滥用风险是指账本集中管理主体可能利用其权力胁迫或影响被记录方行为。

④ 延时过长是指从数据的产生（如达成某项交易）到数据的记录与全网更新（如交易被全网其他节点所认可）之间的延时较长，当前区块链技术还不能完全做到即时更新。

⑤ 并发效率不高是指区块链技术当前还不能支持大量数据的同时操作。

⑥ 存储和计算成本过高是指区块链技术在全网存储所有数据的冗余性带来了较高的存储成本，而计算过程消耗的计算资源也屡受诟病。

任务型物联网三类场景。消费级移动宽带主要面向超高清视频、全息、增强现实/虚拟现实等应用，其要求较高的网络带宽；大规模物联网主要面对海量物联网传感器，其对数据传输的时延性和移动性都要求不高；关键任务型物联网主要应用于无人驾驶、自动工厂、远程医疗等特殊场景，其数据传输量可能有限但要求超低时延和高可靠性。相比于 4G，5G 推动了基础物理网络的虚拟化，通过网络分片技术得以支撑更为丰富和更为灵活的互联网业态；但这也将自然引发网络中立、不正当竞争等相关治理挑战。

其次，5G 背景下基础网络的服务化将对互联网内容和应用开发者产生更为直接的影响；反过来，为了优化消费者体验，互联网内容和应用开发者又不得不与网络运营商展开深度合作，从物理层即开始优化数据的传输、处理和存储。上述两方面共同推动了基础网络本身的服务化变革进程，使得基础网络开始深度嵌入直接面向终端用户的内容和应用服务。

最后，5G 背景下基础网络的智能化将使得 5G 网络运营商在数据输出时即能够识别数据本身信息，从而可以为其提供个性化的数据传输服务。网络运营商不再对于所流通的数据"充耳不闻"，而是能够支持更多智能化应用及服务；但这同样可能带来新的数据监控隐忧，并再次凸显网络安全、数据安全的重要性。

另外，区块链的蓬勃发展正在引发新的业态变革。2019 年 10 月，习近平总书记在中央政治局第十八次集体学习中强调"要抓住区块链技术融合、功能拓展、产业细分的契机，发挥区块链在促进数据共享、优化业务流程、降低运营成本、提升协同效率、建设可信体系等方面的作用"①。区块链技术作为一种解决互联网信任问题的分布式账本技术，随着比特币与以太坊的兴起而蓬勃发展，其分布记账、时间戳、共识机制、智能合约、非对称加密、点对点传输等技术优势逐渐得到广泛认可，并开始在金融、数据资产之外的领域得到应用，包括政府跨部门数据共享、供应链管理、环境保护、产权管理等。以媒体（或新媒体）领域为例，区块链的影响就在不断扩散和放大。在网络和自媒体的冲击下，新闻信息服务行业传统的内容生产和收入分配模式面临着颠覆性的巨大挑战。随着 Civil 等新兴平台的出现，区块链在提高新闻透明、追溯谣言和假新闻、量化广告效果等方面具有的变革性潜力逐渐受到关注。在新闻生产过程，区块链的可追溯技术特征不仅能有效保护知识产权，也可以提高信源认证及假新闻治理效率；在新闻传播过程，区块链的多中心技术特征改变了内容平台的分发逻辑和用户参与模式，用户权力的提升使优质内容有机会获得更高估值；在内容变现过程，用户的广告浏览信息、订阅信息、评价信息、公开身份信息等元数据均可在链上作为数字资产被估值和确权。正因为上述变革价值，区块链往往被视为建构崭新传媒格局的重要技术基础。

2.3 数据层：作为城市记录的新要素

2.3.1 数据层的技术内涵

对智慧城市各主体的全面记录与描述形成了大数据，它也是智慧城市的重要资源。大

---

① 佚名. 以区块链赋能社会治理（新论）[N]. 人民日报，2019-11-21（5）.

数据是人工智能运行的"燃料",同样,智慧城市的成功运行也离不开社会运行中涵盖企业和个人多种形态的数据资源的支持。大数据已成为社会治理创新的技术驱动力,数据驱动的智能化社会治理成为社会治理创新的发展趋势。

大数据技术涉及大规模数据的并行存储技术、数据的预处理技术和数据的交易共享技术等,以实现数据价值的最大化,为数据的智能分析奠定基础。其中,大数据的交易共享成为发挥数据价值的重要途径,有利于挖掘数据资源的潜在价值,发挥数据与土地、能源同等重要的要素作用,推动数据流引领物质流、资金流、人才流、技术流,推进产业模式创新、推动产业转型升级,已成为充分激活数据价值的必由之路,以及促进我国大数据发展的关键环节。

在国家政策的推动鼓励下,数据交易从概念逐步落地,部分省区市和相关企业在数据定价、交易标准等方面进行了有益的探索。但是,我国大数据交易仍处于起步阶段,数据交易以单纯的原始数据"粗加工"交易为主,数据预处理、数据模型、数据金融衍生品等内容的交易尚未大规模展开;数据供需不对称使得数据交易难以满足社会有效需求,数据成交率和成交额不高;数据开放进程缓慢一定程度上制约了数据交易整体规模,影响数据变现能力;数据交易过程中缺乏全国统一的规范体系和必要的法律保障,无法有效破解数据定价、数据确权等难题。

2.3.2 数据层的业态内涵

智慧城市的成功运行离不开社会运行中涵盖企业和个人多种形态的数据资源的支持,我国当前智慧城市建设中,数据层相关内容的发展也具有一定的基础,并面临更大的未来发展机遇和挑战。就数据层发展现状来看,主要可从产业规模、应用领域、数据交易这三个方面进行总结。

在大数据产业规模方面,数据显示,2014 年,中国大数据产业规模大约为 1038 亿元;2015 年,产业规模达到 1692 亿元;2016 年,产业规模达到 2453 亿元;2017 年,产业规模达到 4700 亿元。中国大数据产业处于快速推进期,中国和美国几乎同一时期关注大数据产业,但中国与美国存在一定的差距,究其原因,美国是全球信息技术产业的领头羊,在硬件和软件领域都拥有超一流的实力,早在大数据概念火热起来之前,美国信息技术产业在大数据领域已经有很多技术积累,这使得美国的大型信息技术企业可以迅速转型为大数据企业,从而推动整个大数据产业在美国的发展壮大。另外,中国数据大多数掌握在政府手里,数据源相对封闭,数据分析受到局限,影响大数据的发展。

在大数据应用领域方面,当前大数据已经在各领域得到普遍应用。例如,杭州市"城市大脑"建设借助交通大数据,能够实现救护车、消防车等应急车辆"一键护航",车辆通行路线上红绿灯实时动态调配,确保应急车辆一路畅通。类似地,借助手机信号或位置导航大数据,平台公司可以勾勒出节假日期间人口迁移的实时情况,为管理决策提供支撑;舆情管理方面,借助社交媒体、网络平台大数据,相关部门能预判舆情演化方向,有针对性地施以干涉措施,从而提高应对网络突发公共事件的能力。

在大数据交易方面,其既是数据价值挖掘的核心环节,也是智慧城市数据层良好运行的坚实保障。2020 年，中共中央和国务院发布了《关于构建更加完善的要素市场化配置体制机制的意见》，作为中央第一份关于要素市场化配置的文件，第一次将数据纳入生产要素范畴，再次体现了大数据的应用价值。事实上，大数据作为生产要素进入市场环节一直都处于高速发展中。大数据交易是指数据供需双方围绕原始数据或衍生数据服务展开的交易行为，其体现了数据价值的利用与挖掘过程。2010 年左右，大数据交易在全球引发关注，"数据市场""数据银行""数据公约"等相关概念陆续提出。就全球范围来看，欧美起步较早，但受限于数据交易的范围、规模与规则的缺失，尚未形成成熟的数据交易市场。我国的贵阳大数据交易所、西咸新区大数据交易所、东湖大数据交易中心等地方创新在不同层面取得了一定成绩，但尚未形成具有一定扩散力、辐射力、通用性的数据交易模式。在 2020 年发布的《深圳建设中国特色社会主义先行示范区综合改革试点实施方案（2020—2025 年）》中，中央再次明确鼓励深圳在大数据交易方面先行先试，由此标志着我国在此领域的探索进入新阶段。

2.4　智能层：作为城市决策的新技术

2.4.1　智能层的技术内涵

智慧城市智能层是对记录的数据资源进行智能挖掘分析，发现隐藏在数据中的潜在规律和特征，实现对智慧城市的洞察研判，主要技术包括以发现关联性为主要特征的大数据分析挖掘技术、以深度学习为代表的新一代人工智能技术、虚拟现实和增强现实下的可视化技术。

人工智能技术的快速发展和应用推广为智慧城市建设提供了很好的基础。1956 年，麻省理工学院教授约翰·麦卡锡第一次提出了人工智能的概念，此后人工智能迅速成为一个热门话题，尽管概念界定众多，但是科学界对人工智能学科的基本思想和基本内容达成的共识是：研究人类智能活动的规律，从而让机器来模拟，使其拥有学习能力，甚至能够像人类一样去思考、工作。当前，面向特定领域的专用人工智能技术取得突破性进展，甚至可以在单点突破、局部智能水平的单项测试中超越人类智能。

我国人工智能技术攻关和产业应用虽然起步较晚，但在国家多项政策和科研基金的支持与鼓励下，在基础研究方面，已拥有人工智能研发队伍和国家重点实验室等设施齐全的研发机构，研发产出数量和质量也有了很大提升，已取得许多突出成果。在语音识别、视觉识别、机器翻译、中文信息处理等技术方面处于世界领先地位。截至 2018 年，我国人工智能论文总量和高被引论文数量都位列世界第一；中国人工智能企业数量居全球第二，达到 1000 多家。

尽管我国在一些人工智能关键技术尤其是核心算法方面与发达国家水平相当，但我国人工智能整体发展水平与发达国家相比仍有较大差距，如在高精尖零部件、技术工业、工业设计、大型智能系统、大规模应用系统以及基础平台等方面。此外，人工智能技术发展还面临着体制机制、创新人才、基础设施等方面的挑战。

2.4.2　智能层的业态内涵

截至 2018 年 12 月，中国网民规模已达到 8.29 亿人，普及率达到 69.6%，构成了智慧城市应用的用户基础。具体应用中，电子商务、移动社交、互联网文化传播等人民生活日益密切的领域已经发展相当成熟，成为经济增长的重要动力。特别地，智能技术在政府治理方面的应用也逐渐发展并形成特色。

在政府智慧服务方面，截至 2018 年 12 月，我国在线政务服务用户规模达 3.94 亿人，占整体网民规模的 47.5%。近年来，我国"互联网+政务服务"深化发展，各级政府依托网上政务服务平台，推动线上线下集成融合，实时汇入网上申报、排队预约、审批审查结果等信息，加强建设全国统一、多级互联的数据共享交换平台，通过"数据多跑路"，实现"群众少跑腿"。但是当前的政务服务在数据交互共享、在线智能服务、精准服务推送等方面与完善的智慧城市目标依然有差距。在智慧城市治理及其他应用方面，利用大数据、云计算、人工智能等信息技术推动社会治理创新，破解治安防控、环境污染治理、信息安全保护等难题，已有显著发展，如解决城市难题的"城市大脑"、促进社会公平的"精准扶贫"、党组织管理的"智慧红云"等典型应用。尽管基于信息技术的智慧城市应用不断发展，但是背后的风险值得关注，如个人隐私安全风险、法律风险、伦理风险等。

参 考 文 献

[1]　杨竺松，耿瑞霞，胡鞍钢. 5G 背景下的治理挑战与政策应对[J]. 行政管理改革，2019（11）：39-46.

[2]　赵金旭，孟天广. 技术赋能：区块链如何重塑治理结构与模式[J]. 当代世界与社会主义，2019（3）：187-194.

[3]　贾开. 区块链的三重变革研究：技术、组织与制度[J]. 中国行政管理，2020（1）：63-68.

第3章　智慧城市的应用体系

智慧城市是一个结构要素错综复杂、技术应用多元化的综合性系统，利用信息通信技术对城市各方面进行智能分析、规划和预测，从而建设一个更加智慧、便捷、人性化的城市。智慧城市体系主要包括智慧政务、智慧产业、智慧民生等，它们在社会管理、经济业态、民生服务等领域的应用十分广泛，有利于提高城市治理质量和效率，为人们创造更美好的城市生活，促进城市的生态健康和可持续发展。

3.1　智　慧　政　务

党的十九大报告明确提出，要"转变政府职能，深化简政放权，创新监管方式，增强政府公信力和执行力，建设人民满意的服务型政府"。在新时代，实现政务信息的科技化，有效推进智慧政务的建设，对于转变政府职能、建设服务型政府具有重要价值。

3.1.1　智慧政务的基本内涵

自 2009 年 IBM 公司提出智慧地球以来，全球刮起了一股"智慧风"，智慧国家、智慧城市相继出现，智慧政务（smart government）也应运而生。智慧政务是电子政务模式由数字政务（digital government）、智能政务（intelligent government）演化到新的、更高级化的阶段（表 3-1）[1]。电子政务是借助网络技术而进行的政务活动。随着网络技术和应用的发展，网络已经进入网络社交媒体时代，其对政务活动的影响和作用已经发生很大的变化，自然产生了智慧政务。智慧政务是一个新的概念，目前对智慧政务的相关内涵界定还比较少。

表 3-1　数字政务、智能政务、智慧政务的比较

项目	数字政务	智能政务	智慧政务
时间	20 世纪 80 年代～21 世纪初	21 世纪初～2010 年	2010 年至今
运作方式	办公自动化、政府网站发布信息	在线双向交流、在线事务处理	市级监测反馈服务系统，个性化、客制化服务等
技术特征	单向交流、点对点、平台界面上交流	双向交流、模块化、目标/工具/方法明确	双向交流、系统集成化、决策协同化、敏捷化、业务自适应、同功能机构纵向整合、不同功能机构横向整合
典型应用	网站、办公自动化	在线交流、电子采购及招标等	政府门户网站

Howard 和 Maio[2]认为，智慧政务通过信息通信技术，实现政府单层级（城市、州或联邦）或跨层级（跨州和地方政府）的一体化管理，从而创造可持续的公共价值。Gil-Garcia 等[3]认为，智慧政务是在新兴信息技术发展的环境下，用来描述政府的创造性投资以及创新性战略，从而实现更加灵活和有弹性的政府治理活动。

我国学者徐晓林和朱国伟[4]给智慧政务下的定义是"依赖信息技术实现主动、高效、个性化公共服务的过程，其目的在于实现以公民为中心的智慧地服务"；刘文富[5]将智慧政务定义为"网络社交媒体时代，在电子政务的基础上，运用大数据、物联网、云计算等新一代信息技术，以民众为中心的、对传统政务进行智能化的处理，采用智慧化的应用和服务，以实现个性化、互动式、协作型的政府机构和运行方式"。

参考国内外学者的观点，本书将智慧政务界定为：以完善法律基础、强化公共服务、高投入换高质量、更加公平的政治参与以及改革政府管理机构为目标，以互联网、云计算、大数据、人工智能等新一代信息技术为基础，通过政府组织相互协同与统一管理的方式，利用数据的汇聚共享，开展政府、企业、公众及自然等多元主体互动的公共事务创新，以促进政府服务流程优化改造。

3.1.2　智慧政务的应用场景

随着新一代移动通信技术、云计算、物联网等新技术不断涌现，电子政务建设水平得到迅猛发展。智慧政务是电子政务发展的高级阶段，相较于电子政务前期发展的数字政务和智能政务而言，智慧政务在运作方式、技术特征和具体应用上都是对之前的继承与新技术的创新融合，呈现出系统集成化的特征。智慧政务的具体应用场景主要体现在智能办公、智能监管、智能服务、智能决策等方面[6, 7]。

智能办公方面，采用人工智能、大数据、检索管理、移动互联网等手段，将传统办公自动化（office automation，OA）系统改造成智能办公系统。智能办公系统能有效地提高办公效率。首先，在公务员日常数据与文件的处理方面：①通过图像、文字识别技术，推动公文、工作材料信息进行数据化提取，减轻手工录入压力；②通过文字识别、自然语言处理技术，实现对各类电子材料的文字处理，构建信息数据库，便于后续内容检索、分析，进而增强文字处理能力，满足内容检索需求；③通过自然语言处理技术，提炼文章内容中的多项属性，挖掘实体、关键词之间的关联，实现智能化推荐。其次，智能办公系统对公务员的办公行为有记忆功能，能够根据公务员的职责、偏好、使用频率等，对用户界面、系统功能等进行自动优化。除上述功能外，智能办公系统还有自动提醒功能、移动办公功能、根据事件重要程度/紧急程度自动排序功能等。

智能监管方面的应用场景如下：①对监管对象的自动感知、自动识别、自动跟踪。例如，以人脸识别技术为基础，在火车站、机场、交通路口等人口流动聚集地安装具有人脸识别功能的监管仪器，依据居民个体情况归集信息资源，分析、比对发现苗头性、跨行业跨区域风险，开展精准监管等。②对突发性事件进行自动报警、自动处置等。例如，利用物联网技术对山体形变进行监测，可以对滑坡进行预警。③智能化的监管系统可以自动比对企业数据，发现企业偷逃税等行为；智能化的移动执法系统可以根据执法人员需求自动调取有关材料，生成罚单，方便执法人员执行公务。

智能服务方面，能够自动感知、预测民众所需的服务，为民众提供个性化的服务。例如，如果某个市民想去某地，智能交通系统可以根据交通情况选择一条最优线路，并给市民提供实时导航。

智能决策方面，采用数据仓库、数据挖掘、知识库系统等技术搭建智能决策系统，根据领导需要自动生成统计报表；开发用于辅助政府领导干部决策的"仪表盘"系统，把经济运行情况、社会管理情况等形象地呈现在政府领导干部面前，使他们可以像开汽车一样履行所赋予的本地区、本部门职责。

3.1.3　智慧政务的典型案例

智慧政务是综合利用现代化的信息技术来提高政府部门管理智能化水平的一种新模式。我国政府部门进行信息化建设大致起步于 20 世纪 80 年代末～90 年代初，大致可以将其划分为五个阶段：1992～1993 年的办公自动化阶段、1993～1999 年的"三金工程"阶段、1999～2001 年的"政府上网工程"阶段、2001～2010 年的"电子政务工程"阶段、2010 年至今的"智慧政务工程"阶段。自 2010 年 IBM 公司提出构建"智慧的城市"的愿景，我国智慧政务建设工程也随之开始。习近平总书记在全国网络安全和信息化工作会议上的讲话中指出，"要以信息化推进国家治理体系和治理能力现代化，统筹发展电子政务，构建一体化在线服务平台"①。智慧政务已成为实现电子政务升级发展的突破口，是政府从管理型走向服务型、智慧型的必然产物，是推进简政放权、创新社会管理和提升人们获得感与幸福感的重要举措。经过十余年的智慧政务的发展与建设，我国涌现出许多智慧政务建设的典型案例。例如，入选 2018 中国"互联网+政务"优秀实践案例 50 强的成都市温江区行政审批局的"'一窗办理，集成服务'不动产登记提效率"。

案例背景：温江区始终坚持贯彻落实"放管服"改革部署，重点推进"仅跑一次"改革工作。"一手房不动产登记"作为"仅跑一次"的重点之一，温江区行政审批局率先加以推进，为政务服务中心"一窗办理，集成服务"改革提供了"温江样本"[8]。

智慧政务建设的总体目标主要围绕线上集成、线下一窗；多表合一、缩减材料；资源整合、数据共享；一证通办、全程网办；辅助决策、人工智能；创新管理、技术保障等六个方面进行。

智慧政府建设具体路径如下：①以手机微信应用程序（application，APP）为媒介，搭建线上"温江服务"微信公众号。"温江服务"作为线上统一入口，为居民提供快捷导航，居民足不出户办理一手房不动产登记业务，申报材料及审批结果快递送达。②多头多部门串联办理模式变革为"一窗办理，集成服务"的并联办理模式。温江区将线下房管、

---

① 新华网. 习近平在网信工作座谈会上的讲话全文发表[EB/OL].（2016-04-25）[2020-07-22].　http://www.xinhuanet.com/politics/2016-04/25/c_1118731175.htm.

税务、不动产部门调整为"网上申报、一次取号、一窗办理"的并联办理模式，由区房管、税务、不动产三部门共同设置综合受理窗口，办事群众只要等在一个窗口就可以完成面询、缴费、取证等业务的办理。③打破信息壁垒，实现数据共享。温江区运用大数据及互联网技术，打破房管、税务、不动产部门的信息化系统间的壁垒，实现了各部门之间的数据共享。④引进人工智能系统，基于省一体化平台建设框架，同步建立了统一身份认证、统一数据交换、统一证照库等公共支撑系统。引用光学字符识别（optical character recognition，OCR）、人脸识别、活体检测等技术，通过图像识别、声音识别、大数据分析、深度学习等手段，支持基于二代身份证的"一证通办"，由申报用户在移动端经过"短信验证—拍摄身份证正反面照片—读取屏幕数字—录制视频"完成用户实名认证，实现不动产登记网上面询和身份实名认证，为群众提供数字化、智慧化政务服务。

通过温江区一手房不动产登记改革项目的实施，业务的运行模式发生了根本性的变革，使办理环节减少一半、事项材料减少一半、办理费用降低一半、办理时间压缩一半，实现房屋交易、税收和不动产登记全流程"一小时办结，当天出证"，打造一手房交易全流程"60分钟领证"的温江速度。

3.2　智　慧　产　业

随着全球一体化与信息技术化的趋势逐步加深，物联网、大数据、云计算、人工智能等新一代新兴技术得到广泛应用，并与传统产业融合催生出新兴产业——智慧产业。在当今知识型和数字型经济时代，大力发展智慧产业对于推进产业转型升级，促进制造业数字化、网络化、智能化等具有重要作用。那么何为智慧产业？它有哪些应用场景？有哪些典型发展案例？

3.2.1　智慧产业的基本内涵

智慧产业作为智慧经济的支柱产业，是人的智慧在生产要素中占主导地位的产业形态。智慧产业伴随着智慧城市的发展而来，它是智慧城市建设的基础，是支撑智慧城市建设的基石。目前对智慧产业的相关内涵界定还未达成统一。

Huizinga等[9]认为，智慧产业是指在产品需求、产量、时间、资源效率和成本方面具有高度灵活性的行业，能够微调客户需求，并利用整个供应链创造价值，它通过以网络为中心的方法，利用信息的价值，由信息通信技术和最新的成熟制造技术驱动。

金江军[10]将智慧产业定义为数字化、网络化、信息化、自动化、智能化程度较高的产业。智慧产业是智力密集型产业、技术密集型产业，而不是劳动密集型产业。

庄一召[11]认为，智慧产业是直接运用人的智慧进行研发、创造、生产、管理等活动，形成有形或无形智慧产品，以满足社会需要的产业，是教育、培训、咨询、策划、广告、设计、软件、动漫、影视、艺术、科学、法律、会计、新闻、出版等智慧行业的集合，是高端服务业。

王苇航[12]认为，智慧产业就是直接运用人的智慧进行研发、投资、生产和消费等活动,生产出满足社会需要的有形或者无形的产品所形成的产业。智慧产业属于第三产业,并且是第三产业的高端部分。

综合上述各家的观点,本书更偏向于从技术和产业角度将智慧产业定义为以云计算、大数据、物联网、移动互联网等新一代信息技术为基础,具有高度数字化、智能化、融合化特征的技术密集型产业。

3.2.2 智慧产业的应用场景

按照《国民经济行业分类》(2017 年版),智慧产业包括服务业内的电信业、计算机服务业、软件业、科学研究和专业技术服务业、科技交流和推广服务业,以及互联网信息服务、咨询和调查服务、知识产权服务、会议及展览服务业;制造业内的通信设备、计算机及其他电子设备制造业等。智慧产业涉及基础智慧产业、智慧产品制造业、智慧服务业、提升型智慧产业等多个维度行业产业链[13, 14]。

基础智慧产业方面,数据贯穿智慧产业的所有领域和各环节,使大数据应用与各产业紧密相连,成为推进传统产业智慧化的关键引擎。云计算、物联网、互联网、移动互联网等与大数据联系最为紧密的新一代信息产业构成了基础智慧产业。例如,云计算通过分布式计算和虚拟资产管理等技术,利用网络将分散的信息通信技术资源集中起来形成共享的资源池,并以动态按需和可度量的方式向用户提供服务;物联网实现人与人、人与物、物与物的互联互通,改变传统产业形态和生产、生活方式,跨越众多行业形成充分互联、全面感知、智能处理的新生态。

智慧产品制造业方面,基础智慧产业与家居、穿戴、制造装备等传统产品融合,使传统产品实现网络化、信息化和智能化,形成智慧产品制造业。例如,人工智能技术与传统机器制造业融合,生产具有智能化功能的机器人产品;云计算、移动互联网、物联网等技术与汽车制造业融合,生产具有智能化功能的无人驾驶汽车等。

智慧服务业方面,基础智慧产业提升教育、医疗、交通等服务产业的智慧化程度,催生智慧服务业。例如,人工智能技术与医疗服务业结合,形成人工智能+医疗;互联网、人工智能以及区块链等先进技术与教育结合,推动传统教育模式与内容实现平台化、数字化发展,通过智能设备终端输出教育内容,由传统的借助纸媒和教具的单向授课、课堂教学转变为数字化的互动体验、现场模拟和移动学习,增加了教育的多样性和可能性。

基础智慧产业与传统产业的跨界融合,推动了传统产业的智慧化发展,形成了提升型智慧产业。

3.2.3 智慧产业的典型案例

本节以智慧农业为例,分析农业行业"智慧"的具体应用。智慧农业是指利用物联网技术、"5S"技术①、云计算技术和大数据技术等实现"三农"产业的数字化、智能化、低碳化、生态化、集约化,从空间、组织、管理整合现有农业基础建设、通信设备和信息化设施,使农业和谐发展,实现"高效、聪明、智慧、精细"和可持续生态发展,是将科学技术融合在农业发展领域的具体实践和应用[15]。

案例背景:美国采用大数据和互联网方法提升农业生产的效率和效益,以1%的农业人口维持庞大的农业生产体系,不仅满足美国本土需要,而且大量出口。

具体应用如下:①数据平台服务。利用传感器、无线通信、大数据、云计算、物联网、人工智能等技术进行数据收集并分析,通过可视化展示,对农作物的生长情况进行实时跟踪、病虫害监测,对农作物的产量进行预测等。大数据让农民开始用移动设备管理农场,可以掌握实时的土壤湿度、环境温度和作物状况等信息,大幅度提高了管理的精确性。例如,美国农场主会安装气象数据软件,把农场的坐标和相关信息通过软件上传,即可获得农场范围内的实时天气信息。②智能化农机,提高精确性。精准农业的概念和设想最早由美国在20世纪80年代初提出,10年后才投入生产应用,技术和设备的储备已基本具备。以播种为例,经过数据加载,农机能够根据天气的变化进行不同深度、不同间距以及不同品种的播种活动。③农机自动驾驶,利用卫星导航实现农机沿直线作业功能,主要利用角度传感器获取农机偏移数据、摄像头获取周围作物生长数据以及导航卫星实时定位跟踪车辆信息数据,将三者获取的数据经过无线网络传输到控制端,对数据进行分析后,利用车载计算机显示器实时显示作业情况以及作业进度等。

美国农业通过全流程的精打细算,极大地减少化肥、水、农药等投入,把各种原料的使用量控制在非常准确的程度,让农业经营像工业流程一样连续地进行,从而实现规模化经营。

3.3　智慧民生

加强社会建设,必须以保障和改善民生工程为重点。社会民生关系到广大人民群众的切身利益,已成为我国现代化建设的重要内容。"智慧民生"一词随着智慧城市概念的提出也逐渐成为人们关注的重点,它与人们的切身利益密切相关。智慧民生的应用实现了政府在社会管理和公共服务领域的理念与技术创新,提高了社会民生满意度和幸福感。

3.3.1　智慧民生的基本内涵

智慧城市依托大数据、云计算、物联网等现代信息技术,融合人的智慧,提高城市的智能化水平,从而满足人们对公共服务、社会管理、城市环境、医疗卫生等各方面的需求。因此,智慧城市建设的宗旨是为人民服务,将信息技术与人的社会需求结合起来,强调以人为本的根本原则和可持续发展的城市理念。智慧民生作为智慧城市评估的一项重要指

---

① "5S"技术分别指遥感(remote sensing)、地理信息系统(geographical information system)、全球定位系统(global positioning system)、数字摄影测量系统(digital photogrammetry system)和专家系统(expert system)。

标，它反映了智慧城市在社会管理和公共服务等与人们密切相关领域的建设成效，其核心目标在于为公众提供更加便捷智能的服务，创造更加美好宜居的生活环境，从而提高人们的幸福感和满意度。

智慧民生是在互联网发展模式下提出的一种创新理念，指利用现代先进的信息收集和处理技术来收集和整理城市内各群体人民、物质、政策的基础信息，从而对多种民生问题做出应急的智能处理，实现城市对民生问题的智能、精细化处理。智慧民生具有丰富的内涵，包括智慧交通、智慧医疗、智慧教育、智慧就业、智慧社区、智慧环境等一系列内容，智慧民生的建设以保障和改善社会民生为核心原则，在实现提高人们生活便捷度、智能化、幸福感的终极目标上，具体包含技术和业务两大目标。技术目标指实现社会公众信息集中和共享，信息化应用高效协同，人们能随时随地获取所需的信息；业务目标指实现人民生活更加便捷、健康、平安和幸福[16]。智慧民生是智慧城市建设的重要内容，它强调将现代化的信息技术应用在与民生息息相关的交通、医疗、教育、就业、环保等领域，整合社会资源，优化服务流程，创新管理方式，提高城市政府的管理和运行能力，最大化地提升人民的生活幸福感和获得感。

3.3.2　智慧民生的应用场景

建设智慧民生的目的就是让民众能共享智慧城市发展的成果，即构建智慧民生体系。利用大数据、云计算、区块链等互联网信息技术，整合民生服务信息，打破"信息孤岛"和"信息壁垒"困境，有效解决社会信息不对称、信息不流通等问题，满足公众获取民生信息的需求，从而提高社会公共服务的供给效率和质量。智慧民生强调为民、便民、惠民，广泛涉及社会民生各领域，其具体应用场景主要体现在智慧交通、智慧教育、智慧医疗、智慧环境等方面。

1. 智慧交通

随着我国城市人口和车辆数量的激增，城市交通压力加大，停车难、道路堵车、交通事故等问题频繁发生，拥挤的交通出行给人们的生活造成极大不便。智慧交通的应用就在于解决上述问题，它利用物联网、自动化控制等技术，对交通系统数据进行感知、分析、预测，实现人、车、环境的和谐发展。建设"数字交通"工程，通过监测交通流量分布，完善公安、城管、公路等信息网络系统，构建以智能出行、应急指挥为特征的城市智慧交通系统，实现交通信息全面、实时共享，提高道路交通状况监控管理效率，从而为人们提供更加便捷、安全的交通服务，提高城市居民的出行满意度。因此，智慧交通的作用表现在：①依托大数据的数据挖掘技术，实时监测道路交通状况，对道路交通流量进行控制，避免造成交通拥堵现象；②通过对交通数据的收集与分析，排查和监测交通事故发生原因，寻找出其中的关键诱因，提高解决事故问题的效率；③通过云计算等信息技术，对用户需求进行分析，实现精准定位，为其制定最优化的交通出行路线，提高用户的出行满意度和便捷感[17]。

2. 智慧教育

教育是有关社会民生的重要领域，它关乎个人的成长成才、社会的进步发展、国家的文明兴盛，但随着人口数量的增多，教育作为公共资源也越来越稀缺和匮乏，教育问题的突出阻碍了人们实现个体全面发展的愿望，影响着社会的和谐稳定。因此，智慧教育的提出迫在眉睫，它有效地解决了教育资源不均衡分配、教育质量参差不齐的问题。智慧教育即教育的信息化，是国家信息化建设的重要内容，它通过无线通信等电子信息技术，改革传统的教育模式，借助网络平台和多媒体设备，实现教育的智能化、数字化、网络化，在不同地区、不同领域的人们得以共享教育资源[18]。智慧教育旨在构建教育资源公共服务平台，创新教育方式，从传统的课堂教学到半开放式的混合教学再到完全开放的网络教学，各种微课、视频公开课的普遍应用使得人们可以获取更多元化、更平等的教育资源，尤其是对于那些位于边远乡村地区的学生而言，智慧教育打破了时空阻碍，向他们提供同等的优质教育资源，保障了各类人群平等享受教育的权利。基于互联网信息技术背景下的智慧教育不仅是一种手段和工具，用于提高学生的学习效率，以及教师的教育水平和质量，而且是一种全新的教育理念，体现了人人享有接受同等教育的平等思想，促进了传统教育模式的变革与创新，完善了原有的教育系统，有助于现代化的多样人才培养和积累。

3. 智慧医疗

"看病难""看病贵"问题一直是人们普遍关注的民生问题，医疗资源（包括医药物品、医护人员、医疗器械等）相对于我国众多的人口而言，显得十分稀缺和匮乏，老百姓生病住院难已经成为当下我国最为棘手的民生问题。建设智慧城市，其中重要的一环便是智慧医疗。智慧医疗通过采集整合医疗数据，形成医疗云数据中心，通过应用各种先进的电子技术，构建高效化、专业化、便捷化、人性化的医疗体系，使得医疗服务能够满足每一个人的医疗需求。智慧医疗的作用巨大，主要体现在提高医疗系统管理效率和完善公共医疗服务。一方面，智慧医疗通过整合处理医疗系统内部信息，对药品、器械、医护人员等医疗资源进行高效管理和合理配置，从而提高医疗资源的利用率，有效解决医疗服务水平低下、医疗技术平台薄弱等问题。另一方面，智慧医疗通过收集分析患者的医疗信息，更加精准地诊断疾病的发生机理，为患者提供针对性的治疗方案，从而提高治病的准确率，同时，公众也能通过各种医疗 APP 查询获取医院相关的医疗资源信息，通过网上预约平台，预约就诊，节省了大量的排队挂号时间，进行线上就诊，通过网上与医生沟通交流，了解自己的病情，足不出户便能得到及时治疗。智慧医疗的推行为人们提供了更方便快捷、更实惠、更健康的医疗服务，大大提升了医疗公共服务的提供水平和质量。

4. 智慧环境

人类的生存发展离不开自然环境和社会环境，智慧环境旨在利用现代化信息技术建立绿色环保、可持续发展的人类宜居的环境，包括社会经济环境和自然生态环境。随着我国工业化进程的发展，以往经济增长以自然资源的高消耗、环境破坏为代价，产生资源匮乏、环境污染等问题，气候变暖、雾霾、沙尘暴等现象的发生愈加频繁。智慧环境建设的目的正是在于促进人类经济社会和自然环境和谐共生，通过实时监控和勘探环境数据，预测环境变化，从而制定相应的环境保护政策，改善人们的生活环境，提高居民的生活幸福感。

3.3.3　智慧民生的典型案例

智慧民生工程是智慧城市建设的重点内容。2012 年我国提出首批智慧城市试点名单，共包含 90 个城市，各地方政府也将智慧城市建设纳入地方战略规划。目前我国智慧城市发展已进入规模推广阶段，总投资金额达到上万亿元。智慧民生与社会公众的切身利益息息相关，其发展也受到各地方政府的高度重视。在智慧民生建设现状上，浙江省舟山市已取得阶段性成果，为其他地区的智慧民生工程起到示范带动作用[19, 20]。

2013 年，浙江省正式批准舟山市启动智慧民生试点项目，要求舟山市集中各类资源以提升民生服务水平和质量，构建一套用以保障和改善社会民生的智慧应用系统，推动社会经济可持续发展，助力浙江省智慧城市建设迈向前列。

案例背景：近年来，舟山市在社会民生领域的建设力度不断加大，"网格化管理""市民卡工程""组团式服务"等一系列民生工程相继取得建设成效，但民生服务领域仍然存在信息不流通、资源分散、服务水平低等问题，未能完全满足公众的社会需求。同时，舟山市位于海岛，是国家唯一以群岛建制的地级市，受到客观地理条件的限制，岛上居民很难享受与城市居民同等优质的公共服务，因此，利用先进的信息通信技术以改善舟山市的民生服务状况，大力实施智慧民生工程，对于解决舟山市民生服务"信息孤岛"、资源不共享等问题，构建网络化、智能化、一体化的智慧民生服务新模式具有重要的意义。

具体而言，舟山市智慧民生工程建设主要体现在以下方面。

（1）构建智慧民生综合服务平台。以构建智慧民生综合服务平台为核心，整合公共服务信息和资源，以"一卡""一页""一号""一端""一站"为主要形式，实现社会公共服务便捷化、智能化、高效化供给。其中，"一卡"即舟山市社会保障·市民卡，涵盖市民医保、交通、图书借阅等 30 多项服务功能；"一页"即市民网页，市民可通过该网页线上办理各项事务，为市民提供更加便捷、智能、人性化的服务；"一号"即舟山市社会公共服务与监督中心 12345 服务热线，集民生服务、投诉举报、行政监察于一体的拨号平台，实行 24 小时全天受理；"一端"主要指智慧民生（舟山）APP 终端平台，未来舟山市还将继续整合"无限舟山""舟山交通"等 APP，为市民提供一体化的共享服务；"一站"即社区便民服务站，推进便民政务服务自助终端进入社区，方便市民办理业务。

（2）启动建设舟山群岛网络医院平台。舟山群岛网络医院平台建设是中华人民共和国财政部（简称财政部）、中华人民共和国科学技术部（简称科技部）支持的"舟山群岛网络医疗与网格化健康服务应用示范项目"的重要组成部分，由线下的实体医疗机构在线上联合组成虚拟的医联体，通过互联网技术，实现患者与医生专家团队线上交流，方便市民看病治疗和预约就诊，真正做到便民、惠民。

（3）建设海洋数字图书馆。2014 年，舟山市正式启动使用海洋数字图书馆，作为一个综合图书、论文、报纸、期刊等 13 大类的教育电子资源的线上知识服务平台，可以供市民免费阅读和下载大量丰富的图书资料，提高全民知识素养。根据《舟山海洋数字图书馆总体发展规划方案》，舟山市将完成"三网"建设的人联网建设，初步实现"人—知识活动—人"的互联目标。

（4）推进养老、教育、就业等民生项目的落地实施。在养老服务方面，舟山市将建设智慧养老服务平台，为老年人提供精神慰问、健康体检等居家养老服务。在教育服务方面，舟山市将建设教育公共服务管理平台，整合教育资源，完善教育系统，打造公益网络教学平台，实现教育资源的全网共享。同时，舟山市还将建设公共就业综合服务平台，实现市民就业的网上申报、网上办理、网上通知等就业服务，开通网上就业服务窗口，实现 24 小时全天候受理。

参 考 文 献

[1] 于冠一，陈卫东，王倩. 电子政务演化模式与智慧政务结构分析[J]. 中国行政管理，2016（2）：22-26.

[2] Howard R，Maio A D. Hype cycle for smart government[EB/OL].（2013-7-22）[2021-12-14]. https://www.gartner.com/en/document/2555215/.

[3] Gil-Garcia J R，Helbig N，Ojo A. Being smart：Emerging technologies and innovation in the public sector[J]. Government Information Quarterly，2014（31）：11-18.

[4] 徐晓林，朱国伟. 智慧政务：信息社会电子治理的生活化路径[J]. 自然辩证法通讯，2012（5）：95-100，128.

[5] 刘文富. 智慧政务：智慧城市建设的政府治理新范式[J]. 中共南京市委党校学报，2017（1）：62-68.

[6] 千家网. 智慧政务行业发展分析报告[EB/OL].（2019-10-08）[2021-12-14]. http://www.qianjia.com/html/2019-10/8_351704.html.

[7] 百度大脑|AI 开放平台. 智能政务[EB/OL].（2021-10-08）[2021-12-14]. https://ai.baidu.com/industry/government.

[8] 川观新闻 SCOL. 温江区行政审批局荣膺 2018 中国"互联网+政务"50 强[EB/OL].（2018-11-29）[2021-12-14]. https://baijiahao.baidu.com/s？id=1618457441000094997&wfr=spider&for=pc.

[9] Huizinga G，Walison P，Bouws T，et al. Smart industry：Dutch industry fit for the future[J]. Repository.tudelft.nl，2014（3）：15-18.

[10] 金江军. 智慧产业发展对策研究[J]. 技术经济与管理研究，2012（11）：40-44.

[11] 庄一召. 关于智慧产业[EB/OL].（2009-04-17）[2021-12-14]. http://blog.163.com/zyz_a/blog/static/85755308200931731527161/.

[12] 王苇航. 智慧产业：推动全球经济发展的新动力[N]. 中国财经报.

[13] 千家网. 智慧城市产业细分领域有哪些？大数据成产业核心 [EB/OL].（2017-11-13）[2021-12-14]. http://www.qianjia.com/html/2017-11/13_279553.html.

[14] 百度. 智慧教育产业的发展趋势和园区案例[EB/OL].（2019-09-23）[2021-12-14]. https://baijiahao.baidu.com/s？id=1645455986276999102&wfr=spider&for=pc.

[15] 美篇. 智慧农业全球十大经典案例[EB/OL].（2019-02-04）[2021-12-14]. https://www.meipian.cn/1wc8luyi.

[16] 东西智库. 智慧民生——智慧城市建设的真正核心[EB/OL].（2020-02-15）[2021-12-14]. https://www.dx2025.com/archives/57514.html.

[17] MBA 智库网. 智慧交通[EB/OL].（2019-9-25）[2021-12-14]. https://wiki.mbalib.com/wiki/智慧交通.

[18] 夏传信. 基于数据挖掘技术的智慧民生网络体系构建研究[D]. 北京：对外经济贸易大学，2018.

[19] 舟山网. 舟山智慧城市凸显"民生信息化"[EB/OL].（2014-12-11）[2021-12-14]. www.zhoushan.cn/ttxwlm/201412/t20141211-678326.htm.

[20] 佚名. 智慧民生：提升市民幸福指数[J]. 中国建设信息化，2017（23）：48-51.

第4章 智慧城市的数据资源管理

智慧城市就是利用数字信息技术对城市进行经营管理,以不断提高城市管理和社区治理的工作效率与服务水平。随着智慧城市的发展,以及移动互联网、物联网、云计算等新一代信息技术的普及,大数据成为重要战略资源,在智慧城市建设中的核心作用愈加明显,需充分挖掘数据价值,推动信息技术、数据与城市建设有机融合。现代科学技术的发展为智慧城市的建设提供了可能,因此,在城市数据资源的整个生命周期过程中,城市管理者都需要对其进行管理,从而为城市建设与管理提供强有力的支撑。

4.1 智慧城市下的数据资源管理概述

4.1.1 数据资源管理的定义

城市发展逐渐面临交通堵塞、城区规划混乱、绿化带减少、工业用地商业用地增加、城市内涝等城市病,智慧城市应运而生。智慧城市的概念最早出现于20世纪90年代,以支持城市经济的可持续发展和保证市民高质量的生活为目标,投入人力资本与社会资本、强化覆盖传统与现代通信基础设施,通过参与式的治理实现自然资源的智慧化管理。在建设智慧城市越发成为大浪潮的背景下,由于现代信息技术的发展,各种各样的数据充斥在我们的生产生活之中,小到个人消费数据,大到整个城市、国家生产数据,人类社会将在信息技术革新之下从信息时代过渡到数据时代,数据背后隐藏的价值逐渐得到人们的认可,数据资源化的趋势越发明显。智慧城市的重点在"智慧"二字,智慧的实现依赖数据的处理与整合,数据资源管理的重要性不言而喻[1]。

众多学者对数据资源管理进行了相关研究。维基百科从挖掘数据使用价值角度定义数据资源管理为规划、控制和提供数据及信息资产的一组业务职能,包括开发执行监督有关数据的计划、政策、方案项目、流程方法和程序,从而控制、保护、交付和提高数据与信息资产的价值。按照国际数据管理协会的定义,数据资源管理致力于发展处理企业数据生命周期的适当模型、策略、实践和程序,这是一个高层且包含广泛的定义,意味着数据资源管理并不一定直接涉及数据管理的具体操作。林焱和周志峰[2]从数据生命周期角度出发,认为数据资源管理是应用数据库管理、数据仓库等信息系统技术和其他数据管理工具,完成组织数据资源管理任务,满足企业股东信息需求的管理活动;黄敏学从企业发展角度出发,认为数据资源管理是对各种新式的数据进行收集、整理、存储、分类、排序、检索、计算、统计、汇总、加工和传输等一系列活动的总称。

总体而言,众多学者往往从企业和数据利用角度阐释数据资源管理的定义,主要对数据如何进行整合以促进企业发展进行研究。在建设智慧城市的大背景下,本书认为数据资源管理是以实现智慧政务、智慧经济、智慧民生为目的,运用以大数据、云计算为代表的现代数据处理技术,在对数据进行感知采集、存储、分类检索、开放与共享的基础上,对城市核心数据进行处理整合,建设智慧城市的管理活动。

4.1.2　数据资源管理的功能

1. 数据感知

数据感知是建设智慧城市的基础。智慧城市强调实现城市管理的智能化,只有通过对各种数据进行感知,我们才能有效利用数据为人类服务。随着人类逐渐从信息时代进入大数据时代,居民仅在社交媒体中交流产生的数据量就已经达到前所未有的程度,并且数据信息更新的速度达到了峰值。感知数据、利用数据为建设智慧城市服务显得尤为迫切。通过对数据资源进行管理,运用先进技术和设备对数据进行感知。例如,在城市的街道、气候、自然地貌等方面均布置各种丰富的传感器以实时监测城市动态,对于提高数据利用率、提升数据利用水平具有重要影响。特别是当前我国正处于经济发展方式转型的关键时期,社会压力相对加大,各种自然和人为的突发事件呈现多发态势,加强对危机事件相关的数据感知对于维护公共安全、促进社会和谐也有积极作用。

2. 数据开放与共享功能

数据开放与共享是指以政府为主的社会主体按照一定标准,在划分各类数据可开放共享的范围基础上,运用现代技术实现数据在各类社会主体间自由流通,以满足社会不同主体多种需要的活动。数据在使用中彰显其价值,通过数据资源管理,运用现代技术,打破时空的限制,实现数据在社会各主体间流通,促使最大限度地开发、挖掘、使用数据。数据开放与共享对建设智慧城市具有重要影响,它既是建设智慧城市的条件之一,也是实现城市智慧治理不可或缺的资源要素。麦肯锡全球研究院的研究表明,虽然开放与共享数据现象是新事物,但随着众多技术的进步,开放与共享数据的现实意义将更强,并更加得到人们的认可。

早在 2007 年,欧盟所提的"欧洲激励计划"中便首次要求开放数据。开放数据目前已经成为英美诸国建立透明政府和智慧城市建设的重要内容。一些城市通过建立并开放本城市的数据门户,以供用户浏览及利用城市相关数据。例如,旧金山通过建立本社区数据门户,用户可以在本社区数据门户上浏览旧金山社区的所有基本数据,大到城市犯罪统计数据,小到停车位数据。目前,我国的数据开放刚刚起步,尚处于建设完善过程中。2016 年 9 月,国务院印发的《政务信息资源共享管理暂行办法》明确提出政府数据共享应"以共享为原则,不共享为例外",同时指出政府数据共享应是无偿的。

3. 数据开发与利用功能

数据开发是指在搜集大量数据资源的基础上,运用大数据、云计算等现代数据处理手段深入挖掘数据自身蕴藏的价值,将数据转化为生产力的活动。数据利用是指政府部门、企业、其他社会组织和个人有意识地利用数据资源满足自身需要、解决各自问题的过程。数据是客观事物,数据需要在使用中发挥它的价值。对数据资源进行管理,将众多数据进行分类,促进数据开放与共享,对于深入挖掘数据价值具有重要意义,为数据资源的开发与利用发挥战略规划作用。数据的开发与利用是使数据抽象为信息、信息提炼为知识、知识升华为智慧的关键一步,对智慧城市建设具有重要影响。数据资源的开发与利用的重要性逐渐得到人们的认可。在政府数据逐渐影响国家发展的背景下,各国政府通过开放、开发和利用政府数据,以促进透明政府建设,改善政府与公民之间的关系。部分国家通过开发许可、提供技术支持等方式推动政府数据开发利用。例如,美国政府采用向商业公司和公众等社会主体发行开发许可证的方式开放政府数据,鼓励社会主体利用政府数据进行应用程序开发。

4. 精准服务功能

数据的价值在应用中得到体现,通过对纷繁复杂、浩如烟海的数据资源进行管理,以精细指导人类社会的生产、生活,减少错误,具有精准功能。第一,数据资源管理可以实现精准定位。通过城市中随处可见的各种电子监控、摄像头、智能扫描设备,人们的出行轨迹、生活记录通过各种数据得以保存,并且实现对道路交通进行实时实地监控;通过汇总城市对外交通、公共交通和道路交通数据,结合城市土地、天气、人口等相关数据为人们出行提供精准方案,最大限度缩短出行时间、减少交通堵塞情况,对为人们出行提供智能服务具有重要意义。第二,数据资源管理可以促进政府精准施策。政府制定公共政策,解决社会问题,有效调解社会各群体之间的利益冲突关系,这是政府的职责所在。政策正确与否关系个人家庭、国计民生。数据资源管理通过对各类数据进行处理,辅助政府决策,提高政府公共政策正确率的同时,提高政府公共政策实施对象的精准度。

例如,我国每个季度实施的经济发展规划,绝不是拍拍脑袋,随意凭经验做出的决策。银行存款利率上升还是下降、上升或下降多少,国家税率的调整,贷款利息的调度等都是以一定数据为基础的,通过对各类生产数据进行分析,最后采纳一个相对理性的方案。

又如,公共安全是人类社会秩序的重要标志,也是社会管理的基本职能。我国是世界上自然灾害损害最严重的国家之一,自然灾害种类多、频发,严重威胁城市经济发展、居民日常生活以及社会秩序稳定,当前社会的公共安全问题亟待解决。数据资源管理可以在搜集整理社会各类危机事件相关数据的基础上,运用以云计算为代表的数据处理技术,预测各类危机事件的发生,提前告知政府及公众以做好准备,尽量避免危机事件的发生,减少危机事件带来的危害,促进城市管理智能化。2020 年,新冠肺炎疫情来势汹汹,各地相继启动公共卫生应急一级响应。此后,在疫情的监测分析、病毒溯源、防控救治、物资调配、生活保障、企业复工等方面,数据资源管理显示出了极大的优越性,给应急决策提供了各种有价值的数据。

4.1.3　数据资源管理的意义

1. 智慧政务

政府作为社会的主体，承担着社会管理和公共服务的重要职能，政府政务水平关系国计民生、千家万户，而智慧城市的建设促使政府利用现代技术提高政务水平，实现智慧政务。

1）电子政务

电子政务作为智慧政务的一个重要代表，将无疑成为建设智慧城市的先导。推广电子政务需要利用大量的信息数据，信息数据是影响政府组织发展的重要因素，政府部门只有通过管理大量信息数据，才有可能实现政府管理机构与人民群众之间的资源共享，从而促进服务型、数字型政府的建设。显然，数据资源管理有利于有效信息数据的挖掘，为电子政务发展提供支持。我国电子政务的实施为千家万户带来了诸多便利。第一，群众可以足不出户，通过互联网就能支付相应的费用，如水费、电费的缴纳。第二，群众可以在政府平台上了解政府各部门所提供的各项惠民及民生服务。在享受公共服务的同时，群众也可以在政府平台上及时反馈问题，对政府各部门进行监督。这有利于政府提高政务水平，提高管理能力和管理水平，促进政府与群众之间的双向互动，为群众表达需求提供新渠道的同时，也为政府各部门了解群众需要提供工具，促进政府提供更多个性化服务，提高公共服务水平，建设服务型政府，为城市管理智能化提供动力。

2）科学决策

政府决策是政府的一个重要职能，它主要指国家行政机关为履行行政管理职能，对所要解决的问题制定与选择行动方案的过程。2015 年，中共中央、国务院印发《法治政府建设实施纲要（2015—2020 年）》，要求推进行政决策科学化，提升政府决策的质量和效率。但是，由于决策具有复杂性，依然存在传统经验式的政府决策。智慧城市的建设要求政府决策模式由经验式决策进一步向基于数据的科学决策转型。

数据资源管理可以弥补政府决策的不足，减少决策的失误，有利于促进政府决策理念、决策方式的改变。为发挥数据资源的决策支持价值，2015 年，国务院印发《促进大数据发展行动纲要》，提出"建立'用数据说话、用数据决策、用数据管理、用数据创新'的管理机制，实现基于数据的科学决策"。

从政府决策过程进行分析，在政府决策前期，借助数据资源管理搜集、感知、活化城市相关核心数据，可以有效地监测、识别、预警重大的政治、经济和社会问题，前瞻性地设计决策预案，提高决策方案的正确度；在政府决策中期，凭借关联分析、趋势预测等大数据技术优势，科学行之有效地配置人、财、物等资源，防止资源的浪费，提高资源利用水平，并且可以及时完善决策方案，促使决策方案实施有效；在政府决策后期，利用大数据实时采集和多源获取信息的能力，可以及时地获取和分析决策实施效果的相关信息，对整个决策过程和决策结果进行评估，为今后的决策积累经验。

3）打破"信息孤岛"，真正实现协同治理

随着社会事务的逐渐交织，单靠政府或者政府某个部门的力量来解决社会问题显得心有余而力不足，社会问题的解决逐渐需要政府各部门、政府与社会组织、公众的合作。当前，在数字化建设热潮之下，政府各部门大多建立了自己的信息化系统，如办公自动化系统、门户网站等，但是很多部门把本部门的信息数据资源当作部门私产，不愿与他人分享，形成了一座座"信息孤岛"。另外，同一部门内部建立各种应用系统，即便是统一规划，在具体实施时，考虑到各部门实际情况，往往一个部门有多套系统，业务数据存放形式也多种多样，异构自治现象严重。"信息孤岛"和异构自治不但造成硬件设施重复建设、标准不一，而且数据信息分散、凌乱，阻碍各部门数据资源的开放与共享，难以在改进城市管理中发挥积极作用，甚至成为智慧城市发展的障碍。因此，加强数据资源管理、促进数据资源的开放与共享具有重要意义。数据资源的开放与共享可以促进数据资源在社会各主体之间的流动与利用，满足社会各主体的需要，深入挖掘数据资源蕴含的价值。同时，加强各社会主体之间的联系，促进彼此之间利益的连接，促使社会各主体采取合作网络的方式解决社会问题，共担社会责任。

2. 智慧经济

1）智慧企业

伴随现代技术的发展，越来越多的企业将视线投入到数据上来，数据成为企业支配市场的一个重要条件，决定着企业的核心竞争力。第一，数据资源管理促使企业进行智能化决策分析。过去很多企业缺乏对自身经营发展的情况（如客户需求、产品营销和科研创新）进行全面理性分析，或者停留在表层而未深入实质。在数据时代，企业可以通过各种现代技术收集大量企业内部和外部的数据，并凭借先进的数据处理技术对采集的大量数据进行分析，进而对市场需求进行预测，实现企业决策智能化。第二，有助于妥善处理政府与市场的关系。对政务数据进行精细化管理，把政府管得"过死"的事项精简下来，把应该由市场机制决定的事情交出去。这有利于政府妥善处理与市场的关系，推动政府职能转变，加速行政审批，为我国经济高质量发展提供条件。

2）智慧农业

农业是立国之本，任何国家在任何时候都不能忽视农业的发展，中国人民的饭碗要牢牢把握在中国人民自己手中。为了保障粮食安全，我国发出了发展智慧农业的号召，要求不断推进农业经济的现代化，实现农业可持续发展。数据资源管理通过对农业相关数据（如土壤、气候、降水）进行搜集、处理和整合，一方面可以对农业的气候状况进行预测，另一方面能够使农业生产方式更加智能、便捷，且更加可控，从传统生产转向智慧生产。例如，杭州市阿里巴巴集团阿里云与陕西省榆林市榆阳区签署战略合作框架协议，聚焦现代农业发展，推进大数据、物联网、区块链等在农业领域的广泛应用，合作建设西部智慧农业新高地。

3. 智慧民生

1）智慧出行

数据资源管理有利于智慧出行[3]。第一，实现对交通流量的实时监控并实时提供交通信息。具体而言，首先对车辆进行智能改造，使其具有信息处理功能，在车上系统连接互联网，实时采集和传输动态交通数据。交管部门将实时收到这些数据，管理者可以借此实时监控行人和车辆的位置移动状况，监管、调度被管人和车辆，向公众提供实时路况信息，辅助市民优选出行方案。例如，北京航空航天大学团队通过对北京市出租车的乘客数据进行分析，研究优化乘客打车策略，并基于该研究开发了名为 Taxi Waiter 的打车辅助系统。

第二，实现交通系统与公安系统、医疗系统的链条式管理。通过对城市相关数据进行管理，将交通系统与公安系统、医疗系统联合，当发生交通事故时，可以及时处置交通事故，第一时间施救。

第三，实现地铁线路上的列车调配。对客流量数据进行监控，自动调节发车间隔时间，减少客流拥挤不堪或者列车几近空载的状况。发达国家的统计数字曾显示，采用智能交通技术提升道路管理水平后，每年的交通事故死亡人数就可减少 30%以上，并能提高 50%以上的交通工具使用效率。

2）智慧医疗

数据资源管理可以促进智慧医疗的实现。第一，可以促进医院之间的互联互通。市民健康电子档案和服务中心的建立有利于实现医疗数据的共享和业务的互通，患者可以根据病情和检查结果在各医院之间流动，接受合适的治疗而不必重复检查，减少患者的花销，为患者带来便利。

第二，有利于促进药品的研发。医院的电子病例有利于数据的挖掘，而且社交网络为慢性病患者提供平台，方便患者间进行症状的交流和诊疗效果的分享，医院也可以对临床诊治效果进行统计分析，促进药品的研发与完善。

第三，有利于个性化诊疗方案的提供。将患者的诊疗相关数据输入医疗数据系统，对患者的诊疗数据与病原体是否相符进行筛查，有助于准确找到感染群体、规模以及特征，同时可以依据患者的病况对症下药，提供个性化的诊疗方案。

3）智慧环境管理

随着生活水平的提升，人们对生活环境质量的要求也越来越高。但由于过去粗放型经济发展方式，我国生态环境总体与发达国家还存在差距。随着智慧城市建设浪潮的兴起，数据资源管理有利于实现智慧环境管理。

第一，有利于环境保护方案的制订。通过数据资源管理，我们在搜集大量有关城市环境质量的信息数据（植被、气候、水质、土壤等）的基础上，构建相关大数据库，由云计算中心进行数据分析，用以指导环境保护方案的制订。水务智能管理是数据资源管理应用于智慧环境管理的重要代表，其具体做法是建立一个以数据平台、网络平台和应用平台为基础的城市水务管理系统，全面整合城市的供水、排水、污水处理等事务，促进信息资源共享，实现水资源的动态、高效管理。

第二，有利于实时监控环境治理。公众可以凭借开放与共享的环境质量相关数据，对环境治理过程及效果进行监督，为政府进行环境治理提供建设性的意见。例如，在饮用水管道设置信息采集点，对水质和水量相关数据进行实时监测与分析，如果发现异常，迅速通知有关人员予以处理，在保障居民用水安全的同时，减少水资源的浪费。

4）智慧征信

社会信用对人们的生产生活极其重要，无论是银行信用贷款还是职位应聘，都会参考社会信用。但目前我国的社会信用体系还处于初步建设阶段,诚信档案的建立、诚信机构的设置等都还需要完善。通过数据资源管理,搜集个人、机构相关数据档案,并建立档案数据资源库,运用现代技术储存、整合征信档案数据资源,这将直接引起金融征信体系的变化,利用社交网络和云计算进行征信数据收集,有利于保证社会征信数据的公正性,甚至将会创新今后的征信数据收集方式。有学者预言,未来一定会在国家层面新成立一个主管机构或由一个政府职能部门出面牵头,建立互联互通的国家级行政管理征信体系。

智慧城市是未来城市管理发展的大趋势,对于解决目前城市发展中的各种问题具有重要意义。智慧城市强调将城市管理与科学技术相结合,数据资源管理在实现"智慧"方面所发挥的辅助作用不得小觑。伴随智慧城市建设逐渐进入白热化,数据资源管理的重要性将得到越来越多人的认同。

4.2　智慧城市的数据生命周期管理模型

4.2.1　数据生命周期管理理论及模型

1. 数据生命周期管理理论

1）数据生命周期管理提出的背景

目前,城市信息化建设逐步推进数据集中,城市系统中的数据量急剧增大,并呈现出指数上升趋势。在有限的系统资源中存储海量数据,由此引发了部分城市系统的运行效率低、运行风险加大、管理成本增加等一系列问题,对城市的高效运行造成了较大影响。信息生命周期理论认为,信息数据是有生命的,对于信息的管理不能一概而论,而是应该在信息生命周期的不同阶段,根据信息数据的不同特征而采取不同程度的管理策略,这样信息生命周期中每一个阶段的信息才能够实现效用最大化。

2）数据生命周期管理的含义

根据数据能力成熟度模型(data capability maturity model,DCMM),数据生命周期是将原始数据转化为可用于行动的知识的一组过程。通俗来讲,数据生命周期涵盖数据从因被需要而创建到其失去商业价值或按规定要求被删除的整个过程。因此,智慧城市的数据生命周期是指城市数据转变为可以用来指导城市活动的知识的一系列过程,这个过程从社会产生城市数据需求开始,然后按照需求去创建有价值的数据,最终对失去价值的数据进行销毁。

智慧城市的数据生命周期管理是依据不同数据在不同阶段的价值实施不同的管理策略,以简单、可靠、经济、有效的方式使城市管理者获取数据的最大价值,从而有效降低城市管理和运行的数据总体拥有成本。数据生命周期管理是一种数据管理模型,即对数据进行贯穿其整个生命周期的管理,从创建和使用到归档和处理,它是一种针对数据进行主动管理的过程策略。

3）数据生命周期能力域

数据生命周期能力域由四个能力项组成：数据需求、数据设计和开发（也可分项讨论）、数据运维、数据退役，如图4-1所示。

图4-1 数据生命周期能力域

（1）数据需求促使数据价值的产生。智慧城市需要利用各种信息技术或创新概念，将城市的系统和服务打通、集成，以提升资源运用的效率，优化城市管理和服务，以及改善市民生活质量。智慧城市的发展需要数据管理的支撑，数据需求来源于城市日常管理和生活活动，是指城市对正常运行、优化服务、提高运行效率、改善生活过程中产生和使用数据的分类、含义、分布和流转的描述。有价值的数据通常是在城市运行中根据切实需要而产生的。

（2）数据设计和开发是数据得以发挥效用的前提。数据设计和开发是指设计和实施数据解决方案、提供数据应用、持续满足数据需求的过程。数据设计和开发的过程离不开数据解决方案。城市数据要得以有效应用，必须知道需要哪些数据，然后根据需要去设计相关数据解决方案，最后才能顺利获得有价值的数据。

（3）数据运维是数据持续可用的保障。城市数据是需要运行和维护的，数据运维使得数据可以持续使用。数据运维就是要围绕数据采集、处理、存储等日常运行及维护，为数据应用提供持续可用的数据内容。在数据生命周期的不同阶段，数据运维的要求、侧重点和方式等有所不同。

（4）数据退役是数据阶段使命完成的标志。数据退役是对历史数据的管理，主要包括历史数据的归档、迁移和销毁等。城市系统是很庞大的，数据源源不断地产生，当面对日益庞大的数据量时，对城市数据管理需要投入包括机房、软硬件、人力、物力和时间在内的巨大成本。在城市所拥有的数据中，许多数据都是已经失去价值的历史数据。如果对这些历史数据进行归档、迁移、销毁，则可以有效减少系统资源浪费，城市数据管理的成本也会因此降低。一方面，数据归档与迁移满足了外部监管和内部活动的要求；另一方面，数据销毁可以减轻数据管理负担，从而平衡数据可用性和数据存储成本。

4）数据生命周期管理的主要理论

目前，研究数据生命周期管理常用的理论有数据存储管理理论和分层模型。两者研究的角度有所不同，前者的研究角度是数据运动规律，后者的研究角度是数据管理方法。

（1）数据存储管理理论。

数据存储管理理论将数据生命周期管理划分为六个阶段，分别是数据创建阶段、数据保护阶段、数据访问阶段、数据迁移阶段、数据归档阶段、数据回收阶段，如图 4-2 所示。

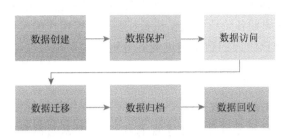

图 4-2　数据生命周期管理的六个阶段

数据创建阶段是数据生命周期管理的初始阶段，其目的是保证数据创建的质量，为后续各阶段利用提供保障。本阶段的任务是制定数据文档格式，元数据描述，数据采集范围、内容和方法，数据组织方式等规范，解决数据标准化、冗余、组织方式等问题。

数据保护阶段是数据生命周期管理的重要阶段，其目的是实现数据的高效存储。本阶段的任务是制定数据存储网络规划、存储设备规划、存储技术选择规划等。

数据访问阶段是数据生命周期管理的重要目的，其目的是为公众提供便捷、高效、可靠的数据访问服务。本阶段的任务是保证数据访问的正确性、时效性和确定数据访问方式，访问方式包括数据库、信息导航、增值服务等渠道。

数据迁移阶段是数据保护阶段的辅助阶段，其目的是实现将数据从一个存储介质转移到另一个存储介质中。本阶段的任务是制定数据迁移策略，并实现数据的自动迁移。

数据归档阶段是数据迁移阶段的一种特殊方式，其目的是将访问频率和响应时间要求不高的数据迁移到价格低、容量大的存储介质上，从根本上降低数据存储管理成本。

数据回收阶段是数据生命周期管理的最终阶段，其目的是将没有必要保留的数据根据企业管理的要求、相关法律法规进行销毁。

（2）分层模型。

分层模型对数据生命周期进行分层式管理，定义了数据生命周期管理的 3 层架构，由低到高依次为数据存储层、数据管理层和数据服务层。

数据存储层以实现数据管理成本最优为目的，根据不同的数据价值采取不同的存储策略，将数据存储在不同存储介质中，并为数据管理层和数据服务层提供服务。这一层重点要解决数据存储的问题，目前业界的解决方案是数据分级存储，即通过分析数据在运动过程中价值的衰减规律，按照数据价值的高低划分数据的生命周期阶段，对高级别生命周期阶段中的数据采用高性能存储方式，对低级别生命周期阶段中的数据采用低性能存储方式。

数据管理层的核心是建立数据管理规范，实现对数据存储层中不同级别的数据在安全性、标准化和冗余度等方面的区别化管理，并通过对数据持续实施管理，保证数据的质量。

这一层的具体任务包括建立数据管理方面的业务处理流程、相关数据管理法规、在数据产生和存储等阶段的数据格式标准化处理/保护方式等。此外，还需要考虑数据管理设施及环境的要求，例如，数据管理软件、数据优化服务、存储管理软件等基础平台和设施，以及随着信息技术发展而带来的新技术对这些设施的影响等问题。

数据服务层的任务是解决数据如何为公众提供各种特色化服务，以实现数据真正价值的问题。它对数据生命周期各阶段的数据进行挖掘，根据用户的具体需求分析用户感兴趣的数据所处的阶段，将该阶段的数据通过业务分析构建系统，以此向用户提供服务。

2. 数据生命周期管理模型

1）数据生命周期管理模型的含义

数据生命周期管理模型定义了一个宏观的框架，它是从数据产生阶段到退役阶段的数据生命的全景视图。数据生命周期管理模型的目标是优化数据管理，提高效率，降低成本，以提供适合公众使用的数据，满足预期的质量要求。但是，因为数据有很多自身的特点，又不完全相同，所以在数据管理领域存在不同的数据生命周期管理模型。

2）构建数据生命周期管理模型的目的与作用

构建数据生命周期管理模型的目的就在于通过有效的数据组织和清洗，实现最优的数据管理，进而为使用者提供合适的、满足其质量需求的数据。构建数据生命周期管理模型的作用可体现在以下方面：①帮助城市管理者做好数据规划，以应对在数据生命周期各阶段进行管理的复杂性问题；②有助于在考虑限制条件与效率的情况下为终端使用者提供符合需求的数据；③帮助数据生成者和管理者进行数据的质量控制，明确在何种阶段移除干扰和噪声；④阐明与数据生命周期相关的一系列基础活动和关键事件，帮助设计者开发可持续使用的数据管理标准或工具。

3）不同数据生命周期管理模型的基本阶段[4]

当前常见的数据生命周期管理模型如表 4-1 所示：①英国数字编审中心（Digital Curation Centre，DCC）提出的 DCC 管理生命周期模型；②英国数据文档倡议联盟（Data Documentation Initiative Alliance，DDI 联盟）提出的 DDI 3.0 生命周期模型；③澳大利亚国家数据服务（Australian National Data Service，ANDS）提出的 ANDS 数据共享动词；④美国新墨西哥大学图书馆和国家生态分析合成中心提出的 Data ONE 数据生命周期模型；⑤英国结构化科学整合基础设施项目提出的 I2S2 理想化科研活动生命周期模型；⑥英国埃塞克斯大学提出的英国数据仓储（UK data archive，UKDA）数据生命周期模型；⑦英国巴斯大学提出的 Research 360 机构研究生命周期模型；⑧美国雪城大学提出的科学数据管理能力成熟度模型（science data management-capability maturity model，SDM-CMM）；⑨美国地质调查局（United States Geological Survey，USGS）提出的 USGS 科学数据生命周期模型；⑩美国校际社会科学数据共享联盟（Inter-university Consortium for Political and Social Research，ICPSR）提出的 ICPSR 数据生命周期模型；⑪加利福尼亚大学圣迭戈分校研究数据生命周期模型。部分模型介绍如下。

（1）DCC 管理生命周期模型。DCC 管理生命周期模型是以数据为核心的环状包围式循环流程，层次分明，能够全面具体地对数据生命周期进行阐述。该模型共分为五层，由内而外，第一层是数据描述；第二层是数据长期保存计划；第三层是团体活动参与；第四层是数据管理和长期保存；第五层包括数据创建或接收、数据评估和选择、传递数据到数据中心等机构、数据长期保存、数据获取或再利用、数据转换。

（2）DDI 3.0 生命周期模型。DDI 3.0 生命周期模型根据 DDI 以社会科学数据的处理加工流程来创建元数据，是最简单、最基本的数据生命周期表达方式，其实质是将数据加工流程分为数据加工和知识抽取两个阶段。

（3）ANDS 数据共享动词。ANDS 开发了一组数据共享动词，共八个动词，包含创建、存储、识别、描述、注册、发现、获取和开发，动词不是以自身为目的，而是以一种方法来识别支持数据再使用所需的关键功能，以帮助映射到各种系统的每个功能。目前，ANDS数据共享动词专注于重复使用和共享数据。

（4）Data ONE 数据生命周期模型。Data ONE 由美国国家科学基金（National Science Foundation，NSF）资助，是一个跨生物、生态、环境科学等多领域、多机构、多国家的项目。Data ONE 数据生命周期模型使用一系列动词来描述数据生命周期。生命周期集中在数据和数据传递的不同阶段（包括数据的规划、收集、质量控制、描述、长期保存、发现与获取、集成与分析），而不是依据从事数据的个人行为。在不同阶段的生命周期中，体现了不同的人与数据交互过程。

（5）I2S2 理想化科研活动生命周期模型。I2S2 理想化科研活动生命周期模型分为两个阶段：基础阶段包括提出研究计划，同行评议，进行实验，数据处理、分析和解释，最终报告研究成果；理想化阶段包括评估和质量控制，元数据、上下文信息和文件准备，存储、归档、保存和管理，知识产权保护，禁止和访问控制。

（6）UKDA 数据生命周期模型。UKDA 数据生命周期模型帮助研究者考虑如何将数据管理关联到研究项目的生命周期，该模型定义以下六个阶段：数据创建→数据加工→数据分析→数据保存→数据访问→数据再利用。

（7）Research 360 机构研究生命周期模型。Research 360 机构研究生命周期模型包括以下六个阶段：计划和设计→收集和获取→解读和分析→管理和保存→发布和出版→挖掘和再利用。

（8）科学数据管理能力成熟度模型。科学数据管理能力成熟度模型包含五个成熟度等级：初始级、管理级、已定义级、量化管理级、优化级。每一级包含以下关键过程域：①一般性的数据管理；②数据采集、处理和质量保证；③数据描述和表示；④数据发布；⑤机构数据管理服务与保存。

表 4-1　不同数据生命周期管理模型的基本阶段

名称	阶段
DCC 管理生命周期模型	内部各层级要素代表完整的生命周期行为：描述和呈现信息、保存规划、社区观察和参与、数据管理和长期保存； 外圈包括数据生命周期的顺序活动：概念化、创建或接收、评估和选择、存储、获取/再利用、改变，以及处置、清理和迁移等临时活动
DDI 3.0 生命周期模型	研究概念、数据收集、数据处理、数据存档、数据发布、数据发现、数据分析、数据再利用

名称	阶段
ANDS 数据共享动词	数据的创建、存储、识别、描述、注册、发现、获取、开发
Data ONE 数据生命周期模型	数据的规划、收集、质量控制、描述、长期保存、发现与获取、集成与分析
I2S2 理想化科研活动生命周期模型	基础阶段包括提出研究计划，同行评议，进行实验，数据处理、分析和解释，最终报告研究成果； 理想化阶段包括评估和质量控制，元数据、上下文信息和文件准备，存储、归档、保存和管理，知识产权保护，禁止和访问控制
UKDA 数据生命周期模型	数据创建→数据加工→数据分析→数据保存→数据访问→数据再利用
Research 360 机构研究生命周期模型	计划和设计→收集和获取→解读和分析→管理和保存→发布和出版→挖掘和再利用
科学数据管理能力成熟度模型	包含五个成熟度等级：初始级、管理级、已定义级、量化管理级、优化级。每一级包含以下关键过程域：①一般性的数据管理；②数据采集、处理和质量保证；③数据描述和表示；④数据发布；⑤机构数据管理服务与保存

4.2.2　数据生命周期管理模型对比

1. 模型结构对比分析

不同的数据生命周期管理模型有着不同的模型结构，如表 4-2 所示。数据生命周期管理模型按照结构可以分为链形、矩阵形、环形和层次型四种，并在组成要素和应用场景中差异较大。DDI 3.0 生命周期模型和 I2S2 理想化科研活动生命周期模型中的数据生命周期是研究生命周期模型的一个子集，数据的产生、使用和处理活动仅是研究过程的一个方面。DDI 3.0 生命周期模型结构上呈链形，各研究阶段按照一定次序排列。I2S2 理想化科研活动生命周期模型实质上是对矩阵形模型中涉及的具体实践的细化。

Data ONE 数据生命周期模型、UKDA 数据生命周期模型、Research 360 机构研究生命周期模型和 ANDS 数据共享动词均采用环形结构，环形是链形首尾相接形成的，意味着生命周期是循环的，周期的结束也就意味着新的开始。从组成要素上看，UKDA 数据生命周期模型与 Research 360 机构研究生命周期模型类似，但后者更加强调项目的计划和设计以及数据的发布和出版。Data ONE 数据生命周期模型和 ANDS 数据共享动词均使用动词来描述数据生命周期。两者的主要区别是 Data ONE 数据生命周期模型的环形结构更易凸显数据管理的周期性。

相比而言，采用层次型结构的 DCC 管理生命周期模型和科学数据管理能力成熟度模型更为复杂，对数据生命周期各阶段给予充分的认识。DCC 管理生命周期模型是为了满足社区的相关研究需求而开发的，该模型定义了数据管理和保存中的最佳实践及彼此间联系，目的是更好地传达、理解和采用这些实践。科学数据管理能力成熟度模型提出了成熟度等级的概念，可以用来分析和评估当前的研究数据管理实践，有助于建立一个有规律、成熟的改进过程，使得研究数据管理过程更加有效。

数据生命周期管理模型体现了从数据创建开始，进一步向描述、存储发展，最终进行分析和再利用的相互区分又相互联系的各阶段。实际过程的复杂性体现在：前期数据创建中就包含错误，导致随后的阶段可能出现意外的结果，而且越到后期，改正前期的错误越困难，甚至需要重新开始。较之其他模型，科学数据管理能力成熟度模型更加适合为测度、评估和持续改善研究数据管理实践服务。

表 4-2　常见数据生命周期管理模型的结构

模型名称	模型结构
DCC 管理生命周期模型	层次型结构
DDI 3.0 生命周期模型	链形结构
ANDS 数据共享动词	环形结构
Data ONE 数据生命周期模型	环形结构
I2S2 理想化科研活动生命周期模型	矩阵形结构
UKDA 数据生命周期模型	环形结构
Research 360 机构研究生命周期模型	环形结构
科学数据管理能力成熟度模型	层次型结构
USGS 科学数据生命周期模型	链形结构
ICPSR 数据生命周期模型	链形结构
加利福尼亚大学圣迭戈分校研究数据生命周期模型	环形结构

2. 模型要素对比分析

（1）模型类型对要素的影响。从模型类型对要素的影响看，侧重保存数据管理的模型（如 DCC 管理生命周期模型）会忽略"数据分析"等挖掘数据内容的环节。面向科研数据管理的模型虽然在具体流程上会有差异，但均包含"数据管理计划""数据收集""数据处理""数据分析""数据保存"等管理环节，说明在科研数据管理方面基本达成了共识。在其中细分，考虑数据在科研过程结束后对后续研究的再利用价值，数据生命周期管理模型会纳入"数据共享""数据再利用"等环节，较于侧重科研过程的模型会有一定的扩展。

（2）模型要素内涵。模型要素内涵会受适用对象的影响。例如，**Data ONE** 数据生命周期模型是针对环境科学数据设计的，因此，在"数据收集"部分强调通过手工、传感器或其他设备收集数据，并转存为数字形式。针对社会科学数据的 DDI 3.0 生命周期模型强调数据收集方法、设备特征、问卷调查等内容。面向数字对象和数据库的 DCC 管理生命周期模型囊括数据收集的所有情况，包括管理性、描述性、结构性、技术性元数据的创建，以及从数据提供者处接收数据等。同时，要素内涵还会受到应用场景的影响。例如，ICPSR 作为与社会科学研究人员密切合作的数据管理机构，本身也提供数据管理服务，其提出的模型就会强调科研人员和数据仓储在数据管理方面的沟通与联系、数据准备是否符合数据仓储的要求等。USGS 科学数据生命周期模型强调数据获取是否遵循 USGS 的相关政策法规、是否能正确有效地利用等。

（3）扩展要素。DCC 管理生命周期模型和 USGS 科学数据生命周期模型还存在扩展要素。例如，DCC 管理生命周期模型将数据管理活动划分为 3 类，即全生命周期行为、顺序行为以及偶然行为。其中，全生命周期行为包括描述和表示信息、保存计划、群体监督与参与、编审与保存 4 种；偶然行为包括数据处理、数据再评估、数据迁移 3 种。由此可见，这两类数据管理活动是在顺序行为即其核心构成要素基础上的补充和完善，是更为高阶的管理活动。USGS 科学数据生命周期模型的扩展要素包括数据描述、数据质量管理、数据备份和安全等，是贯穿模型的所有核心要素，强调数据管理与科研过程的关系。

3. 模型应用分析[4]

（1）提供的标准规范。从提供的标准规范看，主要存在两种类型。一种是数据标准规范，例如，DCC 按照学科分类收集整理了相关元数据规范、工具以及用例，以帮助数据管理者、研究人员更好地了解并使用数据标准；USGS 主管的联邦地理数据委员会则制定、出台了数字地理空间数据元数据的内容标准。另一种是数据管理计划等数据文件标准，例如，ICPSR 面向社会科学研究数据，明确了数据管理计划的建议元素和可选元素。

（2）标准规范制定方式。从标准规范制定方式看，有联合开发的，例如，UKDA 作为 DDI 联盟技术应用组、受控词表组、定性元数据工作组的成员，参与制定了经济与社会数据的元数据标准；有独自开发的，例如，USGS 科学数据生命周期模型。

（3）技术规范。从技术规范看，只有 DDI 联盟和 USGS 提供技术规范，但二者又有不同。DDI 联盟旨在面向社会科学数据、覆盖人类活动数据、基于观测获取的数据建立数据标准，并且这些标准是结构化的，便于机器处理，有利于互操作。因此，DDI 联盟将 XML Schema 与数据生命周期相结合，明确了各要素的内涵，形成了技术规范 *Data Documentation Initiative Technical Specification*，并且技术规范随着应用的深化而更新。为了解决技术规范版本不兼容问题，DDI 联盟还提供了版本迁移的解决方案。USGS 的技术文档是针对数字地理空间数据元数据标准的，明确了标准的 XML Schema、文档类型定义（document type definition，DTD）等。

（4）数据管理服务。在数据管理服务方面，数据管理机构和高校为了满足科研人员的应用需求均提供了数据管理服务。例如，加利福尼亚大学圣迭戈分校为本校科研人员提供了数据的长期保存服务，服务采用 Chronopolis 系统以确保有效的管理过程和持续的监测。同时，图书馆的数据管理团队还面向科研人员提供数据管理咨询服务。在数据管理机构中，英国经济与社会委员会资助的英国数据服务是为英国和国际社会、经济和人口数据提供数据管理服务的。为了帮助科研人员有效地管理数据，还提供了大量的指南、教程和工具。数据管理研究机构主要提供数字研究，数据存储、管理、保护、共享等方面的专业指导和建议，数据管理服务不是重点。

（5）具体应用。模型的出发点不同，因此在落实到具体应用时也会有所不同。例如，Data ONE 数据生命周期模型主要作为 Data ONE 工具、服务、教学材料研发的底层框架，所以它本身不承载 Data ONE 成员单位的数据管理工作，但会为相关科研人员、公众提供环境科学数据、系统工具、学习材料等的资源发现平台。DCC 管理生命周期模型提供了一种操作框架，在应用时需要根据应用场景、实际条件等情况进行适应性调整，才能确保数据编审活动顺利、有序地进行。因此，明尼苏达大学图书馆在 2013 年 5 月启动了数据管理试点工程，结合本地已采用的技术工具，在 DCC 管理生命周期模型顺序行为的基础上初步制定了本地数据管理工作流，图书馆员凭借管理试点数据集获得的经验，最终明确整体科学数据管理工作流程，确定各阶段所应采取的具体步骤、各步骤应考虑的关键问题等。DDI 3.0 生命周期模型是 XML Schema 与数据生命周期结合的技术解决方案，美国加利福尼亚大学洛杉矶分校将 DDI 3.0 生命周期模型作为底层数据生命周期管理的基础，结合数据仓储工具 Colectica 实现了社会科学数据的构建。

4.2.3　科学数据管理能力成熟度模型

1. 科学数据管理能力成熟度模型的含义[5]

最初的能力成熟度模型是美国卡耐基梅隆大学的软件工程研究所为了改善软件开发过程中的组织能力开发的。目前，能力成熟度模型已在系统工程、人力资源管理、知识管理等领域组织过程改进方面取得了大量的研究成果。其中，科学数据管理能力成熟度模型通过一系列的方法、关键指标和问卷来评价某个对象的数据管理现状，从而帮助其查明问题、找到差距、指出方向，并且提供实施建议。

2. 科学数据管理能力成熟度模型的建设目的

科学数据管理能力成熟度模型是数据管理和应用的基础，在行业里起到很大的作用。

（1）准确评价各城市大数据发展现状。通过对城市数据管理、应用情况进行评估，掌握各单位大数据管理和应用的现状，发现具备的优势和存在的问题，为更好地利用本地的数据资源和进行针对性的指导提供支持。

（2）培养大数据发展人才。大数据产业的发展是技术驱动式的，对人员的技能和素质有很高的要求。通过对数据管理能力成熟度的评估，可以对各地方和单位的数据从业人员进行培训，提升数据管理和应用的技能，进而促进地方和单位数据行业的整体发展。

（3）规范和指导大数据行业发展。大数据行业是相对较新的行业，理论和知识都处于发展阶段，特别是数据管理和应用的知识体系。通过数据管理能力成熟度的评估，可以规范和指导大数据行业的发展，提升从业人员数据资产意识，提升数据技能，推广和传播数据管理最佳实践，从而促进行业的整体发展。

科学数据管理能力成熟度模型也会对评估企业带来极大的促进发展作用。

（1）发现存在的问题。通过对城市数据管理能力成熟度的评估，可以发现城市数据管理过程中存在的问题，并且结合其他城市的最佳实践经验，给出针对性的建议。同时，也可以发现城市数据管理过程中的优点，并加以强化和宣传。

（2）提升人员技能，建立数据能力提升体系。通过数据管理能力成熟度的评估和培训，可以加强城市数据管理技术人员、业务人员以及管理人员的数据资产意识，提升相关从业者的技能，理清数据管理、应用建设的思路和框架，规范和指导相关工作的开展。

（3）持续提升数据能力。开展数据管理能力成熟度评估之后，可以免费获得后续能力提升服务。服务将从交通、城市管理、人民日常生活等多个层面展开，持续推动城市数据管理能力水平的提升。

3. 科学数据管理能力成熟度模型的内容

科学数据管理能力成熟度模型定义了数据能力成熟度评价的八大能力域：**数据战略、数据治理、数据架构、数据标准、数据质量、数据安全、数据应用、数据生命周期**，如图4-3所示。

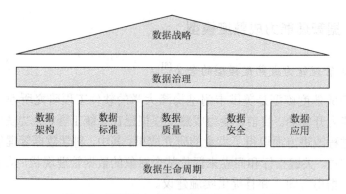

图4-3　数据能力成熟度评价的八大能力域

4. 科学数据管理能力成熟度的等级划分

科学数据管理能力成熟度的等级划分如图4-4所示。

图4-4　科学数据管理能力成熟度的等级划分

等级一：初始级。组织没有意识到数据的重要性，数据需求的管理主要由项目级来体现，没有统一的数据管理流程，存在大量的"数据孤岛"，经常由数据问题导致低下的服务质量、**繁重的人工维护工作等**。

等级二：管理级。组织已经意识到数据是资产，根据管理策略的要求制定了**管理流程**，指定了相关人员进行初步的管理，并且识别了与数据管理、应用相关的干系人。

等级三：稳健级。数据已经是实现组织绩效目标的重要资产，组织制定了**系列标准化**管理流程以促进数据管理的规范化，数据的管理者可以快速地满足跨多个业务系统、准确、一致的数据要求，有详细的数据需求响应处理规范、流程。

等级四：量化管理级。数据是获取竞争优势的重要资源，组织认识到数据在流程优化、工作效率提升等方面的作用，针对数据管理方面的流程进行全面优化，针对数据管理的岗位进行关键绩效指标的考核，规范和加强数据相关的管理工作，并且根据过程的监控和分析对整体的数据管理制度与流程进行优化。

等级五：优化级。数据是组织生存的基础，相关管理流程能够实时优化，能够在行业内进行最佳实践的分享。

5. 科学数据管理能力成熟度模型的关键过程域及目标

科学数据管理能力成熟度模型研究数据管理的若干关键实践聚集到 5 个关键过程域的 4 个共同特征中。

（1）一般性的数据管理，目标是拥有高质量的研究数据管理流程。

（2）数据采集、处理和质量保证，目标是可靠地获取研究数据，便于使用、保存和再利用。

（3）数据描述和表示，目标是描述和表示数据，以便以后的发现和使用。

（4）数据发布，目标是为用户共享、发现、获取与交互数据制定政策和建设技术基础设施。

（5）机构数据管理服务与保护，目标是即使硬件、软件和存储介质发生变化，仍能保持研究数据的可访问性。

每个关键过程域下设置子关键过程的实践活动，各子关键过程域的实践活动统一按共同特征进行组织，4 个共同特征分别为执行约定、执行能力、执行活动和过程评估。执行约定说明组织为确保数据管理流程必须开展的行动，一般包括建立组织政策及高层的赞助；执行能力说明组织必须具备完成数据管理过程的前提条件，通常涉及资源、组织结构和培训；执行活动描述需要实现一个关键过程域的角色和程序，通常涉及制订、执行、跟踪计划和程序，并在必要时采取纠正措施；过程评估说明需要测量的过程和分析的测量结果，并对实践活动进行验证。

4.3　智慧城市的数据感知、汇聚与活化

4.3.1　智慧城市的数据感知

1. 智慧城市感知数据体系[6]

1）感知对象

城市感知对象是指用于评价和影响城市运行状态的人、物、信息等相关要素。

城市感知对象中的人是指所有参与城市运行和管理的人员，包括城市活动参与人员、日常运行管理人员、应急状态下的救援人员和受灾人员等，感知内容包括人员的活动轨迹、行为动作、健康状况等。

城市感知对象中的物是指广义的固态、液态、气态 3 种形态的物质，包括政府部门需要管理的各类城市基础设施、城市事故应急处置过程中需要使用的应急物资和救援设施设备、需要监管的易燃/易爆/高温高压/有毒等危险物质及城市各类环境资源。

随着互联网技术和应用的快速发展，人们之间的日常联系、交往、工作和商业关系依赖互联网的程度越来越高，互联网空间是否有序正常运行日益影响城市运行管理的总体态势。因此，需要将互联网空间纳入感知对象的范畴，关注与网络安全相关的因素，包括网

络流量、媒体文字等,通过技术手段识别恶意网络攻击行为,汇总市民在网络环境下宣泄的情绪和影响社会舆论的网络言论等。

2)感知数据架构

城市感知数据按照城市业务主题进行分类,一级目录划分为六大主题领域,分别是城市生命线、交通运输、公共安全、生态环境、民生服务和经济发展。

一级主题领域内,根据权威的政策或标准规范划分二级主题。例如,城市生命线二级主题划分为水、电、燃气、热能、石油等城市运行所需的关键资源和网络、通信线路;交通运输的二级主题包括交通运输量、交通通行状态、交通通达程度、交通设施状态和交通秩序状况等;依据《国家突发公共事件总体应急预案》的突发公共事件分类方法,公共安全二级主题划分为自然灾害、事故灾难、公共卫生安全和社会安全四大类;根据环保部门的职责分类,生态环境二级主题划分为水环境、大气环境、土壤环境、声环境、辐射环境、卫生环境、生物生态环境,并包含气象环境;根据《"十三五"推进基本公共服务均等化规划》,民生服务二级主题划分为劳动就业服务、社会保险服务、卫生医疗服务、公共教育服务、民政服务、住房保障服务、文化体育服务、专业法律服务和公共信息服务等;根据《中国创新城市评价报告》的描述,经济发展二级主题包括经济活动、居民收入、对外经济、货币金融、商品价格、人口就业和科技创新等。

3)感知数据治理

参考国际数据管理协会对数据管理和数据治理的定义,感知数据治理可定义为通过明确和制定相关角色、工作职责、工作流程、法律法规等,确保感知数据资产能够长期有序、可持续地得到有效管理的整个过程。数据治理是数据管理中最重要和最显著的领域。城市感知中的数据是城市大数据的一部分,城市感知数据的治理也是城市大数据治理的一部分,政府与企业通常只需要根据城市运行感知数据区别于其他业务数据的特点,提出针对性的治理策略,其基本目标是满足感知数据资源在政府与企业的业务机构和部门之间的交换共享需求,满足城市感知数据质量持续改善的需求。

2. 智慧城市感知技术体系

数据支撑体系包括感知数据的支撑技术集合和感知数据的管理保障机制两大部分。感知数据的支撑技术集合包括以传感器节点和智能手机为终端代表的数据采集技术、以窄带物联网(narrow band internet of things,NB-IoT)和5G为代表的数据传输技术、规范化数据存储技术、以数据共享和质量提升为重点的数据治理技术,以及感知大数据挖掘等数据知识发现技术等。感知数据的管理保障机制主要是指针对感知数据的采集、传输、存储、修改、融合、汇聚、挖掘、使用、销毁等全生命周期的综合管理策略与安全保障机制。

1)数据采集

感知方式是根据被感知的信息类型,继而采取相应的感知技术及方法。传统的数据采集方法主要通过人工采样、统计、遥感、GPS等方式获得城市运行的动态数据。随着移动互联网、物联网、人工智能和云计算等先进信息化技术的高速发展以及社交平台的广泛应用,感知数据的采集方式发生了巨大变化。目前,城市数据采集范围已经扩展到包括物理实体空间、人类社会空间和虚拟网络空间的三元空间。

物联感知是城市感知的主要手段之一，根据物联网数据采集的设备类型，可以将数据采集方式分为传感器（或传感网）、射频识别设备、视频设备、无线信令等类型。采集的数据涵盖人员、物体的身份、位置、影像和状态等信息。

群智感知是指通过人们已有的移动设备形成交互式的、参与式的感知网络，并将感知任务发布给网络中的个体或群体来完成，从而帮助专业人员或公众收集数据、分析信息和共享知识。随着各种各样的移动便携设备（智能手机、平板电脑、可穿戴设备等）的普及和广泛使用，群智感知提供了一种新的感知环境、收集数据和提供信息服务的模式。

在新的社会生活方式下，每个漫游于互联网和移动网络的网民都是一个潜在的高度智能的传感器终端。他们在社会和自然环境中自主移动、参与各项活动，并通过感觉器官对周围环境中发生的一切进行全面的感知与信息收集，利用自主智能进行分析与解读，最后利用网络信息平台的文本、图像、视频等形式，分发所知、所想、所感，同时与其他传感器（网民）进行实时互动。由此，亿万网民群体可以构成一个极其庞大的社会传感网络，其探测事物对象特征、活动及运行规律的能力、广度和深度都是传统监测手段所无法企及的。

2）数据传输

互联网是城市感知体系的骨干网络，城市范围内需要采集的各类感知数据绝大多数需要通过逻辑网关将数据上传至互联网的应用系统。充当逻辑网关的网络设备可以是家居的Wi-Fi网关或ZigBee网关、工业领域的机器到机器（machine-to-machine，M2M）网关、使用LoRa标准的专业网关、使用4G或NB-IoT甚至5G标准的基站等。

根据国际标准组织第三代合作伙伴计划（3rd generation partnership project，3GPP）和国际电信联盟（International Telecommunication Union，ITU）的时间表，2018年6月第一个正式的5G标准版本R15出现，2019年底完成5G标准的最后版本R1。根据目前各国研究情况，5G的峰值速率提高到10Gbit/s，可支持的用户连接数增加到100万户/km²，可以更好地满足物联网的海量接入需求。5G网络一旦应用，目前仍然停留在实验室阶段的车联网、无人机网络、远程医疗等概念将逐渐变为现实。在一些信号干扰比较强或者服务质量（quality of service，QoS）要求苛刻的应用场景，仍然广泛使用有线传输手段，如以太网、可编程逻辑控制器（programmable logic controller，PLC）通信、光纤通信等。

3）数据存储

随着感知应用的深入和感知网络规模的不断扩大，海量网络数据的存储面临严峻的挑战。有研究者提出了一些以数据为中心的数据组织和存储方法，即按照某种规则将数据分布式地保存在网络中的某些节点上。实现以数据为中心的数据存储要根据数据的网络分布特性，设计便于数据管理和查询的网内数据存储规则。该技术已成为无线感知网络数据存储和管理的主流技术，并在一些较小规模的无线传感器网络上得到应用，但对于大规模感知应用，这些理论和方法还缺乏实践的检验。

4）数据处理

城市感知数据（尤其是通过传感器网络等手段获取的原始数据）具有显著的不确定性和高度的冗余性。不确定性主要表现在不统一性、不一致性、不准确性、不连续性、不全面性和不完整性。感知数据的冗余性来源于数据的时空相关性，而大量冗余信息对资源受限的感知网络在信息传输、存储、处理以及能量供给方面提出了极大的挑战。因此，一方面，需要研究信息感知的有效方法，对不确定信息进行数据清洗，将其整合为应用服务所需要的确定信息；另一方面，需要研究信息感知的高效方法，通过数据压缩和数据融合等网内数据处理方法实现信息的高效感知。

5）支撑技术

边缘计算是在靠近数据源头的网络边缘侧，融合网络、存储、计算、应用核心能力的开放平台，就近提供边缘智能服务，满足行业数字化在业务实时、业务智能、数据聚合与互操作、安全与因素保护等方面的关键需求。边缘计算犹如人类的神经末梢，对简单的刺激进行自处理并将处理的特征信息反馈给云端大脑。

情景感知技术的核心思想如下：通过传感器采集城市的情境信息，根据情境信息分析判断服务对象当前的状况，然后选择并提供适当的业务服务。现在流行的获取情境的做法是通过实地研究去了解用户情境，然而，这种方法存在成本过高且样本选择具有偏向性的情况。

随着现代信息技术水平的提高，城市感知手段越来越先进，可以实现城市静态组件和城市动态运行状况的数字化与智能化。例如，将城市地理信息、市民和法人的活动信息、城市生态信息、城市基础设施信息等综合城市信息全面数字化，将感知技术、传输技术、存储技术等信息技术与城市管理技术进行紧密结合，构成人与人、人与物、物与物相联的网络，动态、详尽地描述城市运行的全过程，从而使城市感知范围覆盖的面积越来越大、服务对象越来越多。

4.3.2　智慧城市的数据汇聚

智慧城市与大数据密切相关。在智慧城市建设中，实现多源数据的汇聚，并对汇聚的数据统一格式、统一时空基准，添加三域标识（空间、时间、属性），实现多源数据的融合和关联是一项非常重要的基础工程。智慧城市时空大数据汇聚系统包括两点内容：①时空信息汇聚，实现海量、多源、异构的时空信息大数据的接入和输出；②时空信息融合，对数据进行清洗，将汇聚的原始数据进行清洗、关联和重新组织，将数据拼装成有规则信息，为业务系统提供数据服务。

1. 时空大数据汇聚内容[3]

智慧城市时空大数据主要包括时序化的基础地理信息数据、公共专题数据、智能感知实时数据和空间规划数据，构成智慧城市建设所需的地上/下、室内/外、虚/实一体化的时空数据资源。其中，基础地理信息数据包括传统数据，以及实景影像、倾斜影像和激光点云等新型测绘产品数据；公共专题数据包括人口、法人、宏观经济、兴趣点（point of interest，PoI）等数据；智能感知实时数据包括各种公共设施及各类专业传感器感知的具有时间标识的即时数据；空间规划数据包括城市发改、国土、规划、环保等不同行业部门制定的发展蓝图。

集成基础地理信息数据，建立地上/下、室内/外、虚/实一体化的全空间；汇聚公共专题数据、智能感知实时数据和空间规划数据，并进行时空化，为智慧城市建设提供强大数据支撑。

2. 时空大数据汇聚方式

时空大数据汇聚将不同业务系统的数据加载到数据仓库中。数据汇聚有多种方式，按照数据汇聚的传输方式可以分为文件传输、数据抽取、内容爬取和消息推送等。

（1）文件传输。时空大数据包括结构化、半结构化、非结构化数据，不同类型的数据均可用文件形式传输。文件传输又分为离线方式和在线方式。离线方式即存储介质复制，此方式较为安全；在线方式在网络允许并保证安全的情况下开展。

（2）数据抽取。针对关系型数据库数据的汇聚，需要适配多种数据库类型，解决增量数据抽取、数据传输中断和系统数据库变更等问题。

①多数据源适配。业务系统的数据库是不确定的，可能是 MySQL、MSSQL、DB2、Oracle 等各种各样的数据源，需要适配各种数据源，并将数据抽取到数据库中。

②增量数据抽取。业务系统 24 小时不停歇运转，对数据量较大的表，无法全量抽取，只能增量抽取，如何判断哪些数据是增量成为一个难点问题。主流的方法包括时间戳、Oracle 的变更数据捕获（change data capture，CDC）技术以及数据备份日志。

③数据传输中断。由于业务系统、网络等原因，会出现数据同步过程中同步任务中断现象。如何确保任务重启后不出现数据重复、断点续传是其中的关键问题。

④系统数据库变更。经常会出现上游业务系统升级改造，数据库表结构发生变更，而未及时通知下游的数据中心，导致抽取的数据异常、缺失的情况。

（3）内容爬取。针对互联网上的公开数据，根据爬取数据的类型，确定爬虫程序并进行数据收集，如非结构化的图片数据采用文件传输方式，结构化数据采用数据抽取或直接入库方式。

（4）消息推送。针对平台中需要的信息，制定规则并进行实时收集、分析，通过定时消息推送方式进行数据汇聚、知识提取。

4.3.3　智慧城市的数据活化

数据活化（data vitalization）是由北京航空航天大学熊璋教授提出的一种全新的数据管理与应用模式。数据活化也就是赋予数据生命的意思。数据活化技术的核心思想在于将真实物理世界中的数据内在联系映射到数据存储与管理的数字空间中，使存储空间中相互隔离的数据变为一个有机的整体，恢复数据在物理世界中的关联性，并突破信息空间在进行数据利用时的局限性。

数据活化体系结构采用活化细胞（vitalized cell）的数据进行组织。活化细胞作为数据组织和管理的最基本单元，一方面具有数据的存储能力，另一方面具有映射物理空间中数据联系与相互作用的计算能力。活化细胞在存储数据的同时，会根据实际应用，不断地学习用户应用行为，并对细胞中的数据进行重组织，使数据可以更好地满足多样化的用户需求。同时，当物理世界中数据描述对象发生变化时，活化细胞还可以通过自主演化的方式来改变数据的储存结构和内容，从而实现存储数据的代谢与演化过程。

　　数据活化技术非常适合追踪物理世界中的对象实体在数据空间中的映射演进过程,是处理海量城市数据、构建智慧城市的有力工具。现代城市的数据量非常大,但是它们分散在不同行业、不同行政管理部门、不同单位,关于同一件事、同一时刻、同一地理位置的数据都被人为地分割了。这就是我们应该把数据活的生命找回来的原因。通过数据活化,重新赋予数据生命,活化的数据才真正是"智慧"的基础。智慧城市建设是利用信息技术,不断获取、活化和分析城市中的多种异构数据,从而解决城市所面临的各种挑战,如环境恶化、交通拥堵、能耗增加、规划落后等。智慧城市将无处不在的感知技术、数据管理和分析算法,以及新颖的可视化技术相结合,以提高人们的生活品质、环境质量和城市运转效率。

　　除此之外,数据活化技术也受到了工业界的密切关注,美国 Bardess Group 公司基于数据活化技术开发了一种数据活化(data revitalization)的数据管理解决方案。该方案的数据管理架构由 5 层组成,并且具有更新、学习和演进的能力。使用该架构可以有效地提高企业数据资产的整体管理质量。数据活化技术已经在智慧城市、视频数据分析、企业数据资产管理等数据密集型应用领域初步展示了其技术优势。使用数据活化技术对城市数据的组织与管理方式进行重构,从数据的底层结构开始实现数据的智慧化,将会是未来智慧城市技术研究一个重要的发展方向。

4.4　智慧城市的数据存储、分析与呈现

4.4.1　智慧城市的数据存储体系

1. 数据存储体系设计原则

　　智慧城市中的数据具有数量大、类型多的特点,因此在设计数据存储体系时应遵循以下原则。

　　(1)数据存储。针对大数据所具有的特点,分布式方法可以用于存储大数据,并采取一定的冗余化存储来确保数据的真实性,从而确保用户对数据的日常使用。

　　(2)数据管理。设计系统就是为了对海量数据进行分析计算,并以此满足用户的相应需求。也就是说,设计出的系统必须能够对大量的数据进行存储管理,并在使用、读写之后能够进行分析,这个过程实质上也是对数据存储、读写的优化。

　　(3)个性化。为使用户方便地使用分布式计算与存储所提供的服务,即提供一种接口,使用户通过一些简单的编程就可实现目的,设计过程中应采取个性化的因素来优化整个平台的使用体验。

2. 智慧城市数据中心

　　根据各地建设规划的实际情况,智慧城市大数据中心的职能主要表现在三个方面,即支撑面向市民的公共服务、支撑和城市发展密切相关的各项生产经营活动,以及支撑和城市综合治理相关的政务活动和服务。和智慧城市大数据中心利益相关的部门和机构主要有

政府部门、广大城市居民以及从事公共服务的事业单位等。政府部门通过政务信息系统有针对性地提供政务活动以及相应的服务，并且采取有效的措施对公共服务和生产经营活动进行有效的监督与管理。事业单位通过行业应用系统提供公共服务，同时接受政府部门的公共服务和活动。广大城市居民通过门户或 APP 使用公共服务，也可以接受政府部门的政务服务和活动。

3. 大数据平台

为实现大数据的共享，需要将智慧城市政务数据汇聚交换到时空信息云平台，进行空间化处理，形成政务信息数据基于时空的管理，进一步丰富时空大数据，做到"一源多用"，促进时空大数据共享。因此，集成政务信息资源共享交换平台的智慧城市时空大数据平台总体架构如下。

（1）基于统一资源目录体系的时空数据资源管理。由于时空数据资源覆盖面广，数据类型多样，平台建成后，各种时空数据资源会集中管理并提供服务，如何利用庞大的时空信息库为政府和社会提供增值服务，使政府部门能够快速方便地找到自己希望获得的服务，是平台建设中必须解决的问题。基于统一资源目录体系的时空数据资源管理可实现数据资源的高效管理和查询检索。统一资源目录体系包括资源分类、目录构成、目录结构、目录存储、目录查询及元数据，元数据主要实现对多样化、多技术特性的信息的结构化描述。利用统一资源目录体系，在网络资源查找、用户访问控制与认证信息查询、新型网络服务、网络安全、商务网的通用数据库服务和安全服务等方面可构建通用、完善、应用简单和可扩展的系统。

（2）基于语义分词的云端地名地址匹配。地名地址匹配是将文字性的地址描述与其空间的地理位置坐标建立对应关系的过程。地名地址匹配可以对属性数据和地理实体进行位置确定与空间检索，是实现非空间数据空间化的关键桥梁，是促进时空大数据深度应用的必要手段。基于语义分词的云端地名地址匹配以基础地理信息数据和标准地址数据为基础，根据自然语言描述的地址字符串自动生成标准地址，再根据标准地址自动生成地图坐标，以地图的方式展现给最终用户，并可下载到本地进行使用。具体实现上，利用正向最大匹配法进行地址拆分，基于标准分词库创建字典树索引及分词拓扑关系，利用分词拓扑关系进行地址层次化分析比对，查找潜在的位置，根据与地址的接近程度为每个候选位置指定分值，最后用分值最高的候选位置来匹配这个地址。云端地名地址匹配技术充分利用计算资源虚拟化技术，以基于语义分词的匹配算法为核心，为用户提供云端一体化地名地址匹配服务。用户在本地上传带地址信息的专题数据，云端地名利用匹配算法进行地址匹配，并基于资源计算量，利用平台自动扩展和负载均衡技术，优化地址匹配服务速度，实现云端一体化的高效地名地址匹配。

（3）基于流程化的分布式时空大数据挖掘分析。大数据中心汇聚整合了大量多源异构时空数据，大量的时空数据具有丰富的语义特征和时空动态关联特性。综合当前的时空大数据技术进行快速综合分析和挖掘，探索数据背后潜藏的知识，对于平台的应用至关重要。在进行时空大数据挖掘分析时，由于数据体量大、种类多、计算复杂度高，需要建设高性能的分布式计算框架，以满足时空数据统计分析及时空数据挖掘的要求。通过并行计算算法，提高计算效率，满足大范围、多口径的统计计算和数据挖掘需求。基于流程化的大数据挖掘技术将数据模型和分析模型服务化，按照标准化业务流程，构建大数据分析挖掘流程引擎。通过提供多层大数据挖掘分析算法，利用流程引擎进行服务节点的流程设计，集成并行计算算法，快速自动地进行大数据挖掘分析，为各部门各行业提供高效的决策支持。

4.4.2 智慧城市的数据分析方法

目前，常见的数据分析方法有描述统计分析、相关性分析、预测性数据挖掘分析等[7]。

1. 描述统计分析

1）对比分析

对比分析也称为比较分析。该方法通过对两种事物或者对象进行比较，从而更好地认识事物本质及其发展的规律，并给出一定的预测。该方法的分析对象是有一定联系的两个重要指标，分析的目的主要是展示与说明研究对象的发展、规模以及相互关系。

2）趋势分析

趋势分析是指将实际的结果与不同时期的同类数据比较后，明确该指标的发展趋势以及变化规律。在财政分析领域，趋势分析得到广泛应用，它包括定比和环比两种。定比分析是指将想要分析的时期的某数值与某一特定时期相比得出一个比值，通过比值来进行分析。它解释的是某现象在较长的一段时期的总变化情况。环比分析是指将想要分析的时期的某数值与前一时段水平相比得出一个比值，通过比值得出一定的发展态势，并通过一系列比值形成时间序列图。

3）分组分析

分组分析是指为了方便分析，划分一些标准，并按照这些标准将总体数据划为几个相互独立的部分，再进行分析，即根据目标数据的特征，将数据划分成几个重要部分，分别来分析，以便分析研究对象的不同特征、不同性质以及相互关系。分组时要遵循穷尽原则和相互独立原则。穷尽原则即数据必须被全部包含，不能有所缺失，各组的空间要能容纳所有的数据。相互独立原则即组之间不能有重合，组之间不可有统计的重复，一个数据仅属于其配对的组。

4）结构分析

结构分析主要基于对比分析，通过扩大范围，用结构分析逐个比较，用结构指标来解释资源结构分布，便于及时调整战略决策。结构指标是指总体某一部分在全体总量的占比，总体中各部分的结构指标的和等于100%。结构分析可以应用在财政税收领域，它能够从不同的角度展开分析，如科目结构、区域经济结构等。同时，饼图、扇形图和折线图也都是可以用来进行结构分析的工具。根据分析的时间，结构分析可以分成静态结构分析和动态结构分析；根据关注的对象，结构分析又可以分成增量结构分析、元素的比重分析和总量结构分析。

2. 相关性分析

1）因素分析法

根据斯皮尔曼的定义，因素分析法是指通过分析指标与其影响因素的关系，从而确定不同因素对指标的影响程度的方法。因素分析法不仅能够具体分析某因素的变动对经济造成的影响，而且能够全面分析各种社会因素对经济的影响。因素分析法从本质上来说就是一种相关性概念。

2）交叉分析法

交叉分析法是指连接两个变量和它们的值，形成一个交叉表，每个交叉节点中的变量值为不同的变量，同时表格形成交叉，用交叉变量分析表之间的关系。交叉分析法也称为交叉表分析法。该方法从更为交叉和立体的角度出发，是由浅入深、由低级到高级的分析研究方法，可以和其他分析方法一起使用。常用的交叉分析法是二维交叉表分析法。当然，维度和变量越多，交叉表就越复杂，具体类型需要根据分析目的来确定。

3）综合评价分析法

综合评价分析法是指用多个参数对多个对象进行评价的方法，其核心思想是利用指标体系而不是以一个特定指标去分析，使用特定的评价方法，将参评对象的各方面转化为一个综合指标，从而对参评对象进行考核分析。综合评价分析法可以对不同社会发展水平的地区进行评价。

4）社会网络分析法

社会网络分析法是一种社会学研究方法。社会学理论认为，社会不是由个人而是由网络构成的，网络中包含节点及节点之间的关系。社会网络分析法通过对网络中关系的分析探讨网络的结构及属性特征，包括网络中的个体属性及网络整体属性。社会网络即可简单地称为社会关系所构成的结构。因此，社会网络代表一种结构关系，它可反映行动者之间的社会关系。构成社会网络的要素有行动者、关系纽带、二人组、三人组、子群、群体等。针对智慧城市设计的主客观要素，可以利用数据通过社会网络分析法对其中的关系进行分析，例如，城市客观资源依赖关系及智慧城市治理主体协作关系。

3. 预测性数据挖掘分析

1）机器学习

机器学习是一种从数据中自动学习模型的过程，包括监督机器学习和无监督机器学习两种形式。监督机器学习能够根据已有的包含不确定性的数据建立一个预测模型。监督机器学习算法接受已知的输入数据集（包含预测变量）和对该数据集的已知响应目标（又称输出，包含响应目标变量），然后训练模型，使模型能够对新输入数据的响应做出合理的预测。如果尝试预测已知数据的输出，则使用监督机器学习。监督机器学习采用分类技术和回归技术开发预测模型。

分类技术可预测离散的响应，例如，电子邮件是不是垃圾邮件，肿瘤是恶性还是良性的。分类模型可将输入数据划分成不同类别。典型的分类技术应用包括城市环境分类、城市安全风险分类、城市功能规划。常用的分类算法包括支持向量机（support vector machine，SVM）、决策树、k-最近邻、朴素贝叶斯、判别分析、逻辑回归和神经网络。

回归技术可预测连续的响应，例如，城市温度的变化、城市电力需求的波动、道路流量的变化。典型的回归技术应用包括电力系统负荷预测、气象预测、道路流量预测等。常用的回归算法包括线性模型、非线性模型、规则化、逐步回归、决策树、神经网络等。

2）深度学习

深度学习是机器学习领域新的研究方向，它被引入机器学习使其更接近最初的目标——人工智能。

深度学习是学习样本数据的内在规律和表示层次，这些学习过程中获得的信息对解释文字、图像和声音等数据有很大帮助。它的最终目标是让机器能够像人一样具有分析学习能力，能够识别文字、图像和声音等数据。深度学习是一个复杂的机器学习算法，在语音和图像识别方面取得的效果远远超过先前相关技术。

深度学习可以运用到智慧城市的建设中，如交通流量预测。交通流数据包含三个主要特征：时间特征、空间特征和周期性特征。把卷积神经网络（convolutional neural networks，CNN）和长短期记忆（long short-term memory，LSTM）网络结合起来生成一个 ConvLSTM 模块，用于提取交通流的时空特征，然后使用双向 LSTM 网络提取交通流的周期特征。

4.4.3　智慧城市的数据呈现技术

1. Web 技术

Web 的本意是蜘蛛网和网，在网页设计中称为网页，现广泛译为网络、互联网等，表现为三种形式，即超文本（hypertext）、超媒体（hypermedia）、超文本传输协议（hypertext transfer protocol，HTTP）等。Web 技术是开发互联网应用的技术总称，一般包括 Web 服务端技术和 Web 客户端技术。智慧城市中各种系统及基础数据的展示呈现一般通过 Web 技术完成，如各种数据查询系统。

2. GIS 技术

地理信息系统（geographic information system，GIS）是多学科交叉的产物。它以地理空间为基础，采用地理模型分析方法，实时提供多种空间和动态的地理信息，是一种为地理研究和地理决策服务的计算机技术系统。其基本功能是将表格型数据（数据可来自数据库、电子表格文件或直接在程序中输入）转换为地理图形显示，然后对显示结果进行浏览、操作和分析。其显示范围可以从洲际地图到非常详细的街区地图，显示对象包括人口、销售情况、运输线路以及其他内容。GIS 是一种特定的十分重要的空间信息系统。GIS 技术是在计算机硬件、软件系统支持下，对整个或部分地球表层（包括大气层）空间中的有关地理分布数据进行采集、储存、管理、处理、分析、显示和描述的技术。

智慧城市是城市信息化的高级阶段，是若干信息系统的集成，是体系化的信息系统生态，基于共同的设施和数据资源，具有大量共性化的操作，需要一个操作系统。城市是一个地理空间，需要进行实体城市的数字化表达，而所有城市对象（物件、事件）均具有位置（点、域、路径），所有数据都是对对象的描述，所以城市问题是空间问题，必须表达空间关系。因此，GIS 可以看作智慧城市的操作系统。

3. 虚拟现实技术

虚拟现实技术在 20 世纪 80 年代初由美国 VPL 公司创始人拉尼尔首先提出，是指在计算机技术、仿真实验技术、网络通信、物联网、遥感技术等软、硬件技术平台支撑下，为用户创建一个可真实再现的、可供人机交互应用的虚拟现实场景，让用户在虚拟技术场景中获得现实环境中的真实交互体验的技术。简而言之，虚拟现实技术在智能平台的辅助支撑下，利用三维成像技术为用户真实再现一个与现实环境相对应的虚拟现实空间，用户可以借助外界的技术支持对真实世界场景进行重构和再现。虚拟现实技术是一种集虚拟创建和现实体验相结合的计算机系统技术，具有以下特点。

（1）感知性。感知性是用户在虚拟现实技术的指引下，通过可穿戴设备，借助虚拟仿真应用平台真实模拟和呈现现实社会场景，虚拟场景中的景象能够脱离现实存在而被用户真实感知。理想的虚拟现实技术应该是能够感知人的一切的感知技术。感知性可以看作虚拟现实技术的基础，不能充分感知用户真实意图的场景都不能称为具备虚拟感知性。

（2）交互性。交互性是虚拟现实技术得以深入应用的价值体现。交互的目的在于促进人机之间的交流和联系，参与者可以通过虚拟现实技术所营造的现实场景全程参与和实现个人意愿表达，进而构建现实与虚拟环境场景的互动应用。例如，用户借助图书馆提供的可穿戴设备和计算机虚拟成像技术自由感知三维虚拟环境下的场景应用服务，利用计算机模拟而成的虚拟场景在图书馆智能载体上实现电子图书翻阅以及人机实时交互。

（3）沉浸感。沉浸感是用户借助图书馆提供的虚拟现实技术、设备及全方位、多功能应用平台，在虚拟场景环境下，通过系列行为指令的输入触发相关虚拟现实应用模块，真实呈现与现实世界无差别的应用场景，进而让用户在计算机仿真系统所构建的虚拟场景中与生理、心理等多重感官遥相呼应，感知虚拟现实技术带来的便捷、快速服务。例如，用户可借助虚拟现实眼镜等可穿戴设备在虚拟场景中体验。

4.5　智慧城市的决策服务

智慧城市是城市化、工业化和信息化的深度融合，把握智慧城市建设是促进物联网等新一代信息技术产业广泛应用的重要发展契机。城市治理决策具体是指政府部门在充分分析治理问题与关联对象的基础上，制订方案并进行优化选择的过程。现今政治活动已经扩展到虚拟空间，实时监测物联网传感系统收集的关于公民的社会活动的数据、在互联网上产生的各类数据、政府在电子商务领域所积累的数据以及政府在电子政务建设过程中所积累的数据等都可以运用到政府决策的过程中，网站、博客、电子邮件、手机等网络化平台成为政治态度和价值观传播的重要载体，并改造着政府、公民等政治行为主体的行为和互动模式,具有政治目的的社交网站对公众参与政策知识的学习会产生积极影响,个人在网络活动中获得政府回应的积极经验也有利于增强其对政府透明度的认识,可以巩固良好的政府-公众关系。在此基础上,中国政府已有意识地利用公民意见数据为社会、经济和外交政策决策提供参考,而且广泛利用社会媒体、网络和抽样调查来实时、定期地收集公民对特定政策的意见。

4.5.1　智慧城市决策服务体系

体系是指按照一定的秩序和内部联系组合而成的整体。智慧城市是数字城市、物联网和云计算等技术有机融合的产物,是城市影响力的新标签。在智慧城市建设中,信息技术和通信技术是重要手段。智慧城市应该具备信息全面感知能力、海量数据处理能力和智能管理服务能力。智慧城市决策服务体系是以政策与技术标准为驱动,集物联网、云中心建设、融合、管理、智慧应用为一体的应用服务体系。此外,智慧城市决策服务体系应包括智能层、数据层、网络层及物理层,如图4-5所示。其中,智能层是顶层,为社会各行业提供应用类服务,数据层为城市各方面提供基础数据,网络层处理网络中数据交换、外部网络接入等问题,物理层通过各种终端进行数据的采集、识别。在智慧城市中,人、物、环境皆以数据形式表现,可以把整个城市看作一个巨大的信息环境。因此,智慧城市背景下的决策体系是与决策服务相关的事物,由政府决策组织与机构,信息运行机制,信息收集、分析、传递与使用的人员等按照一定的程序和内部联系组合而成,换句话说,智慧城市决策服务体系的要素不仅包括城市基础设施、计算机网络等基本元素,而且包括政府决策过程中的各种支撑环境以及人文范式。

图 4-5　智慧城市决策服务体系

根据智慧城市体系维度与政府决策的特点,结合宏观、中观、微观的决策环境,智慧城市决策服务体系的要素包括人员要素、机构要素、技术要素、资源要素、制度要素、行为要素六大类[8],如图4-6所示。

人员要素是指从事城市公共管理信息收集、分析、评估与利用、决策与反馈工作的各类信息人员、决策者、民众。机构要素是指参与政府公共管理事件的各类信息组织，主要包括政府职能部门、社会媒体机构、信息服务机构等。人员要素与机构要素构成智慧城市决策服务体系的主体要素。

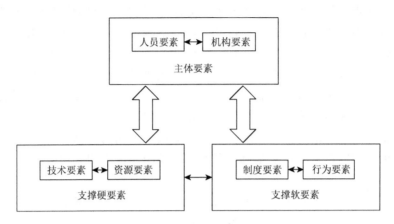

图 4-6　智慧城市决策服务体系六大要素

　　技术要素是指智慧城市相关决策应用技术，如物联网技术、云计算技术、大数据技术、数字空间技术等，它们为决策数据收集与分析提供了硬件支撑。例如，物联网技术可以将城市基础资源（水、电、气、交通等）数字化并串联起来，通过监测、分析和整合各类公共管理事件相关数据，为政府的决策服务奠定基础。资源要素是指智慧城市的基础设施、服务设施、平台等客观事物，它们将智慧城市打造成一个无缝互联的全方位立体化网络，为智慧决策提供可靠保障。技术要素与资源要素是支撑硬要素。

　　制度要素是指为应对智慧城市决策专门建立起来的一套关于政府管理的各种正式或非正式的规章制度、指导纲领，主要对相关人员的决策活动进行规范、引导、评估、约束与激励。行为要素是指承担城市决策信息工作的人员或机构借助相关信息技术和管理基础设施，参与智慧城市管理与决策活动的各种思维要素及其过程。制度要素与行为要素是支撑软要素。

　　这六大要素以智慧决策业务流和智慧决策信息流为依托，上层是主体要素，下层是支撑要素，主体要素的决策需求是决策体系的"驱动点"，支撑要素保障决策体系良性运转。当然，智慧城市决策服务体系是六大要素相互交织的复合整体，因此，需要对各要素进行优化，对相关要素进行有机耦合，互为条件、相互补充，互相影响、相互促进。在此背景下，"情景-应对"与"路径-创新"相互结合，以决策为核心的管理体系方能走向多元化、立体化、网络化与智慧化。

4.5.2　智慧城市决策服务特征

　　智慧城市的决策服务和决策过程越来越趋向于个性化、自主化、智能化、透明化和精准化，决策分析模式、组织模式和行动模式呈现出数字化和网络化的趋势，智慧城市决策服务也具有全面感知、客观透明、实时连续、自主预置和多元共治等新的特征[9, 10]。

1. 全面感知

全面感知是指政府部门在大数据技术的辅助下全面感知公共管理事项及公众所需，及时发现需求热点，多维度、多层次细分公众需求，为公众提供精准化、个性化的服务。以往的决策过程中，决策者是有限理性的，他们不能进行完全的理性判断和抉择，有限理性阻碍了政府部门决策科学化的实现。有限理性的原因主要是信息缺失、信息量不足。智慧城市决策服务很大程度上改善了决策者的有限理性状况。随着大数据时代的到来，物联网、传感器、社交网络、智能终端呈爆炸性增长，带来了容量巨大、规模完整的数据，政府部门可获取的数据资源领域和范围也变得更广、更深，政府部门本身也拥有海量的原始数据，这些数据为智慧城市决策服务提供了全面的信息。大数据也为分析更多的现象和结果之间的联系奠定了基础，理论上能够增加决策的成功率，降低决策的风险和成本。

总之，智慧城市决策服务体系为政府部门明确了决策目标，提供了科学的依据，提高了决策效率和水平，并产生了巨大的经济效益和社会价值。在巨量数据的基础上，智慧城市决策服务将根据公民需求，利用大数据决策方案组合模型，形成多样化决策方案，部署决策实施方案，提供多样化的公共服务。决策过程中，智慧城市决策服务平台通过支持语义的公民需求匹配技术、智能优化技术，对公民所提出的公共服务进行匹配部署，从而关联到核心决策层的具体决策，从搜索到的符合公民需求的智慧城市决策服务方案集合中选择合适的方案参与决策，从所有可能的智慧城市决策服务方案集合中优选出最佳组合来协同完成智慧城市决策服务，通过智慧城市决策服务最优化管理技术、智慧城市决策服务智能优化技术对决策方案组合质量进行评估，并采用智能优化算法对整个过程进行优选，在确定最优云服务组合和资源组合方式后，将服务与资源进行关联绑定，进而部署执行，为公民提供个性化、精准化的服务，满足细分化、多样化的需求。

2. 客观透明

客观透明是指通过建立理性科学的决策模式、前后统一的决策标准，为政府部门确定客观公正的决策程序、科学有效的决策体系和公开透明的决策结果。过去的决策模式是以政府决策机构和人员的经验为依据的程序模式，呈现的是无规则、非规则和潜规则议事状态，往往导致决策是匆忙敲定而非反复论证的结果，是适应某个地区、部门、系统的情况而非统筹整体和全局的结果，这样的决策方式往往容易导致各政府部门之间的政策相互抵触，政府和公众之间的政策与诉求相分离，为政府决策带来巨大的风险管理成本。智慧城市决策服务以客观数据为依据，基于科学的数据搜集、数据分析和数据关联性研究而进行。

在数据搜集阶段，决策系统从决策环境各方面全面搜集结构化、半结构化和非结构化的数据，为数据分析奠定基础。在数据分析阶段，决策系统对搜集的系统化数据实时提取信息和价值。在数据关联性研究阶段，决策系统将分析后有价值的实时数据与历史存储的数据（包括公共事件名称、发生地点、影响因素等）进行关联对比研究。将实时搜集到的数据与公共事件进行关联性研究，对比现实数据与历史事件和环境，在对比中发现规律和模式，从而为现实问题的解决提供科学的、有现实依据的支撑。同时，智慧城市决策服务以政务云平台为基础，结合共享交换平台、物联网平台、移动管理平台等信息资源基础设施及一系列基础信息资源库，将数据搜集、数据分析和数据关联性研究等一系列智慧城市决策制定过程透明化，开放智慧城市决策服务大数据中心的权限，向社会发布数据及决策过程，接受社会监督，有效防止决策执行出现偏离，激励更多的社会力量参与智慧城市决策服务过程。

3. 实时连续

实时连续是指政府部门的智慧决策从数据搜集、信息传输、知识挖掘到决策制定、信息反馈都是连续进行即时完成的。随着市场经济发展水平不断提升、公民需求逐渐多样、公共事务日益复杂，智慧城市的决策服务问题日益繁多和艰巨。传统的数据处理方式从搜集整合到决策制定需经历一个漫长的过程，以这种数据处理模式为核心的决策模式已无法满足现代公共管理需求。时代发展需要智慧城市决策服务者根据环境的变化即时做出反应，并提供决策方案，实时连续性将成为智慧城市决策服务系统的核心，为智慧城市的决策服务者提供全天候的服务和支持。

以往政府部门要全面了解复杂动态环境中各类公共事件发生和变化的情况，从时间、精力、成本等方面来说都难以实现。大数据时代的到来改变了传统的决策基础，智慧城市决策服务将为决策者设计一个全面的社会调查方案，即时感知了解各类社会公共事件的状况，为快速反馈和决策提供支持。快速是大数据处理技术和传统的数据挖掘技术最大的区别：一是指数据产生快；二是指数据处理快。大数据是一种以实时数据处理、实时结果导向为特征的解决方案。智慧城市决策服务通过传感器、移动终端、感应装置等设备采用分布式计算架构，依托云计算的分布式数据库、分布式处理、云存储和虚拟化技术，实时不间断地采集海量数据，利用云计算技术建立云存储平台，统计分析并预测事件发生规律，利用大数据处理技术建立大数据分析平台，对包括视频数据、GPS 信号在内的异构数据进行快速分析处理，将复杂抽象的数据转换成可利用的决策信息，通过大数据平台传输数据分析中心，经决策技术系统分析加工，传输给各级决策者和公共部门，以最快速度预防和应对各类社会事件。同时，智慧城市决策服务通过大数据决策平台建立一种良性反馈机制，及时了解决策执行效果，对决策进行针对性的实时调整。

4. 自主预置

自主预置是指智慧城市决策服务通过数据的关联性分析处理，挖掘数据特征并预测发展趋势，将不确定因素予以趋势化处理，通过结构化的系统性感知网络，借助人机交互的数据可视化与决策自动化过程，做出更富有信息价值的回溯型数据决策、预测型数据决策和预置型数据决策。回溯型数据决策是指利用历史数据和定量分析技术来理解数据中隐藏的模式和结果，从而推断未来发展趋势；预测型数据决策是指在历史数据的基础上建立仿真模型，形成多样化方案来更好地评估未来发展趋势，且预知未来发展结果；预置型数据决策是指通过对海量数据进行实时分析，在相应预置条件被触发时自动为决策者提供即时决策方案，甚至由决策系统或机器人自主决策、开展行动。以往的决策由于信息不全面、渠道不畅通，往往具有滞后性。智慧城市决策服务将改变传统的决策流程，大大加强决策的前瞻性、谋划性、可操作性。

随着信息技术的发展，智慧城市决策服务过程已逐步进入预测型决策。资源配置与政策结果将由统计预测指引，大数据分析能力和数据之间的关联识别效率将成为基于大数据的智慧城市决策服务的诉求。智慧城市决策服务将通过已有的数据信息，合理预测、系统决策；通过数据的及时更新，对决策进行实时评估、修正和补充，不断调整管理思路，并不断完善政府部门的动态管理模式，推动智慧城市决策服务过程的科学化。智慧城市决策服务将从系统、整体的角度，构建涵盖空间地理、时间分布、历史事件频率、环境监测、社会成员行为等的数据整合渠道，分析数据所展现的独立事件之间的必然联系，利用关联分析工具发现数据集之间的关联、因果结构以及频发行为模式，通过大数据进行行为预测、方案制订，并开展行动。同时，智慧城市决策服务将在决策信息反馈的基础上实现动态评估监测过程。大数据技术简化了监督信息反馈的传输渠道，避免反馈信息失真，根据从传统媒体和新媒体搜集的海量数据，对社会各方反馈信息进行研判，对存于其中的社会需求和意见进行挖掘分析，变革决策反馈机制，通过大数据在信息反馈领域的有效分析技术，预测未来发展和利益各方可能采取的行动，从而优化决策模型。

5. 多元共治

多元共治是指政府部门以民主决策机制为决策程序内核，以公共利益为主导价值观念，以大数据资源为依托，实现决策参与主体的多元性、决策规则的民主性和科学性，以及决策参与机会和结果的公正性。随着市场经济的发展，社会主体利益呈现个别化、多元化，在政治活动过程中，主体利益的多元性将逐步取代一元性。通过建立新型智慧城市决策服务平台，建立利益协调机制，协调各方利益，显得日益重要。此外，政府公共行为中的透明性、参与性、回应性和责任机制如果欠缺，政府行为便会缺少相应的约束，极易引发寻租等权力腐败行为，背离民主政治的核心价值。因此，利用智慧城市决策服务机制，扩大公民在公共事务和公共政策制定中的参与范围，提高政府公共管理和公共服务的公民满意度，显得日益迫切。

同时，公共事务的复杂性日益增加，自然灾害、事故灾难、公共卫生事件和社会安全事件等各类公共管理事件加重了决策者的负担，政府作为单一决策主体的传统决策模式已经难以应对时代挑战，只有广泛调动社会力量参与决策，才能保证智慧城市决策服务的科学性、及时性和有效性。以多元共治为特征的智慧城市决策服务强调相关利益者参与决策过程。智慧城市决策服务的数据来源、决策服务能力、决策资源、决策过程及决策本身都将嵌入网络和大数据环境，且所有大数据都来自大数据用户，促使智慧城市决策服务关注的重心转移或回归到公众需求。大数据生态系统致力于构建一个政府、社会、企业和公民等相关利益主体各方都能充分进行大数据获取、存储、组织、分析和决策的公共云服务环境和平台。在智慧城市决策服务模式下，用户参与不局限于传统的公民提出需求和公民评价，而是渗透到智慧城市决策服务过程的每个环节。同时，智慧城市决策服务更强调政府与公众的合作与互动，这种互动关系一方面强调公众的积极参与，另一方面强调政府部门的积极回应，从而实现智慧城市决策服务民主化。通过强调公众的积极参与以及政府部门的积极回应，在政府与公众之间建立相互信任、相互依赖与相互合作的关系。

4.5.3　智慧城市决策服务机制

在智慧城市大背景下，利用信息化、智能化手段，实现从传统的部门界限、功能分割、相对封闭的决策体系到全面感知、系统整合、协同运作的智慧化决策服务架构转变，是智慧城市决策服务之所需。智慧城市决策服务信息体系的运行依托管理决策的业务流与信息流，而信息贯穿智慧城市的源头管理和管理处置各环节，故界定、厘清信息体系各要素功能架构的协同运作模式是智慧城市决策服务的关键。智慧城市管理信息服务平台是管理决策信息体系运转的中轴和"神经系统"，是集管理、技术、资源、服务、运维为一体的综合性公共信息服务平台。该平台既是管理信息采集、统计、归并、处理和发布的"聚合器"，也是管理决策信息服务的"推送者"。围绕智慧城市管理信息服务平台，智慧城市决策服务机制包括信息采集机制、信息处理机制和信息评估机制三个模块，三者既相互独立，又密切相关，兼具统筹性与灵活性[8]。

1. 信息采集机制

信息采集机制主要是指决策主体根据信息需求来确定采集对象、内容和目标，目的是对公共管理事件进行实时感知，为决策管理提供信息支持。在大数据时代，智慧管理信息资源主要包括城市采集终端、城市管理相关数据库等所形成的城市管理信息资源，互联网中与公共管理事件相关的信息资源，以及通过人际传播的信息资源等，它们是支撑智慧城市决策服务信息体系的数据基础。因此，为了掌握城市公共管理事件的全貌，有必要对各类公共管理信息支持组织进行信息采集，发挥大数据技术在智慧管理中的作用。

2. 信息处理机制

针对具体城市公共管理事件的信息往往是多源异构的，因此需要对从不同信息源收集来的异构信息的内部特征和外部特征进行筛选、补充、分析、组合，将无序信息进行有序化组织，转化为以公共决策管理为核心的有序结构化信息，从而支撑管理决策。信息处理机制主要包括两方面的内容。

一是信息组织。其任务是将采集的事件信息进行鉴别和筛选，使其条理化、规范化、准确化。对城市公共管理事件进行信息维度划分，开发出面向城市公共管理事件的信息著录方式，进而对不同形式、不同类型的事件数据进行揭示、描述与组织，实现面向事件维度的信息关联和集成，生成专门用于存储城市典型公共管理事件知识和信息的数据库、具备主题性的数据仓库以及全方位支持公共管理事件管理决策的知识库。

二是信息分析。通过对事件要素、事件关系的识别，集成多种可用于城市公共管理事件信息分析的工具与方法，对各类数据资源进行统计分析、数据挖掘与模拟仿真，开展以公民诉求为核心的在线和离线信息分析，从公共管理事件各类数据中提炼出对管理决策具有重要影响的典型特征，形成对城市公共管理事件的综合研判，提升信息分析的自动化和智能化水平。如果能够快速准确直观地理解自己所需的信息，那么政府将有效提高决策速度和决策质量。信息理解也存在两方面，一是对信息本身暗含的内容和知识进行解读；二是让解读出来的内容能够直观地呈现在决策者面前，以便决策者可以理解计算机所解读出来的信息价值。

3．信息评估机制

信息评估机制是指将管理信息融入城市管理活动之中，对整个城市公共管理事件、管理信息工作进行评估，并根据评估结果与信息反馈意见对决策服务体系的组织体系、保障体系做出重组或重构，包括更新公共管理信息库、调整决策管理预案信息、优化信息工作流程、提高决策信息管理效能等。在城市政府决策前后都将产生不同的信息，这些信息有的当前可以有效利用、有的当前无法使用、有的当前无须使用，因此，还要根据不同的信息要求将信息完整地保存，要做到需要的信息高效易用、暂无价值的信息未来可查。

4.6　智慧城市的数据资源共享与开放

智慧城市是通过整合应用现代信息通信技术，以及采集、整理和分析后续城市系统在运行的过程中产生的各类数据资源，针对智慧城市数据共享可能出现的阻碍建设进程的相关因素而展开对数据资源的开放共享，以推动城市建设整体进程。

数据共享是指在不同地方使用不同计算机、不同软件的用户能够读取他人数据并进行各种操作运算和分析，主要是组织内部因履行职能、开展相关业务需要使用内部掌控数据的行为，其目的是通过打破组织内部壁垒、消除"数据孤岛"，提高数据供给能力、提高运营效率、降低组织运营成本。

数据开放是指按照统一的管理策略对组织内部的数据进行有选择的对外开放，同时按照相关的管理策略引入外部数据供组织内部应用，是实现数据跨组织、跨行业流转的重要前提，也是数据价值最大化的基础。数据开放能够有效促进经济增长，催生新生业态、科技创新，增加就业，惠及民生。

智慧城市的建设与数据资源开放共享之间是相互依托、相互影响的关系。一方面，智慧城市的建设可以为数据资源开放共享提供坚实的经济基础和平台支持；另一方面，数据资源的开放共享可以为智慧城市提供数据支撑，进一步推动智慧城市的建设，展现其"智慧"所在。智慧城市与数据资源开放共享的有机结合将成为智慧城市未来发展的一大趋势，不仅要充分挖掘数据、对数据进行深入分析，还要将相应的数据共享给各组织机构以及公众，使得数据资源的价值充分体现，才能推动智慧城市的"智慧"发展。因此，二者是相辅相成、互相促进的辩证统一关系。

4.6.1　智慧城市的跨部门数据共享

从横向视角来看，智慧城市的数据资源要实现跨部门功能的整合，加强同一层级不同部门之间的协调合作。

1. 跨部门数据共享的目的和意义

数据资源往往分散在各地区、各部门以及各行业中，因此获取数据面临着困难，各部门之间对于数据资源的依赖性也在逐渐增强。为了保证数据的全面性和准确性，各部门之间不得不进行数据资源的跨部门共享，建立跨部门的合作机制。

跨部门数据共享可以协调部间的合作关系、解决条块分割管理体制下的"信息孤岛""信息鸽笼"的问题，为政府部门的业务流程优化与协同提供可靠的支撑，从而提高政府的行政管理效率、降低政府的决策与监管成本、提高行政管理与公共服务水平。当前，我国正朝着服务型政府转变，只有从根本上改变政府部门的行政管理方式、消除条块分割带来的巨大阻碍，才能建成服务型政府。由于信息技术的发展，跨部门数据共享成为必然趋势，各地区、各部门之间实现了数据的良性沟通和有效整合，打破了条块分割、部门分立的体制，促进了服务型政府的建设。

2. 跨部门数据共享的含义

智慧城市的跨部门数据共享是指在智慧城市的建设过程中，为了解决横向部门的冲突或碎片化管理的问题，通过部门之间的横向联系与合作，加强数据资源在同一层级不同部门之间的交换共享，同级部门建立长期有效的协同关系，提供一体化的公共服务。

3. 跨部门数据共享的实施过程

跨部门数据共享包括如下两个阶段。

一是数据采集加工阶段。在这一阶段，首先应充分调查了解各横向部门所掌握的现有数据资源的情况，了解横向部门不同的需求以及可供在不同部门共享的数据；其次，根据不同部门的实际需求和现有的数据，从数据系统里面进行数据的抽取汇集，形成各部门可共享的数据库资源；最后，将数据库中的资源汇集到数据共享中心，同一层级不同部门之间形成业务数据的数据库。

二是数据整合共享阶段。在这一阶段，从事数据采集加工处理的专业人士将重新对数据共享中心的数据进行整合处理，形成跨部门共享应用数据库，最终实现跨部门的数据共享。总而言之，智慧城市的数据跨部门共享即在不同部门、不同行业之间实现数据资源的共享与交换，加强横向部门之间的数据协同。一个部门从其他部门获取的数据资源只能满足本部门履行职能的需要，不得自行转给第三方，也不得用于商业目的以获取利润。因此，数据资源的跨部门共享主要是业务部门为了满足其他部门履行其职能的需要而提供相关的数据资源，或者是本部门为了满足履行职能的需要而从其他部门获得数据资源，实现数据资源在不同部门的共享，各部门根据本部门的要求获取有利的数据资源，实现本部门的目标。

4. 跨部门数据共享面临的挑战

（1）理念上的滞后。部分地区和部门对"以人民为中心"的理念理解不充分、不深刻。在不同部门之间共享数据的过程中，一些地区和部门仍然存在"任务导向"的情形，把满足工作任务要求作为数据共享的出发点和落脚点，在工作过程中追求的是以数量取胜、完成工作任务，忽视了对质量的把握，忽视了公众的获得感和满意度。

（2）部门间的利益冲突。在条块分割严重的体制状态下，各部门按照本部门的利益建设数据资源体系，"本位主义"的现象依然盛行。由于没有统一的信息协调机构对信息进行协调，各部门为了实现部门利益最大化，各自为政，自发进行数据共享的意愿很低，仅仅依据本部门的利益对信息进行收集和共享。部门之间对于数据的需求不一，部门与部门之间也会由于数据共享形成利益冲突，导致部分部门的利益受损。

（3）部门间的信息化程度差异。长期以来，由于各地区、各部门之间条块分割、各自为政，在工作过程中对于信息化的需求程度不一，加之部门间缺乏合理的绩效激励机制和奖惩机制，各部门信息化意识及信息化发展的水平呈现参差不齐的情形。部分职能部门受到领导"一把手"作风的影响，根据领导的喜好来执行任务，忽视横向部门之间的数据共享，数据共享的鸿沟越来越大。各部门已有的数据资源缺乏数字化、标准化处理，导致数据在短时间内很难实现跨部门的互联互通。

（4）跨部门共享数据的信息质量得不到保证。有些部门认为本部门所采集的数据质量得不到很好的保证，因此不敢轻易与其他部门共享数据。一些数据需求部门也质疑，如果使用其他部门所提供的错误数据，那后果又该由哪个部门来承担。有些部门的数据目录建设质量较低，存在不完整、不统一的元数据标准的问题，也会影响跨部门数据的共享利用。有较多涉密数据在实现共享的过程中由于黑客的入侵、技术手段滞后、管理不善、制度不健全而存在信息泄露的风险。涉密数据的安全性得不到有效保证，也会影响涉密数据的信息质量。

4.6.2　智慧城市的跨层级数据共享

从纵向视角来看，智慧城市的数据资源要实现跨层级功能的整合，加强不同层级、上下级之间的协调合作[11]。

1. 跨层级数据共享的目的和意义

2016 年国务院办公厅印发了《"互联网+政务服务"技术体系建设指南》，对"互联网+政务服务"技术体系做出了规范性要求，强化标准与内容指导，为按期完成体系建设保驾护航。国家层面明确了政务信息资源共享"以共享为原则、不共享为例外"的基本准则。依据国家顶层设计，地方各级政府（省、市、区县、乡镇）、基层机构（街道、社区、村）应实施自上而下的多级信息共享，大力促进政务服务协同供给。

跨层级数据共享将数据视为具有转化生产力的价值信息，结合政府部门行政层级之间与其职能部门内部联系，设计系统与动态的数据采集、分析和使用的运作原理与方式，根据主体对应的职责、功能、权利义务、技术实现将数据资源应用于各层级不同政府主体之间，实现数据资源在某些组织或系统内部跨层级协同，提升服务效率，打破集权与分权的利益格局，促进上下级之间的数据沟通和合作。

2. 跨层级数据共享的含义

智慧城市的跨层级数据共享是指在智慧城市的建设过程中,为了缓解纵向层级的集权与分权的矛盾,通过上下层级之间的纵向联系与合作,加强数据资源在不同层级之间的交换共享,实现上下级组织及业务主管部门之间的协同。

3. 跨层级数据共享的分类

在单一制国家,上下级政府组织间具有隶属关系,跨层级数据共享主要是依靠自上而下的控制来进行的。

一是上下级政府之间的数据共享。中央政府与地方政府,省级政府与市、县、乡镇级政府之间的数据共享一般体现在集权与分权的政府间权力关系上。权力过于集中会限制地方政府的自主性和积极性。我国曾推行自上而下的分权化改革,地方政府逐步取得管理自主权。在智慧城市数据资源跨层级共享中,要超越集权分权的思想,实现城市各层级的数据资源共享,实现各层级的协同治理。

二是上下级城市管理主管部门间的数据共享。在各级地方政府中,智慧城市的数据资源还涉及市城管局(委)与区、县城市管理部门,区、县城市管理部门与街道、社区的共享。

三是城市管理主管部门与其直接隶属的同级政府的数据共享。我国实行"职责同构"的行政体制,各层级政府组织在权责分配、组织结构上整齐划一,数据资源也应实现在城市管理主管部门与同级政府之间的共享交换。

总而言之,智慧城市的数据跨层级共享即在不同层级实现数据资源的共享与交换,避免因上下级数据资源的不对称而造成的资源浪费问题以及行动不统一问题。

4. 跨层级数据共享的实施过程

跨层级数据共享包括以下两个阶段。

一是中央政府部门加强顶层设计。中央政府对数据共享制定统一的规划部署,从全局角度成立中央专门组织机构来推动数据在不同层级间共享的工作,明确各级政府及其职能部门在数据共享的过程中应承担的责任和履行的义务以及数据共享的重点与目标,加强中央和地方之间的制度衔接,给予地方不同层级的业务指导和政策支持,宏观层面上充分调动地方政府的积极性,积极推动各级政府及其职能部门之间的业务协同,对数据资源库进行统一的管理和调度,促进纵向数据的有效整合。

二是各级地方政府及其职能部门积极实施数据共享。在中央的统一领导下,各级政府及其职能部门从数据本身的标准规范出发,健全数据的标准化建设。按照法律法规明确各级政府各部门数据共享的内容、形式和责任,兼顾各方利益,积极实施数据无偿的交换与共享,将数据最大限度地贡献出来。不同层级在工作的过程中可以超越层级权力分配获取数据资源,利用数据资源实现业务协作,加强各层级的数据资源共享。

5. 跨层级数据共享面临的挑战

(1)数据的安全得不到保证。跨层级政务服务平台的运营产生了海量的数据交换与共享，虽然实现了跨层级数据资源共享，但是数据的大量汇聚使其面临巨大的被盗窃和损害的风险。公众的个人数据作为政务数据库的重要组成部分，由于互联网存在一定的漏洞，目前针对互联网的安全管理制度还不够完善，因此个人信息极易被不法分子盗窃干非法的事，公民的隐私信息得不到保护。

（2）数据共享的技术支持能力不足。信息技术的发展使得跨层级数据资源共享成为必然，但是不同层级之间实现数据资源共享的技术支持能力还有所欠缺。由于缺乏足够的技术能力，各层级政府在数据共享开放方面进展缓慢。数据共享平台的建设、数据的安全保密技术、数据的质量控制技术的支持能力有待提高，无法从技术层面有效促进跨层级数据资源的共享。

（3）数据共享的积极性不高。数据共享的过程中缺乏激励机制，各层级政府在共享数据资源时动力不足、积极性不高。数据共享需要投入额外的人力、物力、财力，但是数据共享的程度又无法体现在政府的绩效中，社会能见度不高，因此，各层级政府不愿意共享数据资源。集权与分权的行政体制中，中央和地方的矛盾依然存在，地方政府往往不愿意把数据资源与中央政府共享，中央一味地监督指导地方政府的数据共享，结果不仅没有收到预期的效果，反而容易增加各层级政府业务人员的逆反心理。

（4）组织结构不统一。跨层级数据共享需要中央和地方政府建立统一的组织结构。在中央的统一规划部署下，各地方政府应相继建立具有充分权限的统筹协调结构，内部建立专门的数据共享岗位。在实际的运行过程中，中央与地方政府由于权责划分不清晰，导致双方的组织结构不统一。在"本位主义"的驱使下，地方政府为了实现地方利益最大化，根据"上有政策、下有对策"的原则，在中央的统一领导下，建立地方组织结构，忽视了中央与地方政府组织结构的统一，导致各层级的组织结构混乱。不同层级政府在实现数据资源共享的过程中，组织结构的不统一造成数据资源在不同层级部门流动，影响了业务部门对数据资源的获取与使用。

4.6.3　智慧城市的数据开放价值及原则

建设智慧城市的目的是提升城市的公共管理水平、经济发展水平和市民服务水平，而充分开发和利用现代化数据技术是实现城市"智慧化"的地基。继 2014 年《国家新型城镇化规划（2014—2020 年）》推出，智慧城市建设已经成为国家战略规划，各级地方政府纷纷大力投入智慧城市建设，过程持续推进，出现了普遍的问题，其中最为突出的就是在各种智慧化服务为民的项目中都涉及对数据资源的使用，而各部门对其拥有的数据资源的开放和共享程度不高，这大大减弱了智慧城市建设的效果。因此，智慧城市建设与数据开放具有高度的契合关系。

1. 数据开放的价值

信息化高速发展的当今社会，数据的使用对国家和社会的价值日益凸显，数据开放的意义重大，已成为提升政府治理能力、推动经济创新发展、提升民生服务普惠性、促进数据文化形成以及建设创新型国家的新途径。数据开放最为核心的目的是通过数据的流动，发现、共享和利用具有高价值的数据资源。数据开放实现了对原始数据资源的开放共享，使数据能够在社会中自由流动，能够更大程度地实现社会数据资源的有效配置和充分利用。科研人员利用社会数据资源，深入挖掘数据的经济价值，进而推动社会的经济发展。开放性的数据与公众的生活息息相关，为公众提供高质量的数据资源和服务，增加社会成员的公共福利，公众可以更加便捷地获取和使用各类数据资源，方便公众的日常生活，有效改善公众的生活水平，提高公众的满意度，增强公众对政府的信心[12]。

当今，我国城市发展的必然趋势是基于对数据的挖掘和应用的智慧城市建设和治理，数据资源共享与开放是城市智慧化的关键因素，也是智慧城市发展的新趋势。数据资源的开放能够与智慧城市的发展有机衔接，使得城市各方面的管理实现网格化和可视化。

例如，智慧城市交通数据的开放广泛聚合交通堵塞数据、交通安全数据、交通运输数据等，能够对城市的交通状况进行实时实地控制，方便公众查询出行信息，减少交通安全隐患问题，减少交通事故的发生，促进智慧城市道路交通的科学化、动态化和智能化的管理。依靠精准的物流、运输等交通方面的大数据对城市交通进行引导，可以优化城市交通网络，制定更加合理的交通规划和决策，同时缓解城市交通运输的压力。又如，智慧城市医疗数据的开放可以联合各城市的人口数据、环境数据等，方便公众获取相关的医疗信息，提高智慧城市的医疗服务效率和整体医疗服务能力。

2. 数据开放的原则

（1）公开原则。数据开放的公开原则理应包括开放范围和开放过程或程序的公开。智慧城市的数据开放范围应遵循"以公开为原则，不公开为例外"，即开放的范围在"量"上的最大化。智慧城市数据开放的程序、条件和许可协议等也应予以公开，即开放的过程或程序的透明化。要大力推动数据资源的互联开放共享，加快数据资源相关平台的整合，消除各层级、各部门、各行业的"信息孤岛"，推进数据资源向社会开放。智慧城市的建设发展过程中明确了推进数据资源向社会开放的目标，体现了公开原则。

（2）质量原则。数据质量和开放数据密切相关。数据的一致性、完整性和准确性对于数据的开放及其再利用有着直接的影响。针对同一事项却不一致的数据、虚假的数据或不完整的数据都不利于数据的再利用，甚至妨碍数据的再利用。此外，虚假的数据也有损于决策的正确性。因此，智慧城市开放的数据应该一致、准确、完整、符合开放格式标准以及其他数据质量标准，对于虚假的数据，有关部门应在其管理权限范围内及时予以修正。随着内外环境的变迁，数据也在发生改变，因此，还需要有关部门时刻对数据进行修改调整，使其顺应环境的发展。简言之，质量原则应包含以下两个层面：一是开放的数据应该一致、准确、完整，并符合开放格式标准及其他数据质量标准；二是有关部门应对不一致、不准确、不完整、不符合开放格式标准或其他数据质量标准的数据进行修正。

（3）及时原则。及时原则是指政府数据应及时公开或提供，不得拖延，以保持数据的价值，实现数据价值的最大化。数据最重要的价值在于有效使用，数据资源具有时效性，随着环境变化的不可预测性，数据的迟延开放会减损数据的价值，甚至使数据失去价值。智慧城市数据资源的及时开放有利于数据价值的实现和数据资源的优化配置。

（4）可获取原则。开放数据必须以便利的、可修正的和开放格式（数据能够检索、下载、索引和搜索）提供。开放数据的结构不应具有歧视性，应供大多数使用人基于最广泛的目的使用，即提供多种格式的数据。在法律允许的前提下，数据格式应为非财产性的、公众可获取和没有使用限制的。此外，数据以开放许可的方式提供，即不对开放数据的使用施加任何限制。

（5）安全原则。数据资源的安全问题也是智慧城市在发展过程中不可忽视的一个重大问题。安全原则是指通过法律机制保障数据的安全，以免数据面临遗失、不法接触、毁坏、利用、变更或泄露的风险。具体来说，数据安全包括国家数据安全、个人数据安全、企业数据安全、非企业组织数据安全。安全原则不仅有利于保障数据安全、相关主体的合法权益，而且有利于智慧城市数据的持续开放、有序利用。

4.6.4　智慧城市的数据开放实施

1. 数据开放和信息公开

数据开放是指按照统一的管理策略对组织内部的数据进行有选择的对外开放，同时按照相关的管理策略引入外部数据供组织内部应用。数据的开放鼓励社会对数据的利用，能促进社会资源的优化配置、提高政府决策能力、智慧驱动社会和谐[13]。

信息公开是指国家行政机关和法律、法规以及规章授权和委托的组织在行使国家行政管理职权的过程中，通过法定形式和程序，主动将政府信息向社会公众或依申请而向特定的个人或组织公开，并方便社会公众获取的各种活动与制度的总称。

数据开放侧重于数据层的利用，信息公开侧重于信息层的知情。二者存在重大区别，如表 4-3 所示。

表 4-3　数据开放与信息公开的区别

项目	数据开放	信息公开
内容	开放层面扩展到数据层	侧重信息层面公开
目的	赋予社会利用政府数据的权利	保障公众知情权、提高政府透明度
方式	同时关注政府和利用者两方	重心在于政府

2. 推进数据开放实施的基本路径

（1）树立数据开放理念。数据资源是智慧城市的基础性战略资源，是第一资源、最重要的资源。政府各层级、各部门要强化公务员和公众的大数据思维，加大对大数据的宣传力度，破除固有的数据本位思想，打破各部门之间、各层级之间的利益隔阂，树立数据开放的理念，加大对数据资源的开放力度，提高对数据开放共享的认识，认识数据开放的必要性和必然性。

（2）构建数据开放平台。当前，在智慧城市的建设过程中，要求以互联网思维为导向，多个行动者采取多项具体措施共同推进智慧城市的数据资源共享开放工作。智慧城市的相关地区应主动建设数据资源共享平台，以点带面推动整个智慧城市的数据资源共享开放。主要从数据汇集子平台入手，将公安、民政、人社、教育、公积金、工商等众多部门的常住人口信息、学生学籍管理信息、婚姻管理信息等业务系统纳入数据资源共享平台。在数据资源开放共享的基础上，加快信息化的优化进程和扩张步伐。全面推进平台建设，实现对智慧城市信息资源的汇聚整合和共享交换，推进基础数据库的共建共享。

（3）完善相关制度法律体系。智慧城市的数据资源开放共享涉及数据的开放进程和安全性问题，需要完善相关的法律体系，保证数据资源的开放。数据开放相关的战略规划、法律法规、政策文件的欠缺和滞后会严重阻碍我国数据开放的进程。因此，要建立适合当代智慧城市数据发展的实质性法律体系和政策规划，对数据开放的进程做宏观指导。首先，政策和法律对推动政府数据开放共享、更快地获得数据开放共享所带来的效益起到指引、规范和保障作用。我国应当加快国家层面顶层设计的步伐，建立国家层面的相关法律法规，明确规定社会以及公众用户的权利和义务，并对数据开放共享过程进行严格规范。其次，从战略规划上合理规划数据开放，着力完善各智慧城市的数据技术应用的硬件和软件基础设施建设以及智能软件的开发和应用，在必要的场所（公共查阅室、资料索取点、电子信息屏）建立数据查询和获取的基本设施，实现数据的便捷获取和普及应用。

（4）健全数据开放的标准规范。数据开放的标准规范能够为智慧城市数据资源的互联互通提供基本保证，是实现数据资源开放共享的有力支撑和可靠保障，包括数据资源分类标准、安全技术规范、硬件设施支撑环境规范、软件管理配置规范、开放平台管理系统规范等，从标准规范的角度明确数据资源开放的行为和程序，保证数据资源开放的安全可靠以及数据资源的再利用，提高数据资源开放的管理水平和服务水平。

（5）构建统一协调的数据开放组织结构。由于不同部门、不同层级的利益冲突，各部门业务难协同、数据难共享、分工难明确、权责易脱节，因此，我国应当构建一套完整的自上而下的政府数据管理机构，确保数据开放的进程。统一协调的数据开放体制的建立可以实现跨部门职能整合和部门业务流程再造，而其中专门的数据开放主管部门可以对各部门的数据发展做好全盘统筹沟通和协调，提供技术支持和指导，明确各自部门的权力和职责所在，并对下级数据处理部门进行有效的监督和检查，从而提升部门协同服务能力，消除各部门、各层级之间的数据不对称和"信息孤岛"，推进跨部门数据资源的共享，实现数据开放的价值。

（6）健全数据资源开放管理体制。数据资源的开放共享会涉及多个行动者（数据资源提供方、数据资源管理方、数据资源使用方以及技术平台建设方等），因此，要实现数据资源的开放共享，应健全完善数据资源开放共享管理体制，从体制制度上加强对智慧城市数据资源的管理，完善数据资源的公开制度、动态管理制度、安全管理体制、共享查询体制、分级分工制度以及相关平台运营管理制度等。

3. 数据开放的服务模式

中国推进可持续发展战略的总体目标是：人口总量得到有效控制、素质明显提高，科技教育水平明显提升，人民生活持续改善，资源能源开发利用更趋合理。智慧城市的建设与我国目前的可持续发展战略目标是相辅相成的统一关系，可持续发展理念为智慧城市的数据开放建设提供了方向性的指引，智慧城市的数据开放又为可持续发展提供了技术支持。

政府部门是数据开放建设的主导者，需要从宏观全局的层面进行整体规划、做好顶层设计、制定健全的管理办法、设立相应的管理机构，有效实施智慧城市的数据开放。政府通过对社会产生的数据进行收集、加工、整理、储存、开发，然后将数据开放作用于基础设施平台，分类别将智慧化的公共服务推送给终端用户，形成比较完善的评估体系。与此同时，还需要建立健全相关的法律法规，保证数据开放的整个流程是安全可靠的，整个模式也形成了一个有机的整体，如图4-7所示。

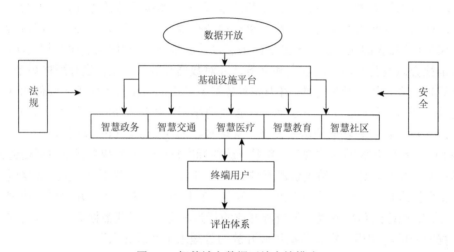

图 4-7　智慧城市数据开放实施模式

参 考 文 献

[1]　邬贺铨. 智慧城市的数据管理[J]. 物联网技术，2012，2（11）：11-14.

[2]　林焱，周志峰. 基于数据生命周期模型的数据资源管理剖析[J]. 图书馆学研究，2016（14）：52-57，88.

[3]　王静远，李超，熊璋，等. 以数据为中心的智慧城市研究综述[J]. 计算机研究与发展，2014，51（2）：239-259.

[4]　杨林，钱庆，吴思竹. 科学数据管理生命周期模型比较[J]. 中华医学图书情报杂志，2016，25（11）：1-6.

[5]　叶兰. 数据管理能力成熟度模型比较研究与启示[J]. 图书情报工作，2020，64（13）：51-57.

[6]　杨靖，张祖伟，姚道远，等. 新型智慧城市全面感知体系[J]. 物联网学报，2018，2（3）：91-97.

[7]　秦志光，刘峤，刘瑶，等. 智慧城市中的大数据分析技术[M]. 北京：人民邮电出版社，2015.

[8]　李纲，李阳. 智慧城市应急决策情报体系构建研究[J]. 中国图书馆学报，2016，42（3）：39-54.

[9]　胡税根，单立栋，徐靖芮. 基于大数据的智慧公共决策特征研究[J]. 浙江大学学报（人文社会科学版），2015，45（3）：5-15.

[10]　锁利铭，冯小东. 数据驱动的城市精细化治理：特征、要素与系统耦合[J]. 公共管理学报，2018，15（4）：17-26，150.

[11]　徐晓林，明承瀚，陈涛. 数字政府环境下政务服务数据共享研究[J]. 行政论坛，2018（1）：51-59.

[12]　张会平，杨国富. "互联网+政务服务"跨层级数据协同机制研究——基于个人事项的社会网络分析[J]. 电子政务，2018（6）：81-88.

[13]　付熙雯，郑磊. 开放政府数据的价值：研究进展与展望[J]. 图书情报工作，2020，64（9）：122-132.

第 5 章　智慧城市的规划与实施

智慧城市是一个结构要素错综复杂、技术创新应用多样、多类元素纵深交互的综合性巨系统。为了确保智慧城市在长期发展过程中能够适应不断变化的外部环境与不断进步的技术应用，使智慧城市健康、良性、可持续、高效益地运行，在部署和建设智慧城市之前，智慧城市的规划者需要对智慧城市进行战略规划并确立切实可行的实施方案，从而在应对建设过程中的各种突发困难时，根据规划与方案的科学指导对智慧城市各子系统进行深层设计与难点突破。

5.1　智慧城市顶层设计的方法论

5.1.1　智慧城市顶层设计的内涵

顶层设计（top-down design）又称为从顶端向下层的设计，是一种有目标、有计划、有步骤的操作指南。顶层设计最初是由瑞士计算机科学家尼古拉斯·沃斯（Niklaus Wirth）在 1969 年提出的一种基于大型程序软件工程的设计方法。该方法遵循"自顶向下、逐步求精、分而治之"的设计原则，即从需要解决的实际问题出发，以问题为导向，自顶向下将复杂性问题分解成相对独立的子问题，再进行逐个击破，直到最初的复杂性问题得以解决。近年来，顶层设计的概念逐步从自然科学领域扩展到社会科学领域，尤其是在中国，顶层设计一词已广泛用于各行各业。2000 年，顶层设计的提法和思路引入我国电子政务建设中，引起了中国电子政务领域相关部门领导与实践工作者的高度重视，并在多部电子政务核心政策文件中提及"抓好电子政务顶层设计"等，以解决电子政务网络建设中各自为政、重复建设、"信息孤岛"等问题。

具体来说，顶层是指领导者、决策层；设计是指运用系统论的方法进行总体构想和战略设计。顶层设计就是以全局视角对各层次、各要素进行系统化的统筹考虑。顶层设计一定基于战略需求，从全局层面制定全面的长期规划和实现路径，它要求定位准确、结构优化、功能协调、资源整合、目标清晰、方法具体、逐步递进，最终实现顶层设计目标。

按照顶层设计的一般概念，智慧城市顶层设计是指在信息技术高速发展背景下，站在城市发展的全局视角，依托信息技术的发展与应用将碎片化的资源进行集中处理分析，对智慧城市的各方面、各层次、各要素进行系统化的规划和部署，有步骤有效率地实现智慧城市发展的总体目标。在我国条块分割的行政体系下，缺乏顶层设计规划和整体性部署的智慧城市的建设实施极有可能在实践中遇到不同部门、不同城市各自为政的问题，甚至产生电子政务早期重复建设、盲目建设等信息化建设的老问题，增加智慧城市建设失败的风险。因此，我国智慧城市顶层设计的内涵可以从三个方面理解。

一是整体与个体的战略兼容。智慧城市顶层设计一定基于我国社会长期发展的需求，在智慧城市整体愿景与蓝图之下，围绕各地方城市的现实诉求、基础优势和资源禀赋，从决策层进行具有针对性的战略目标定位。因此，"顶层"需要兼顾国家智慧城市建设总目标和地方智慧城市建设分目标，系统地"设计"一系列战略性规划和实现路径。

二是理论与实践的耦合对接。智慧城市顶层设计是自高端至低端的设计，高端决定低端。但是顶层的战略目标并不是空中楼阁，它是基于目前科学技术和社会发展的形势综合分析预判出来的，具有可实现性；设计实现的路径紧紧围绕目标分步骤、分阶段，具有可实施性和可操作性。

三是技术与业务的集成融合。智慧城市顶层设计的战略蓝图的实现基于科学技术、政府组织、社会公众等各方面的发展、协同和高效执行，任何一方的短板都无法实现智慧城市建设的有序推进。智慧城市不仅仅是以信息通信技术为代表的技术创新与技术驱动，更是在技术发展的背景下对公共服务与社会治理所带来的融合型改进优化。

5.1.2　智慧城市与系统科学理论

智慧城市顶层设计是一个跨学科的系统研究，这种跨学科性、系统性具体体现在两个方面。一方面，顶层设计作为自然科学的思维方法，被引入社会科学并指导制度、组织、政策的设计与制定；另一方面，智慧城市的提出背景是信息技术推动下的社会治理与公共服务的演变，因而其顶层设计要兼顾信息技术的发展规律以及在此之上的新的社会治理与公共服务模式的演变逻辑。正是由于这种跨学科性和系统性，智慧城市的顶层设计必须建立在能够适应不同学科特征的统一的方法论基础上，才最终能实现理论内部的自洽性。换言之，指导智慧城市顶层设计的方法论必须能够同时适应自然科学和社会科学的发展规律，且在此基础上能够提炼出统一的概念、思想甚至模型。正是出于此种考虑，作为自20 世纪中叶以来逐渐成熟并形成体系的科学理论——系统论、控制论、信息论，以及在此三论基础上更新发展的耗散论、协同论、突变论，都是试图寻找横跨不同领域、不同学科的统一方法论，其所提出的理论观点不仅适用于自然科学领域，而且适用于社会科学领域，从而构成了智慧城市顶层设计的方法基础。系统论、控制论、信息论，以及耗散论、协同论、突变论都试图通过分析类比，描述不同学科、系统和运动现象从无序状态转向有序状态的共同规律。无论是自然系统中的激光、数据、生物，还是社会系统中的企业、组织或公众，尽管它们具有完全不同的属性，但其从无序状态转向有序状态的运动机制却是类似的，甚至相同的。

以信息技术的发展以及相应形成的新业态为基础，探索智慧城市建设的顶层设计，本质上正是要寻找横跨自然科学领域和社会科学领域、适用于不同系统的统一的分析方法和思想原则。正是在这一点上，智慧城市顶层设计与系统论、控制论、信息论，以及耗散论、协同论、突变论产生了共鸣；反过来，系统论、控制论、信息论，以及耗散论、协同论、突变论所提出的关键概念也对智慧城市顶层设计具有极强的指导意义。

5.1.3　智慧城市顶层设计的方法

顶层设计的常见方法包括技术路线图方法、能力分解方法、体系结构方法、风险矩阵方法等。其中体系结构方法注重采用规范化的设计过程，从多个视角对智慧城市体系建设进行描述，关注整体架构、要素关系和主要功能，过程往往包括需求工程、体系结构工程、评估验证等阶段，强调采用成套的方法和制度，制定指导性文件，体系建设具有探索性、创新性、多元性和滚动性等特点，与智慧城市的设计特点契合度较高。根据系统工程理论，建立智慧城市系统首先要规划一个开放、弹性、可扩充的总体架构成熟的体系结构方法，包括 Zachman 框架、开放群组架构框架（the open group architecture framework，TOGAF）、联邦政府总体架构（federal enterprise architecture，FEA）、面向服务架构（service-oriented architecture，SOA）等。

1. Zachman 框架

1987 年，IBM 公司的 John Zachman 首次提出 Zachman 框架，该框架自提出后一直得到众多计算机组织的使用。Zachman 框架用来总结和整合与企业发展系统相关的信息，且由于其在实际的作用中具有规范性与条理性，该框架也广泛应用于多个领域，作为一种用于组织体系中进行流程管理及组织识别改进的主要手段。Zachman 框架是一个综合性分类系统，它通过 6×6 的二维矩阵把系统架构涉及的基本要素划分成 36 种单元，并清楚地定义了每个单元中的内容（组件、模型等）性质、语义、使用方法等，横向代表系统内不同的观点，纵向则代表系统的不同方面。

从 Zachman 框架的矩阵行向量（横向）来看，其因多元化的受众群体而生成了差异化的观点表达，主要包括计划者观点（范围）、拥有者观点（企业模型）、架构师观点（系统模型）、设计者观点（技术模型）、构建者观点（详细描述）和产品观点（系统功能）。这些不同的观点代表了不同的诉求表达，例如，计划者观点主要明确组织的发展方向和建设目的，而设计者观点则主要体现技术的作用能力，即如何通过特定的技术使组织的需求得以满足。从 Zachman 框架的矩阵列向量（纵向）来看，其主要表示的是究竟从该模型中提取出了何种要素，具体包括数据要素（what）、功能要素（how）、地点要素（where）、人员要素（who）、时间要素（when）以及目标要素（why）。这些要素可以明确组织内部重要的对象与组件，调动合适的执行部门，厘清所需的人员支持，确定活动的流程顺序，通过有效的组织与活动来实现既定的业务目标。

Zachman 框架由多个存在一定约束和影响关系的子模型构成，表现出多视图的特征，能够对复杂系统进行分解描述，能够顾及各利益相关者，需求和技术实现能够一一映射，不会规划出冗余功能，以上特点和智慧城市具有一定匹配度。可以通过借鉴 Zachman 框架进行顶层设计，从整体出发，明确在智慧城市系统中不同角色具有的不同作用与关注点。同时，随着社会及公众需求的不断增加所导致的系统冗余情况的出现，在进行智慧城市顶层设计前更需优先考虑架构问题。但就现实的情况来看，Zachman 框架也不是尽善尽美的，该框架只是一种内容分类的方法，在框架具体创建过程与设计方面还缺乏指导性，设计结果的展示也存在不足。

2. TOGAF

1995 年，英国的一个非营利性协会开放组织发布了 TOGAF，该框架以指导企业信息系统的规划设计为主，是一种针对企业架构的设计方法，为标准、方法论和企业架构专业人士之间的沟通提供一致性保障。

TOGAF 将企业架构抽象为四个层次，也是企业信息化的四个重要视角。业务架构层定义业务规则描述、管理描述、组织描述和业务流程描述，是对机构关键业务战略及其对业务功能和流程影响的表达，是为达到目标需要进行的业务过程。数据架构层通过描述逻辑与物理相关的数据资产以及管理数据资源的系统结构，以建立关键信息流模型，从而描述业务事件的输入与输出信息，为应用架构层提供数据支撑，是企业数据组织和存储的过程。应用架构层对企业当前应用系统状态进行描述，厘清了应用系统间的交互关系、应用与核心业务、管理对象的对应关系，同时为应用系统设置了一个安排计划，使各应用相互之间可以通信和交互。应用之间的关系涉及该组织核心的业务流程，是为了达到业务要求而设计应用程序的过程。技术架构层定义支持业务和任务的软硬件基础设施，是系统软硬件进行应用支撑的过程，给出了实现应用架构层与数据架构层的技术途径。

与其他框架的不同之处在于，TOGAF 兼具企业架构理论与具体的架构方法，其架构方法即架构开发方法（architecture development method，ADM），也是 TOGAF 的核心内容。TOGAF 作为一套完整的企业架构模型，通过 ADM 为架构的科学规划提供了可操作的方法体系，构建了企业架构所需要执行的各步骤，其中，每一个步骤都需要依据架构顺序进行迭代循环，如图 5-1 所示。TOGAF 不仅有助于理解企业的业务、技术以及项目之

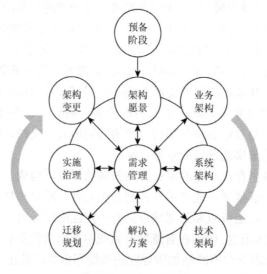

图 5-1　TOGAF 流程

间的协同关系和影响作用，以产生较为标准化、通用化的结果，实现企业整体性的目标，而且适用于以政府为主导的智慧城市建设，通过该框架形成不同业务与技术的关联设计，从而完善智慧城市顶层设计。

3. FEA

FEA 由美国联邦首席信息官委员会在 1999 年提出，是基于总体架构（enterprise architecture，EA）理论针对电子政务早期实施遇到的重复投资、重复建设、效益低下等问题制定的，以促进联邦政府各部门和其他政府实体之间的信息共享、互操作以及通用业务过程的共享开发为主要目的的框架体系。经过 20 多年的发展，FEA 已经成为联邦政府在各机构中间发现差距、共享、合作和复用机会的重要工具，被广泛认为是美国联邦政府电子政务的顶层设计，在美国电子政务集中统一管理中发挥着越来越重要的作用，其对于智慧城市顶层设计也具有一定的指导与借鉴意义[1]。

FEA 由表及里分为四层，第一层通过制定组织未来发展蓝图，从全局的角度提出未来一段时间内组织的发展目标、发展模式、发展方向和体系构成，是整个体系结构的最高层；第二层确定目标业务体系框架，分析总体战略目标相关驱动因素；第三层的要点在体系框架及实际需求的双重推动下，通过建立数据体系、应用体系及技术标准等方式支撑整体业务的发展；第四层则是指数据层面体系架构设立更加具体的模型，指导包含数据体系架构、应用体系架构与技术体系架构在内的多类架构建设。

FEA 的核心内容是建立了一套体系结构框架的参考模型，包括绩效参考模型、业务参考模型、服务组件参考模型、技术参考模型和数据参考模型，具体如图 5-2 所示。

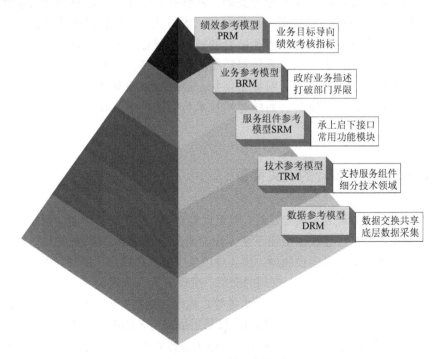

图 5-2　FEA 的参考模型

　　FEA 推动了业务与数据跨部门、跨层级的协同与合作，实现了政府治理能力的现代化，这一目标导向是与智慧城市顶层设计相匹配的。其划分架构片段的原理降低了架构开发的复杂性，且提供了采用增量方式对架构进行开发和维护的可能性，可以充分适应智慧城市顶层设计中的阶段性建设与对不可预见性风险的应对。除此以外，借鉴 FEA，实践工作者不难看出在智慧城市顶层设计中绩效指标的设立、评估和反馈机制的重要性。

5.2　智慧城市顶层设计部署

　　按照系统学的观点，智慧城市属于一个包含多个子系统的开放性复杂巨系统。开放性复杂巨系统由我国科学家钱学森提出，与国外研究中的复杂系统和城市系统有相似之处。开放性复杂巨系统具备三个显著的特征：巨量性、复杂性和开放性。巨量性主要体现在系统内部子系统种类、数量庞大；复杂性体现在其内在子系统种类繁多，每一子系统具有多层结构，子系统、子层次之间存在复杂的交互关系；开放性体现在系统对象及其子系统与外部环境之间有物质、能量、信息的交换，或者通过学习获得新的知识和新的性质[2]。同样，智慧城市作为传统城市的转型升级，是在原有城市复杂巨系统的基础上进行的数字化改造，而非形成一个与城市并列或包含在城市内部的小型系统，它在传统城市既已形成的物质交换基础上增加了数据资源、信息技术的交换共享，加速了原有城市的开放性扩张、复杂性升级，因此，智慧城市具备开放性复杂巨系统的特征。

　　作为一项复杂的系统工程，智慧城市的顶层设计应运用系统思维方法。系统方法是现代科学思维的基本方法，以系统理论为基础，将研究对象作为动态整体加以研究。这种思维方法是目前人类掌握的最高级、最科学的思维方式[3]。智慧城市顶层设计过程是涉及多领域知识、社会理论和信息技术相结合的过程，智慧表现为对知识、信息的综合集成。智慧城市的顶层设计需要基于系统科学相关理论，综合运用顶层设计结构框架构建方法，通过开展广泛的调查研究了解城市现状，描绘城市现有结构、流程与模型的数字化目标愿景，综合比较和确定各种系统建构技术与实施技术，以实现智慧城市顶层设计方案的具体内容。

5.2.1　智慧城市顶层设计的现实背景

　　伴随着智慧城市的试点实践与发展，城市规划人员、相关研究学者、智慧城市建设者逐渐感受到早期智慧城市建设由于缺乏整体性的全面规划与组织部署，导致智慧城市在发展到一定阶段后遇到了诸多建设瓶颈，使其难以从"信息化城市"提升到"智慧化城市"。另外，诸多城市由于资源的短缺、规划的滞后，呈现出某一领域的智慧建设，如北京的智慧交通、重庆的智能燃气、昆明的智能水务等，然而，这些并不能代表全面的智慧城市。同时，智慧城市涉及社会生活的多个领域，极易造成政府各职能部门各自为政的现象，例如，早期政府网站的重复建设、盲目建设等问题在智慧城市建设中也屡次发生，加剧了人、财、物等资源的大量消耗。为此，工业和信息化部、国家发展改革委等八部委联合印发《关于促进智慧城市健康发展的指导意见》，将智慧城市顶层设计规划列为智慧城市建设工作的重点，为智慧城市顶层设计提出了新的要求与思路。

智慧城市的顶层设计就像房屋建设的"蓝图"，作为统领智慧城市建设的重要工具，对城市的各方面进行系统分析和全面控制，采用城市规划的手法开展智慧城市的顶层设计研究，是智慧城市系统化建设的前提条件，同样也是智慧城市可持续发展、高效率运转的根本保障。

（1）智慧城市顶层设计注重技术驱动能力。智慧城市顶层设计以物联网、大数据、人工智能、云计算、区块链等信息技术为建设基础，通过充分感知城市，采集城市运行的海量数据，运用系统结构化的智能设备，快速响应城市发展与运转中的各项问题，实现对城市的全方位监测、模拟、评估、预测、控制与治理。

（2）智慧城市顶层设计注重城乡区域协同。智慧城市建设并非一个城市的"单打独斗"，在城市与城市之间更强调协同合作。因而，智慧城市顶层设计不仅涉及一个城市，而且涉及周边城市的整体性发展和区域城市的协同性发展，需要多个地方政府的通力合作与上级政府的整体性规划部署。同时，智慧城市顶层设计不应局限于城市内部或主城区，而应以地级行政区为单位，强化狭义城市与农村之间的同步发展。

（3）智慧城市顶层设计注重以人为本思想。智慧城市顶层设计需要秉承以人为本的建设思想，从解决城市实际问题出发，通过技术创新手段识别城市发展中的各项问题与危机隐患，并快速高效地解决问题。同时，智慧城市顶层设计要以促进城市基本服务的有效供给为目标，促进城乡之中公众对智慧技术的感知能力、运用能力，从而将公众纳入智慧城市规划与建设的参与者之中，真正实现"以人为本"的智慧城市规划。

可见，智慧城市顶层设计是在政府高层管理者与地方政府管理者之间的密切配合下，根据城市自身发展特色和社会的长远发展目标，从城市行政区划与地方区域发展的全局角度出发，以城市治理的核心工作和社会经济关键问题为重心，以信息技术为主的多项创新发展技术为动能。同时，智慧城市顶层设计需要充分结合城市总体规划、城市基础设施建设与城市治理，确定智慧城市系统总体建设目标、中心愿景、发展战略，部署智慧城市系统总体结构以及各领域各部门子系统的逻辑关系。

5.2.2　智慧城市顶层设计的目标定位

智慧城市的愿景是实现积极汇聚人的智慧、赋予物以智能的城市新形态[4]。智慧城市通过新一代信息通信技术有效完成对现实生活的感知、采集、处理、分析、决策等复杂行为，从而系统输出反馈到城市运营和发展的各方面，使得城市治理更加高效、城市运作更加智能、公众生活更加智慧、生态环境更加绿色，最终实现经济社会活动的最优化发展模式。

具体来说，智慧城市顶层设计的目标定位主要包含四个方面。

（1）社会高智慧。智慧城市需要在教育文化、医疗卫生、计划生育、劳动就业、社会保障等公共服务领域，建成覆盖城乡居民的信息服务体系，使得公众能够更加均等地获取方便、及时、高效的基本公共服务；在市政管理、交通管理、公共安全、应急管理、市场监管、检验检疫等城市治理领域，统筹数字化城市管理信息系统、城乡地理空间信息、城市基础设施设备等资源，促进城市规划与城市治理的数字化、精准化水平大幅提升，实现政府治理能力现代化与治理方式现代化。

（2）技术重应用。以信息通信技术为依托，大力促进技术创新，建设以物联网为基础的信息化基础设施，提升水、电、气、交通、物流等公用基础设施的智能化水平，运用智慧城市管理系统实现城市治理与服务的精准化、协同化、一体化，促进农业、工业、服务业与信息化深度融合。同时，重视信息技术安全长效建设，建立城市信息技术安全保障体系、管理制度、风险防范应急制度等，切实保障公众、企业与政府等数据信息资源与信息系统的安全可控。

（3）经济高效能。智慧城市的建设与发展需要充分结合所在城市的禀赋资源与文化独特性，通过技术手段优化资源配置效率，发挥城市经济增长潜能。同时，充分融合智慧城市建设特点，加速各行各业的跨界互联、集成创新，以质量变革、效率变革、动力变革驱动引领经济社会高质量发展，加快满足高质量发展要求的现代化经济体系建设，满足人民日益增长的美好生活需要。

（4）环境可持续。城市化快速发展阶段所导致的城市病问题往往是由单一发展观引起的。在智慧城市目标定位中，需要始终将环境可持续发展纳入建设目标，统筹兼顾快速发展与环境保护。促进公众生活生产数字化、智慧化水平逐渐提高的同时，运用信息通信技术与信息化基础设施建设，完善水、大气、噪声、土壤、自然植被环境智能监测体系和污染物排放、能源消耗在线防控体系，促进城乡人居环境在智慧城市建设背景下得到改善。

5.2.3　智慧城市顶层设计的原则

智慧城市的顶层设计是在新型城镇化建设基础上，基于城市经济与社会发展现状、面向城市发展规划与布局的创新性活动，它以问题导向为切入点，以信息技术应用为核心，重在解决以人为本、全面感知、效能提升等问题，对城市以及周边地区的长期发展有着深远的影响。因此，对智慧城市进行顶层设计，需要遵循统领全局的指导性原则，各城市、各部门、各系统在分别进行智慧城市规划时，依据既定原则谋篇布局，避免智慧城市建设过程中出现资源浪费、面子工程、盲目建设现象。

结合《关于促进智慧城市健康发展的指导意见》和《智慧城市 顶层设计指南》两份文件中的相关内容，以及地方政府规划建设实践情况，本书总结智慧城市顶层设计的原则如下。

（1）以人为本。智慧城市建设应以人为本，体现为民、便民、惠民、利民的基本出发点，把公众纳入智慧城市多元协同治理体系中，让公众参与智慧城市建设与规划，推动人和城市共同的智慧化发展。在智慧城市建设中聚焦民生建设，推动城市治理创新升级和公共服务智慧供给，向城乡居民提供覆盖范围广、涉及层次多、服务个性化、供给质量高的治理模式与公共服务，使每一个公民都能切实感受智慧城市建设的成果。

（2）因地制宜。依据城市战略定位、历史文化、资源禀赋、产业特色、信息化基础以及经济社会发展水平等方面，紧密结合城市发展需求，合理配置资源，精准开拓市场，科学推进智慧城市建设[5]。准确把握具备区域优势领域、重点领域或急需领域，进行有规划、有设计、有目的的试点建设，有序推动智慧城市各领域的深度发展与横向连接。

（3）协同发展。开展智慧城市规划与顶层设计过程中，应考虑政府与政府之间的协同、政府与企业之间的协同、政府与公众之间的协同。积极探索智慧城市的多元协同发展路径、区域协同利益分配方式，推进建设模式和保障机制创新，实现跨部门、跨城市、跨业务的数据融合、业务融合、技术融合、治理协同和服务协同，以体现数据信息从中心城市向周边县镇的汇聚和辐射，促进智慧城市组态的形成，联动区域城市共同建设智慧城市群。

（4）多元参与。成功的智慧城市治理模式的构建需要更多利益相关主体的参与。通过公私合作与多元参与，推动建设和运营模式创新，注重激发市场活力，建立可持续发展机制。鼓励社会资本参与建设投资和运营，改变政府主导的单一建设模式，杜绝政府大包大揽和不必要的行政干预[6]。智慧城市的规划过程中还应建立不同利益主体共同交流的平台，充分考虑政府、企业、公众等角色的意见表达与利益诉求，最后综合各方建议得出科学方案。

（5）绿色发展。充分考虑智慧城市建设过程中的资源消耗成本与环境破坏成本，在城市承载范围内进行最高效率的智慧城市建设，充分运用智慧化技术实现对环境资源的保护，以实现智慧城市可持续发展与绿色发展。

（6）安全可控。智慧城市规划与建设需要建立在强有力的安全防护措施之上，落实国家信息安全等级保护制度，强化网络和信息安全管理，落实责任机制，健全网络和信息安全标准体系，加大依法管理网络和保护个人信息的力度，加强要害信息系统和信息基础设施安全保障，确保安全可控。

5.2.4　智慧城市顶层设计的内容

智慧城市的顶层设计需要结合地方城市自身的功能定位、所处的地理文化环境、所要达到的目标和解决的问题等方面的情况而定，其内容包括理念建构、资料收集、目标定位、架构设计、实施方案和保障措施六大步骤。

1. 理念建构

智慧城市顶层设计的首要内容是建构智慧城市建设理念。智慧城市的理念本质始终围绕着技术的整合需要，即对分散开发的技术，依据实际操作中表现出的协同关系进行整合和耦合，从而为城市生活品质的提升创造新的机遇[7]。第一，城市自我的智慧城市理念建构。在广义理解的前提下，各城市需要结合自身发展方向，以通用的信息通信技术作为城市运转核心，进行个性化的智慧城市理念建构，这也是智慧城市理念构建的难点与重点。通过城市自我的智慧城市理念建构，可以迅速利用新技术整合本土化和个体化的资源，进行针对性、创新性的建设。第二，政府部门与相关规划者的理念建构。在智慧城市规划前期，需要政府部门与规划设计人员统一智慧城市建设思想，即智慧城市的建设背景、发展现状、理念愿景、社会影响、评价指标等，尤其是后发建设城市，更需要在考虑本土建设情境下总结国内外成功案例的应用经验,在各部门互相配合下完成智慧城市的规划设计工作。

2. 资料收集

资料查找与收集工作为智慧城市顶层设计提供现实依据,主要体现在城市方面基础资料、各部门信息化建设资料与访谈调研后形成的一手材料。

首先,收集城市方面基础资料。智慧城市顶层设计立足于城市总体规划,需要通过相关资料收集了解城市建设的各项基础资料,作为智慧城市顶层设计方案与理念建构的现实根据。这些资料主要包括城市总体规划、政府工作报告以及城市经济区、工业区和高新区的发展规划等。其次,收集城市各部门信息化建设资料。智慧城市顶层设计规划建设与"智能城市""虚拟城市""数字城市""城市信息化"等多种前期建设的共同之处在于都将信息通信技术作为核心动力。收集相关信息化规划,了解各行政职能部门在各自领域已建立的信息化平台、信息化基础设施,有助于将其系统地整合在智慧城市大平台上,可以有效节约资源,避免重复建设。最后,开展广泛的调研与访谈。一类材料主要包括与智慧城市规划建设工作开展有密切关系的重要方的访谈资料,例如,政府主管部门(包括人大常委会办公厅、发展改革委、建设厅、工业和信息化厅、公安厅、民政厅等)近年工作计划的访谈;通信运营商(包括电信公司、移动公司、联通公司、广电公司等)近期工作计划的访谈;公用事业运营商(包括电力公司、燃气公司、自来水公司等)近期工作计划的访谈;重要非政府组织(主要是已接受政府委托进行公共事务管理的、与概念方案内容相关的非政府组织)近期工作计划的访谈[8]。二类材料主要包括学术研究界中关于智慧城市顶层设计理念的解读、学界研究重点内容,以及智慧城市建设中的风险与挑战。三类材料主要从国内外在建智慧城市中调研优秀智慧城市案例与典型智慧产品应用案例,厘清在建智慧城市建设流程与执行流程中的问题。

3. 目标定位

智慧城市顶层设计的战略目标确定是智慧城市成功的先行条件,它是在智慧城市理念建构的基础上,将抽象的愿景与理念具象化为看得见、摸得着的战略目标。

智慧城市顶层设计需要先进行初步的目标定位,必须理清规划城市所承担的国家责任、城市功能定位,充分结合当前城市环境质量、资源禀赋、地理地质条件、气候条件等自然因素,尤其关注当地产业发展与信息化发展的现实情况,明确当前城市发展是否适合建设智慧城市、如何建设智慧城市、如何开展智慧城市的评价考核、何时实现智慧城市建设,从而提出智慧城市顶层设计的总体目标定位。智慧城市的总体目标定位是对愿景的理解与深入,体现城市系统在智慧化发展中的重点领域与预期成效。在初步确定智慧城市总体目标后,需要进一步结合城市现状与智慧城市建设需求,以解决城市问题为出发点,对总目标进行逐步细分,形成更为细化的目标。而对于长期性建设任务,还应明确阶段性目标,在阶段性目标中详细指出主要任务、建设内容和预期建设成果。例如,《上海市推进智慧城市建设"十三五"规划》中指出其总体目标为"到 2020 年……初步建成以泛在化、融合化、智敏化为特征的智慧城市",而其细分目标则聚焦普惠化的应用格局、信息基础设施体系、数据资源利用体系、信息技术产业体系、信息安全保障体系五个方面。

4. 架构设计

通过智慧城市的目标定位所明确的城市信息化、智能化、智慧化的规划内容，在政策法规与相关标准允许的范围内，厘清每一领域的业务系统与各类信息基础设施、信息应用系统的匹配关系，以便为智慧城市的总体架构设计奠定坚实基础。根据国家标准《智慧城市 顶层设计指南》中的相关要求，智慧城市架构主要包括业务架构、数据架构、应用架构、基础设施架构、安全体系、标准体系、产业体系等内容。具体来说：①业务架构。业务架构应充分结合本地区智慧城市的目标定位与资源基础，采用分级分类的方式将智慧城市具体业务领域进行细化，例如，从领域维度上可分为民生服务、城市治理、产业经济、生态宜居，在城市治理中又可细分为安全监管、城市管理与市场监管等子系统。②数据架构。结合业务架构，明确智慧城市数据共享交换的数据流从哪里来、到哪里去，以及如何保障数据的安全性和隐私性，其具体内容包括但不限于数据资源框架、数据服务、数据标准、数据治理等方面。③应用架构。结合业务架构和数据架构相关要求，应用系统功能模块的设计应明确各应用系统的建设目标、建设内容、系统主要功能等，在统筹建设要求下，识别需新建或改建的系统、可重用或共用的系统，并重视应用系统接口设计，明确系统、节点、数据交互关系。④基础设施架构。依据智慧城市基础设施建设现状，结合应用架构的设计，识别可重用或共用的基础设施，提出新建或改建的基础设施，依据"集约建设、资源共享、适度超前"的原则，设计开放、面向服务的基础设施架构，主要包括物理层基础设施、网络层基础设施、计算与存储层基础设施、数据与服务融合层基础设施。⑤安全体系。在国家政策文件中有关网络和信息安全治理要求指导下，结合智慧城市信息通信基础设施相关规划，从规则方面、技术方面、管理方面设计部署网络和信息安全架构体系。⑥标准体系。智慧城市的建设过程是否符合"智慧"的要求，需要通过相关国家标准进行系统性的指导与规范，对于建设成果按照标准进行客观评价。目前，国家层面已出台智慧城市建设相关标准体系，对地方政府建设智慧城市提供指导。⑦产业体系。围绕智慧城市建设目标，结合新技术、新产业、新业态、新模式的发展趋势，基于地区产业基础，细分产业领域，从创业服务、数据开放平台、创新资源链接、新技术研发应用等角度，设计支撑产业生态的智慧产业创新体系。

5. 实施方案

在明确了智慧城市顶层设计的总体架构之后，就要进一步落实可行的实施方案，概貌性地勾勒出智慧城市实施的各方面，主要内容包括主要任务、重点工程、运营模式等。

智慧城市目标定位决定了智慧城市的建设方向，从系统论的角度出发，有机结合架构设计和城市发展现实情境，从而提出主要任务和重点工程。依据业务架构划分法，智慧城市建设的主要任务将从各政府职能部门层面逐步展开，并将各城市发展需求和资源禀赋与智慧城市建设相结合，以此来区分各项建设任务的优先级。平台搭建、产业引领、社会治理、服务供给等方面的任务是智慧城市建设的重点工程，随着工程的逐步实施，城市逐渐完成预期量化目标，并产生对城市经济和社会发展的深远影响。

为了明确不同模式下的政企职责分工、投融资方式和运营方式，需要考虑市场能力、市场化程度、产业链、项目资金来源、财政承受能力、投融资主体与渠道、风险管理与回报机制等多个维度，从政府独立投资建设运营模式、政府投资企业建设运营模式、政企合资下市场化建设运营模式、政府特许市场化运作模式、市场独立投资建设运营模式中进行合理的选择。

6. 保障措施

在智慧城市实施方案基本确定的前提下，需要规划具体的保障措施。智慧城市的主要保障措施是综合性的，主要体现为以下方面：①组织保障，为保障智慧城市顶层设计的有序进行，应设置专门的组织机构和相关领导职能，明确智慧城市建设管控与监督。②政策保障，应建立和完善智慧城市建设相关法律法规、政策文件与建设标准，在制定过程中提供一定的指导和建议，避免与既有政策规划相冲突。③技术保障，对确定的智慧城市规划从技术和安全角度提供可供选择、可实现、可操作的方案与措施。④人才保障，对实现智慧城市发展目标确定、建设项目执行、监督评估改进、业务运营执行等方面的人员提供必要的保障。⑤资金保障，从资金投入的角度，分阶段、分项目对智慧城市规划与实施提供相应的资金保障措施。

5.3　智慧城市的项目管理

5.3.1　智慧城市项目管理的内涵

智慧城市是一项科技含量高、管理跨度大、效果评价难、效益收益慢、维护持续周期长的系统工程项目。目前，我国智慧城市规划、建设、运营管理全过程中存在的问题显著表现在操作指标的规范化与标准性有待完善，针对技术与业务相结合的科学运营程度相对较低，大部分基础设施建设、业务流程优化、数据共享交换等尚未完成。因此，我国地方政府实施智慧城市工程项目的管理难度比较大、风险相对较高。从国外成功的经验来看，想要有效地实施管理，降低建设风险，提高运营效率，需要用到项目管理的一些理论与方法。

作为管理学的重要分支，项目管理理论经过长时间的发展已成为包含范围管理、时间管理、成本管理等在内的系统理论体系，对于推进我国智慧城市建设具有重要现实意义[9]。项目管理概念的核心内容是在有限既定资源约束下，基于系统的观点、方法和理论，有效管理项目全生命周期，进而顺利达成或超出预期目标。项目管理的核心内容包括前提、手段、路径和目的，即在包括从投资决策到目的实现的全生命周期中纳入管理的主要职能。智慧城市的项目管理不同于传统的信息化建设管理模式，政府部门在确定建设智慧城市后，需要整合各相关业务部门与技术部门的成员，组建智慧城市建设小组，从而形成一个多维度统领建设团队。小组组长作为智慧城市建设的领导者，所肩负的责任就是领导他的团队准时、优质地完成智慧城市建设，且在既定预算内实现最终目标。在项目管理理论的指导下，智慧城市建设负责人不仅扮演项目执行者角色，而且参与目标定位、方案选择、计划执行、效果验收等环节，在智慧城市全生命周期中还承担对时间、成本、质量、人力资源等多方面的管理工作。由此可见，项目管理以其自身的独特优势，在政府处理复杂性问题和实现高效率运转中发挥着巨大作用，不失为建设智慧城市指导理论的重要选项。

智慧城市项目管理主要由三个要素构成，即时间、质量和成本。

（1）时间要素是指与时间密切相关的进度计划描述，亦是确保项目在按期按质按量完成前提下的进度管理。进度计划既是一个整体的概念，又是一个局部的概念，因为其不仅规定完成项目所有工作所需时间，也明确项目下各活动的建设周期，而建设周期又依赖于具体的工作范围。准确把握时间要素要求，掌握其最佳状态，即项目按时完成；若项目未在规定时间内建设完成，将对后续工作的开展产生极大影响；若项目提前完成，则可能会产生资源消耗或占用过多的问题。

（2）质量要素是指项目满足需求的程度，该需求可以是明确的，如项目整体质量、各子项目完成质量以及项目成果的质量；也可以是隐含的，如项目建设过程质量等。交付物在项目管理中具有重要地位，这是因为一般定义质量要素通过交付物标准加以衡量。交付物标准包括交付物的各种特性以及这些特性需达到的要求。因此，在项目建设过程中应特别关注项目预期成果特性及其满足实际需求的程度。

（3）成本要素主要指项目形成以及建设过程中所耗费的资源与成本，包括两个部分：一部分是项目成本；另一部分是产品成本。项目成本是项目在形成过程中消耗的资源成本，产品成本则是在既定要求之下实施制造方案所产生的制造成本。

时间要素、质量要素与成本要素构成了一个有机整体，在项目建设过程中必须统筹这三大要素，且三大要素相互影响、相互制约。智慧城市项目管理者或负责人需要平衡三大要素，在外在或内在的压力下，厘清三大要素与项目目标的冲突机理，充分了解城市所处的社会经济环境，重新策划建设计划、适时调整项目目标或寻求其他可行的解决方案，在三大要素中做好取舍、寻找平衡。

5.3.2　智慧城市项目管理的内容

以信息技术应用为主线、城市发展新模式为导向的智慧城市项目建设是一个高度复杂的巨系统，其建设范围和领域包括城市治理与生产的各方面，为市民生活构建高效智能的治理模式，并提供创新智慧的服务。结合智慧城市项目建设目标，在项目管理内容上，智慧城市项目建设主要包含九个方面。

智慧城市项目从其诞生开始，各有关方面都希望项目能够按照既定计划和安排顺利迈向最终的成功。然而，在这过程之中却有诸多因素使得顺利实现目标的期望存在不稳定性，因此要深入了解项目管理的九个方面主要内容：项目范围管理、项目时间管理、项目成本管理、项目质量管理、项目人力资源管理、项目沟通管理、项目风险管理、项目采购管理和项目综合管理[10]。这些方面无一例外地会影响智慧城市建设目标的成功实现，妥善把握这九个方面才能对项目的最后成功产生积极影响。

1. 智慧城市项目范围管理

项目范围管理是对项目的时间和空间上的管理，包括产生项目产品的所有工作以及所用过程，这就要求项目干系人必须在产生什么样的产品以及如何产生这些产品方面达成共识。项目范围管理也是对其生命全周期中涉及的项目白名单和黑名单的界定，即明确项目涵盖和不涵盖方面的定义与控制过程，亦即确定项目中必须包括的内容和一定不能涉及的内容。由此智慧城市的项目范围管理可以依据不同领域进行，也可以划分为不同阶段，进而明确阶段性的建设任务与范围，保障智慧城市在实施过程中的有限性和可控性。智慧城市项目范围管理的主要内容如下。

（1）智慧城市项目范围计划编制。智慧城市项目范围计划编制是将整个项目从空间和时间的角度进行规划与整合，即将产生项目产品所开展的工作或范围渐进明细和归档的过程。其计划编制工作不是毫无依据的空中楼阁，而是基于现实和参考各方面因素所产生的切实可行的方案，例如，智慧教育范围描述首先必须弄清教育信息化前期建设已经进行的技术探索、实践和成果，在智慧城市建设阶段期望达成或者最终实现的目标，基于此才可明确智慧教育需做的具体工作以及明晰其相应范围。接下来便可绘制粗线条的项目范围约定，但是不能将范围计划等同于粗线条的项目范围约定，其需要在此基础上进一步深入与细化。

（2）智慧城市项目范围分解。在得到智慧城市项目范围计划编制后需要对智慧城市项目范围进行分解。因为计划编制是一个较为整体、宏观的描述，其在具体实施之中不易为各方所把握，所以进行项目范围分解显得尤为必要。项目范围分解是将项目主要的可交付成果细化为较小的、易被把握与管理的内容。只有这样才可为项目度量与控制提供明确基准，更为准确地预算项目工期和估算成本。具体到智慧城市项目范围分解，其指导准则是逐层深入、工作分解，先确定各领域项目成果框架，再将各层下的部门工作分解，结合进度划分具有直观、时间感强的特点，将原先看起来非常笼统与模糊的项目目标变得清晰明确，使得智慧城市项目管理有理有据、智慧城市项目团队工作目标清楚明了。如果智慧城市项目范围过大或分解不明确、不合理，会造成智慧城市项目执行过程中的重大任务变更与调整，这就不可避免地对智慧城市项目建设造成工期延长等一系列不良后果。

（3）智慧城市项目范围变更控制。智慧城市由于涉及城市内外部的诸多系统，建设范围的计划制订难以一次性做到完美无缺，在项目实施时，常常需要基于现实情况对智慧城市子系统建设范围进行可控变更。可控变更表示变更的范围、预期结果是可控的，以及所实施的变更程序是可控的。控制好变更必须有一套明确的变更管理规范程序，对变更的实施进行有效管理。通常对于发生的变更，需要按照一套识别程序进行分析，以确定其是否在既定的项目范围之内。如果发生的变更在项目范围之内，就需要谨慎、全面、科学、可靠地评估变更对项目带来的影响，以及如何采取合理有效的措施加以应对，并且使受影响的各方对自己所受的影响有清楚认识；如果变更发生在项目范围之外，则涉及的主体包括智慧城市建设方和投资方，需要其相互之间进行协商，以确定追加费用完成变更或放弃变更。

2. 智慧城市项目时间管理

当今社会，时间越发成为一种财富和资源，所以必须对智慧城市建设进行时间管理。项目时间管理就是为保证项目在规定期限内顺利完成的一系列管理过程，如活动排序、时间估算、进度安排和时间控制等各项工作。具体到智慧城市中，项目时间管理必须统筹项目进度安排和项目各方面内容难度，综合考虑人员的工作量及其所需要耗费的相应时间，依据项目范围管理的相关内容进行工作量的合理分配，并在执行时以既定的时间进度对项目进展进行严格监视控制，最终保证智慧城市建设项目如期交付。为了更好地把握智慧城市项目时间管理，需要对其进行细化分析，其主要包括以下方面。

（1）项目活动定义。智慧城市项目需要依靠团队成员实施以及相关干系人共同努力，确定他们为完成项目可交付成果而必须完成的具体活动就是项目活动定义。其实质与智慧城市项目范围界定与分解有较强的联系性，即将智慧城市建设项目的各部分分解为更小、更易管理的子部分或子项目，从而有助于产生一个更加详细的工作分解结构、支持细节与相关进度安排。

（2）项目活动排序。智慧城市建设项目存在大量的依赖关系，从而产生一定的工作顺序。同时，结合经济发展、政策导向等各种现实因素，项目负责人仍需考虑建设项目的特殊关系和优先关系，此外，也需关注为实现项目目的而展开的项目内外的其他相关工作。例如，智慧交通的治理与实施必然需要建立覆盖全市的传感设备，通过物联网等技术采集城市各方面的交通数据，才能实现基础的智慧治理。此外，交通拥堵问题普遍出现，也逐渐成为诸多智慧城市建设项目优先考虑的建设内容。

（3）项目活动工期估算。通过该活动对整个项目活动的时间有大致了解，为后续的进度计划制订奠定基础。项目活动工期估算是指在确保项目能够按时按质完成的前提下，综合项目范围、资源状况等因素列出项目活动所需工期。在项目活动工期估算完成之后，将量化的工期估算数据文档化并及时完善更新活动清单。

（4）制订进度计划。工期估算为进度计划的制订提供了前提条件，项目的进度计划意味着对项目活动的开始和结束时间做出了明确规定。与此同时，项目下的各子项目的生命周期也得到了确定。进度计划需要设置一个相对准确、完善、有效的进度计划表，主要考虑项目网络图、估算的活动工期、资源需求和共享、进度限制、风险管理计划等因素。

（5）进度计划控制。在得到准确、完善、有效的进度计划表后，更为重要的是依照进度计划表进行执行，这就要求对进度计划进行控制，其不仅保证项目按照既定计划进行，而且在各种内外部因素发生变化且需要对进度计划进行变更时采取及时、准确的管理。一个有效的进度控制的关键在于能够及时掌握、监控项目的实际进度，并将其与计划进行比较，且能够及时采取必要的纠正措施。

3. 智慧城市项目成本管理

项目成本作为项目管理三角形中的一边，是评价项目能否成功的又一个关键因素，影响项目能否成功实现。在智慧城市项目中，一个完整的项目成本管理应该贯穿项目全过程，其实施项目成本管理的最主要目的是保证最终实现可交付成果所耗费的成本不超出既定预算而展开的成本估算、预算编制以及成本控制等管理活动，也可称为一个全面成本管理的诸过程。①成本估算是指基于项目范围管理、时间管理以及所要达成的成果等诸多方面对智慧城市项目所需要资源成本的近似估算；②预算编制是指在得到近似成本估算之后，将整体项目进行分解，依据项目进度安排，将总成本估算合理地分配至各有关活动和工作包中，建立作为度量和监控项目实施过程费用支出依据的成本基线；③成本控制是指在项目具体实施过程中，为确保各项工作在其既定的预算范围内成功进行，对项目预算变更进行谨慎控制，并找出成本上升或下降的原因。

虽然各过程作为彼此独立、相互间有明确界限的组成部分，具体到智慧城市实践中，由于存在交叉重叠，很难辨析其各自独立的界限，同时由于相互影响，其效用功能也混合交叉，又与其他项目管理领域存在相互作用。为保证智慧城市项目的顺利建设和目标实现，必须加强对项目实际发生成本的控制。由于智慧城市牵扯城市信息化建设、公共服务供给、社会治理等多个方面，一旦成本计划失误或者实践中产生成本控制偏差，项目就会难以在既定预算内完成。

4. 智慧城市项目质量管理

作为项目三角形的又一边——智慧城市项目质量管理既是对最终可交付成果的质量管理，也是在实现最终目标的过程中的质量管理，具体表现在项目的服务质量、产品质量、技术质量以及运营质量等各方面都必须严格按照规定的质量要求，才能够确保项目顺利进行和实现高质量的可交付成果。智慧城市项目质量管理需要确保项目建设各项指标和内容能够兼顾时间和成本的需求，其中涉及质量计划、质量保证、质量控制等多项目活动，它们共同确保对智慧城市建设质量政策、目标和责任的严格执行、完成和履行。具体来说，智慧城市的项目质量管理包括质量计划编制、质量保证与质量控制三个主要部分。

5. 智慧城市项目人力资源管理

充分发挥人才的主观能动性，需要一套科学的管理方法，集合各部分资源进行组织和配置，使得人尽其才、物尽其用，维持人力资源和物力资源长期处于一个最佳状态，以便在实施项目的过程中以更小的代价、最短的时间和最低的劳动成本来完成最终的项目目标。智慧城市项目人力资源管理就是基于智慧城市建设项目中对包括项目目标等和各种变量在内的合理、有序分析、规划和统筹，对项目建设周期中所有有关人员与各方（包括智慧城市建设组、各政府业务部门、相关技术部门、社会企业投资方、承建方以及公众等）给予有效的协调、控制和管理，使他们能够与智慧城市项目小组紧密配合，挖掘人才潜力，最大可能地实现满足发展需要的智慧城市目标。

6. 智慧城市项目沟通管理

沟通是一个互动的过程，不仅包括信息的输出，而且包括信息的反馈，其本质是一种信息的交流，是人们彼此之间分享信息、思想以及情感，并建立关系、达成各方接纳的共识的过程。然而，项目沟通管理则将沟通置于项目这个场域之中，保证信息在组织间合理产生、收集、传播、保存和配置，最终实现科学地组织、指挥、协调和控制项目的实施过程。智慧城市项目就像一条"链"，其项目周期的每个阶段即"链"上的每个"环"，只有每个环节的质量、成本、时间等都得到保证，才能确保最终达到目的。为了做好每个阶段的工作，以达到预期标准和效果，就必须在政府部门各层级之间、政府部门与部门之间，以及政府与企业、社会组织等外界之间建立沟通渠道，能够快速、准确地传递沟通信息，以使智慧城市相关负责部门建设协调一致；使各子项目成员明确各自的工作职责，了解他们的工作对实现整个组织目标所做出的贡献和每个岗位应当做出的贡献并进行比较。同时，通过大量信息沟通，剖析智慧城市项目管理，找出其中问题，制定相关政策或变更计划进行合理控制。具体而言，智慧城市项目沟通管理包括沟通计划编制、信息分发、绩效报告与管理收尾四个主要内容。例如，在绩效报告中，智慧城市项目管理建设小组需要及时掌握智慧城市建设进度、目标完成情况和已消耗的成本等关键信息。

7. 智慧城市项目风险管理

智慧城市项目与其他经济活动一样具有风险，会受到政府预算、领导意志、各领导层的审批决策以及实施方的技术水平等诸多因素的影响。因此，智慧城市风险管理是项目管理中的重要环节，如果不能对各类可能产生的风险有较好的识别机制与应急预案，无法很好地掌握风险的来源、性质和发生规律的机理，就会对整个智慧城市项目的进度、成本、质量造成直接或间接的负面影响，乃至终结整个项目。

8. 智慧城市项目采购管理

将智慧城市项目建设视为一个系统，其需要同系统不断产生能量、信息的交换，以达到整个系统的动态平衡，而智慧城市项目采购管理很好地诠释了这一点。项目采购管理就是从组织之外获取货物与服务的过程，并且这个过程不是孤立的或者静止的，其相互之间以及与其他领域之间存在相互作用。项目采购管理对于整个项目管理都具有重要的意义，其是项目执行的关键工作与重要方面，并在某种程度上决定了项目管理的模式，乃至对整个项目的管理起着决定作用。另外，项目采购为整个项目的运行提供了物质基础，其是项目执行的主要内容，必须坚持经济性、合理性与有效性的统一，以达到降低项目成本、促进项目目标顺利实现和成功完成项目的总目的。从采购内容上看，智慧城市项目采购管理包括项目实施所需要的物力资源和技术资源。从局部上看，智慧城市项目又可根据项目特点划分为不同的子项目，每个子项目的采购与管理在类型和方式上也有所不同。从过程上看，智慧城市项目涉及计划下达、采购单生成与执行、到货接收与验收等环节，需要对采购全过程进行严密的全程跟踪和监控，实现对其科学管理。从整体上看，智慧城市项目采购管理可大致分为采购计划制订、采购过程管理和采购成本分析三个部分。

9. 智慧城市项目综合管理

与智慧城市项目综合管理相比，上述部分的管理相对来说都偏局部管理，对各部分管理进行分析与把握，使得各部分的运行达到良好状态后，需要对这些方面进行综合管理，以使得整体运行更佳。智慧城市项目综合管理就是为保证项目各组成部分间达到良好一致性、极强协同性、密切关联性而进行调节的过程，需要尽可能地在各相互冲突目标与方案之间进行权衡与抉择，从而达到或者超出项目干系人期望和要求的目标。为了最大可能地实现智慧城市预期建设绩效，通常会以不同的顺序和严格程度来应用项目管理的过程。在智慧城市项目管理背景环境中，综合管理含有统一、合并、澄清和集成措施，这些措施对完成智慧城市阶段性建设，满足项目组要求、智慧城市建设目标和后期智慧城市运营管理是很关键的。总而言之，综合管理就是要决定在什么时间，集中资源与工作在哪些潜在问题上，权衡考虑各种方案，进而使得各项工作协调有序，促使智慧城市整体项目取得良好结果。

具体来说，智慧城市项目综合管理包括七个主要过程：①制定智慧城市项目章程，正式批准智慧城市建设项目，明确智慧城市阶段性建设目标与内容；②制定智慧城市项目初步范围说明书，概括地说明当前阶段智慧城市建设项目的范围；③制订智慧城市项目管理计划，也就是将确定、编写、协调与组合所有部分计划所需要的行动形成正式文本与文件，使其成为项目管理计划；④指导与管理智慧城市项目执行，按照所确定的计划对项目工作进行指导与管理，达到项目范围说明书所确定的要求；⑤监控项目工作，从项目的启动到结束、项目的规划到执行都进行监控，以达到项目计划所确定的目标；⑥整体变更控制，对智慧城市建设项目变更请求进行严格审查，批准变更并控制可交付成果和组织过程资产；⑦智慧城市子项目收尾，完成智慧城市子项目的收尾工作或阶段性建设内容的收尾工作，结束子项目或阶段性项目工作。

5.4　智慧城市的建设模式

智慧城市建设一方面提高了城市管理者跨领域的协同能力，增强了城市治理的便捷程度、科学程度、智慧程度，另一方面通过优质的公共服务供给与便携化的生活模式改善了地区内公众的生活质量。在长期的智慧城市建设过程中，政府越发需要社会力量的介入，以建设经济效益和社会效益更高的智慧城市产品，进而形成了以资金来源为标准的投资模式、以发展动力为标准的路径模式和以运营管理为标准的商业模式。这些不同的智慧城市建设模式对智慧城市各项目的实施起到了锦上添花的作用，一方面加速了智慧城市产品的高效高能落地，另一方面减轻了政府建设智慧城市的内外压力，对智慧城市的经济发展和管理成效带来了飞跃式提升。本节紧扣智慧城市特征，结合各国家、城市的特点，对国内外智慧城市各类建设模式进行介绍，从而推动智慧城市向更深层次发展。

5.4.1　智慧城市建设模式概述

智慧城市通过大数据、互联网、物联网、云计算和网格化管理等新一代关键信息技术与传统社会活动的融合，实现了对社会系统运转行为的透彻感知、促进了跨领域跨层级的深层次数据资源共享交换，并以可持续创新发展为特征，成为提升城市综合治理能力与提高公共服务水平的城市发展高级形态。人力、物力和财力的多元供给是维持智慧城市高效建设和可持续运营的必要资源。因此，在不同的城市现状下，各类智慧城市项目呈现出不同的建设模式。

1. 明确智慧城市建设主体

（1）地方政府为主体的智慧城市建设。在智慧城市建设的初级阶段，社会企业和民众对智慧城市建设的认识不足，参与智慧城市建设将承担较大风险，同时，早期智慧城市建设以电子政务信息化和部分基础设施投资建设为主，这些特征在一定程度上阻挡了市场主体的进入，而地方政府和国家直属部门自然成为建设智慧城市的主体。在该模式下，地方政府在政策、资源、资金等方面都体现出较强的优势，作为智慧城市项目的规划者、组织者、决策者、投资者和监督者，智慧城市项目几乎被地方政府全盘揽下。具体来说，从国家层面的智慧城市推进政策的制定和地方层面的智慧城市建设落地，政策优势能够适应城市发展需求，快速打通各级部门，充分发挥业务部门加入智慧城市建设的积极性，有效推动建设资源的优化配置，利用财政拨款或智慧城市专项补贴予以资金支持。更重要的是，政府主体的智慧城市建设保障了国家安全信息与公众隐私信息等的封闭管理，防止市场企业过度介入所带来的不可控风险。然而，以地方政府为主体的智慧城市建设项目也存在一定的发展劣势。例如，在智慧城市规划和运营阶段，缺乏市场化运作的灵活性、融资过程中的多样性与技术创新应用中的先进性，导致部分智慧城市建设项目和产品与公众真实需求有一定的距离，在落地过程与后期运营中缺乏持续性的技术升级与服务优化，极大地降低了公众参与和使用智慧城市成果的积极性。

（2）市场企业为主体的智慧城市建设。智慧城市的建设是一项系统工程，在创新城市治理模式的同时，也需要提高公共服务供给渠道与水平，这为市场企业进入智慧城市建设提供了一定的渠道，并逐渐发挥出企业的主导作用。传统城市向智慧发展的过程主要依靠相关信息技术本身的不断发展以及在传统行业、公众生活中的融合应用，而在此过程中，市场的驱动力往往发挥着决定性的作用。企业存在的根本目的是追求利益最大化，其优势在于快速准确地捕捉用户信息、洞察用户需求，并将其转化为生产动力。当前，以互联网公司为主的网络运营商、以通信行业为主的电信公司、以物联网等硬件设备开发集成为主的电子厂商以及以数字化、信息化为投资对象的投资机构逐渐成为智慧城市建设的企业主导力量。这些企业基本涵盖了城市赖以成型的主要业务领域，并且部分企业由于进入市场时间较早，掌握了大量的相关技术资源与社会资源，形成了建设智慧城市的强力优势。《国务院关于促进信息消费扩大内需的若干意见》也指出，鼓励各类市场主体共同参与智慧城市试点示范建设，鼓励市场化投融资、信息系统服务外包、信息资源社会化开发利用等政策。再如，在国务院批准发行的地方政府债券额度内，由各省、自治区、直辖市人民政府统筹考虑安排部分资金用于智慧城市建设，鼓励符合条件的企业发行募集资金用于智慧城市建设的企业债。在国家相关要求与市场需求下，企业参与智慧城市的路径也更加多元化，但市场企业为主体的智慧城市建设难以形成企业单一主体建设形式。这是因为智慧城市建设强调系统的整合，单一系统的独立运行不利于智慧城市长期发展，也会在政府主导下逐渐被市场淘汰。因而，现阶段政府以吸纳企业力量参与城市规划、建设、运营等事务为主，发挥企业在智慧城市中的积极作用[11]。

2. 明确智慧城市建设过程

智慧城市涵盖投资、建设、运营三个主要过程，每一过程阶段因智慧城市项目的差异、城市现状需求的不同而呈现出政企之间不同比例的合作模式与建设重点，从而更好地发挥在投资、建设、运营三大过程中各主体的优势，以实现智慧城市建设的最佳效果。

（1）投资过程。智慧城市建设工程浩大，建设周期长，投入资金大。2020 年发布的《全球智慧城市支出指南》显示，全球智慧城市市场投资总额高达 1144 亿美元，中国智慧城市市场投资总额超过 200 亿美元，远高于全球平均水平。智慧城市建设包括新型基础设施建设、智慧化综合管理平台、相关领域的智慧服务体系等，只有建立合适的投资模式，厘清政府与企业之间的权责利关系，才能促进智慧城市可持续发展。目前，智慧城市建设投资来源主要有三个方面：一是政府财政补贴或政府直接投资；二是企业市场等市场化投资，如投资方与政府签订协议明确投资回报等；三是智慧城市建设本身，主要体现为智慧城市项目趋于成熟后对于技术、服务、数据资源的商业化获利，从而实现资金的可持续回报。

（2）建设过程。作为一个开放的复杂巨系统，智慧城市建设需要在城市不断的发展过程中逐步扩展领域、创新技术、深化服务，导致智慧城市建设的投资回报周期较其他类型项目更长。同时，智慧城市建设过程中的基础设施、系统软件、硬件集成等建设方面往往涉及多个建设方和利益相关方，在建设的不同阶段，政企之间承担的建设内容也不尽相同，因此，因地制宜地选择科学的建设模式尤为重要。

（3）运营过程。智慧城市建设项目经历了投资与建设过程后，需要正式投入运营阶段。智慧城市运营模式与平台的搭建也是一项系统工程，不仅覆盖城市生活与治理的各子系统在运用模式上的协同，而且需要为智慧城市建立可持续发展的运营环境，确保在智慧城市提供服务与治理模式时是有政策依据与法律支持的。与传统城市运营过程相比，智慧城市运营过程需要考虑技术建设的安全稳定与持续更新，也要重视相关智慧治理与服务供给在运行过程中暴露出的新问题、新挑战。由于智慧城市建设主体与建设内容的不同，智慧城市运营过程也存在一定的差异。例如，部分纯经营性项目因能够提供产品和收费来获取投资回报而具有较好的经济效益，其运营的主动权将掌握在投资方手中，而非经营性项目更注重项目本身的社会效益和环境效益，运营过程更体现为现有业务的转型升级，如城市的智慧安防措施、环境智能监控等。

5.4.2　智慧城市建设模式分类

为了提升智慧城市建设效率，降低智慧城市投资风险，促进智慧城市发展水平提升，各城市在建设智慧城市时都会选择与自身发展需求相适应的建设模式，即便是在单一城市内部，也会因项目内容的不同而选择各具差别的建设模式。从整体上看，智慧城市在建设过程中主要形成政府和企业两大主体，这两大主体在智慧城市投资、建设、运营等各过程中因项目内容与领域而具备不同的参与程度与合作模式。通过对国内外智慧城市建设模式的分析，智慧城市建设典型模式基本包含五种形式，如表 5-1 所示。

表 5-1　智慧城市建设模式

模式	投资过程	建设过程	运营过程
政府独立投资建设运营模式	政府	政府	政府
政府投资企业建设运营模式	政府	企业	企业
政企合资下市场化建设运营模式	政府/企业	企业	企业
政府特许市场化运作模式	企业	企业	企业
市场独立投资建设运营模式	企业	企业	企业

1. 政府独立投资建设运营模式

政府独立投资建设运营模式是智慧城市建设项目比较传统的一种智慧城市建设运营模式，这种模式由政府利用自己的资金、凭借自己的技术，对整个智慧化建设进行整体规划、独立投资、独立建设和后期运维。这种模式的优势是政府掌握绝对的控制权，可以在项目规划和建设过程中根据实际业务情况的变化进行使用与经营模式的调整，并且政府在整个建设过程中都能对具体工程进行严密控制与监管，从而防范因相关方过多而可能产生的安全问题。在这种模式下，以非经营性为主的智慧城市项目采纳较多，如智慧政务、公共安全等领域。这种模式往往缺点也非常明显。政府由于需要承担智慧城市某一具体项目的全部费用，将会造成巨大的经济负担，并承担相应的投资风险、运维成本。若政府主体不具有成熟的智慧城市建设经验，可能需承担智慧城市项目运作失败的风险。即使智慧城市项目得以建立，其依然会在建成后遭遇运营风险、资金短缺、人力不足等方面的多重障碍。因此，目前智慧城市建设运营项目不倡导用这种传统的政府独立投资建设运营模式。

美国奥巴马政府时期采用政府独立投资建设运营模式，投入 79 亿美元用于美国智能电网项目。美国政府在智能电网项目中选择该模式的原因主要在于电力行业作为国民生产生活的必要条件，具有较强的公共性，需要政府强有力的介入与控制。同时，美国政府强劲的资金支持和技术产业能够为智能电网的建设落地提供保障。同样在美国，纽约市交通系统因汽车保有量的持续上升而面临较大压力，纽约市交通局通过启用移动中城系统，掌握纽约市的交通状况，并实现智能分析，有效缓解了中央商务区的交通拥堵状况。纽约市所采用的便是政府独立投资建设运营模式，除了必要的资金保障和政策支持外，更主要的原因在于纽约市交通部门具有较强的洞察能力和运营管理能力，能够准确把握城市交通痛点以便对症下药，并且能够承担智慧技术背景下的新型运营模式，提高交通治理效率。

2. 政府投资企业建设运营模式

政府投资企业建设运营模式是指在智慧城市某个项目中，由政府主导并负责主要投资融资任务，以企业为代表的市场主体为该项目提供相关支持，利用自身优势资源与能力开展相关建设工作，并负责对在智慧城市建成后进行日常的管理运营和维护任务。这种建设模式对公众非常有利，在大部分时间和地点他们能够无偿使用或享受智慧城市建设成果，其形式可能是直接感知的（如网上政务服务），也可能是间接影响的（如城市物联网的投放与应用）。采用这种模式，相关的建设成本大部分由政府直接承担，能够较好地减少企业的建设运营成本，又能够保证公民免费、公平地享用智慧城市建设成果的权利。此种模式的优势是政府主体可自主控制与监督运营，保证了政府对智慧城市项目的监管力度与主动权，兼顾政府与市场主体各自的优势力量。企业能够充分借鉴在市场中形成的建设经验和运营经验，合理配置已拥有的各项技术资源、人力资源等，降低了相关成本。政府一方面保证了投资安全性，降低了投资风险，另一方面向建设运营方明确智慧城市相关业务需求，从而避免企业独立建设走入盲区误区，使双方受益。该模式的缺陷则主要表现为政府依然要承担较大的建设费用，形成巨大的资金压力，以企业为代表的建设方虽然承担了建设运营任务，但并没有转移政府主导方的相关风险。同时，由于智慧城市项目仍是政府主导，市场主体对相关产品的规划、发展、运营范围都有所限制，可能减少其原有优势的利用率，降低市场主体的运作灵活性。

新加坡"智慧国 2025"计划是在 2006 年提出的"智慧国 2015"计划的新版。"智慧国 2025"建立了以人为本的 3C 理念，即通过数据共享与交换实现数字与社会的连接（connect）、收集（collect）和理解（comprehend），从而实现决策科学化、公共服务智慧化，以建立全球首个智慧国。新加坡"智慧国 2025"计划采用政府投资企业建设运营模式，通过成立直属总理公署的智慧国家咨询与行政办公室统筹协调全国智慧化建设，汇聚学界与产业界的力量，以信息业与金融业为主，建立与市场的紧密合作，为该计划的实现提供支撑。

3. 政企合资下市场化建设运营模式

政企合资下市场化建设运营模式主要是指政府与企业两个主体在智慧城市项目投资、建设与运营过程中存在明确分工，政府和企业共同负责资金投入，共享项目所有权，但建设和运营部分则主要由企业在合同范围内进行负责，形成政企合作打造智慧城市。在具体实践中，也会因项目需求与现实情况进行必要的调整，例如，在智慧城市某项目建设初期，政府应提供资金支持，以促成相应基础设施的配备，并且政府主体积极建立与健全法律制度，从而使得智慧城市能够有序运转。而企业主体在该模式下主要发挥智慧城市建立后期的运作支持功能，其凭借自身建设与运营优势开展城市建成后的具体运作以及处理相关问题等活动。政企合资下市场化建设运营模式的优势主要体现在政府主体大大减少投资成本，所面临的财政支出负担得以减轻，并且由于政府在建设和运营阶段仅发挥辅助作用，政府需面临的风险相应减小。同时，企业根据市场化需求设置灵活的投资配置和收益模式，兼顾公共服务供给与项目盈利，增强了企业参与智慧城市项目的积极性和主动性。然而，该模式面临着政企间在工作上的协调与产权难以界定的问题，容易产生资源分配、利益分配上的分歧。企业主体还承担了较大的建设运营风险，投资回报的周期也相对较长。

斯德哥尔摩在智慧城市建设中主要采用该种模式解决智慧交通的建设与运用问题。斯德哥尔摩政府将智慧城市项目承包给专门公司，并通过开发交通流量综合控制系统，实现对城市车辆、交通拥堵情况的实时监控与治理。斯德哥尔摩智慧交通系统的成功离不开政府政策的支持、高科技的智能应用、强大的人才储备以及良好的基础环境设施。

4. 政府特许市场化运作模式

政府特许市场化运作模式主要是指政府给予企业主体建设智慧城市的授权,双方达成一定的协议,政府向企业颁发特殊许可,允许企业主体自筹资金、吸引投资,从而建设配备相应基础设施,对前述设施进行持续维护,并提供各类产品以及高质量的服务。在双方协定的经营期满后,政府将通过既定形式获取智慧城市建设中的基础设施以及取消协议中约定的对企业主体的各项授权。在设施运营期间,企业主体凭借所享有的经营权,可以向公众提供一定的有偿服务,从而获取收入。因此,一些投资回报周期短、利润高的项目更能吸引企业以政府特许市场化运作模式与政府合作建设智慧城市。该模式不仅可以为政府节约相当大一笔人力、物力和财力,还能激发社会力量参与智慧城市建设的热情,以此在推动数字经济发展的同时,为公众提供便民高效的公共服务。在实践层面,该类模式由于所有权和移交与否分为建设-经营-移交(build-operate-transfer,BOT)模式、建设-拥有-运营(build-own-operate,BOO)模式和建设-拥有-运营-移交(build-own-operate-transfer,BOOT)模式三类。

BOT 模式由政府认证许可的企业融资建设项目和经营政府支持的特定公共基础设施,并授予参与企业限期内的特许经营权,当项目完成并通过验收后立即将所有权全部转移给所属政府单位,收到建成项目的政府则在特许经营权的期限内将项目的运营权全部委托给参与企业[12]。参与企业经营期间,企业通过开发、运营和维护项目来赚取合理的利润,以及接受政府对该项目提供的补助来回笼资金。经营期满后,企业无偿将经营权转移回政府。BOT 模式的主要优势在于处于投资建设阶段时,政府几乎不会采取相关实际建设行动,政府在该模式中所需面临的风险实际上是微乎其微的。该模式的缺陷也显而易见,企业主体将履行更多职责、肩负更多的城市建设任务,以及承担相应的资金流失、经营亏损等风险。

BOT 模式典型案例是中国台北市无线宽带城市项目建设。台北市采用 BOT 模式,先期通过市场化方式引入安源信息公司的资金来投资基础设施建设,总计 40 多亿新台币,并获得 9 年的网络运营权,到期后再由当地行政部门收回管理经营权[13]。在该 BOT 模式案例中可以获得以下经验:第一,安源信息公司的全面投资、建设和运营使政府很少参与具体事务,风险由政府端转移到企业端;第二,企业所提供的付费服务为企业的资金回转提供了可能,但运营也会存在较大不确定性,难以保证投资额的全面收回并实现盈利。

根据所有权和移交与否,政府特许市场化运作模式逐渐有了其他衍生建设运营模式,其中,BOO 模式是一种全新市场化运营模式。该模式由企业投融资承担项目工程的规划、设计、建设、经营和后期维护等工作,项目期间内不将项目转移回政府单位。系统项目中的硬件和软件产权归属于参与企业,政府单位则主要负责在宏观层面进行协调,为参与企业创造环境及提出需求,且每年政府单位只需支付系统项目的使用费,就能获得系统中硬件和软件的使用权。BOO 模式下,政府极大地放宽限度来激励参与企业从宏观角度考虑整个项目周期,合理有效地建设和经营项目,以提升项目产品和服务质量及经营效率,使参与企业从项目经营中实现盈利。与 BOT 模式最明显的不同是,

BOO 模式没有特许经营期限的枷锁，并能同时拥有和运营项目，即 BOO 模式享有该项目的经营权和所有权。相较于 BOO 模式，BOOT 模式则规定参与企业只能在特许经营期限内才享有项目的所有权和经营权，期满之后项目就需转移回政府单位。BOOT 模式与 BOT 模式的本质区别在于前者比后者在经营期限内多拥有了项目的所有权，参与企业能够更加灵活且自由地将项目转让或者出让，以优化项目的参与企业在项目特许经营期限内的资产负债结构稳定性[14]。

5. 市场独立投资建设运营模式

市场独立投资建设运营模式是由市场主体承担从建设到运维的全部任务，并负担全部费用。政府较难控制和干涉的是智慧城市项目中的建设环节和运营环节。智慧城市项目建设完成后，参与企业拥有该项目的所有权和经营权，因此，需要独立自主地管理、运营和维护项目系统。项目经营期间，参与企业可以分别向社会公众和政府单位提供产品与服务来获得收入，具体来说，政府单位支付公共物品或服务所占用的等价资源，社会公众支付货币购买产品或服务。政府无须在项目中投入建设资金，也无须承担和面临项目投资失败所导致的风险；参与企业全方位地参与智慧城市建设，能更有效地掌控城市建设的宏观方向和微观细节，更能激发参与企业对智慧城市建设、管理和运营的热情。相对而言，其缺点则在于政府对该项目缺乏话语权，使政府主体无法更好发挥监督与管理智慧城市项目的作用，对于社会公众的真实使用感受、需求与数据流量等也难以掌握。

5.4.3　智慧城市的 PPP 模式及其动力

政府和民营资本合作（public-private partnership，PPP）模式是当代公共管理新方法中的一种市场化工具。市场是公共部门配置资源的重要手段，利用市场的自由竞争机制为社会提供公共物品和服务，从而实现公共管理的目标，即市场化工具。政府的核心业务是政务，政府不可能也不必要完全依靠自己的力量进行智慧城市的开发、建设、运营和维护，PPP 模式是智慧城市建设的重要途径之一。PPP 模式不仅能提高智慧城市建设运营维护的质量，而且能节约公共管理成本，精简公共管理人员，提供服务效率。智慧城市建设 PPP 模式已经成为智慧城市项目的主流发展趋势。

1. PPP 模式的定义和分类

PPP 模式是政府与私营企业在公共基础设施建设和提供公共服务等方面的合作。在 PPP 模式下，政府部门鼓励私营企业和私人资本与其合作，共同投融资参与公共领域或准公共领域的项目，在此基础上使合作双方都取得比传统的单独运行更令人满意的结果。PPP 模式不仅是政府参与公共项目的一种强力的融资手段，更是一次打破传统行政体制、财政体制和投融资体制的变革，它有利于厘清政府部门与市场的关系，其不仅能使市场在资源配置中发挥决定性作用，而且能为智慧城市建设项目注入强有力的社会资本[15]。

PPP 模式的概念非常广泛，仅包含的实现形式就有十多种，BOT 模式、BOOT 模式、政企合资下市场化建设运营模式等从本质上也属于广义 PPP 模式。多个国际组织或机构对 PPP 模式进行了科学的分类和研究，充分结合我国的国情与已有智慧城市建设项目的实际情况，智慧城市的 PPP 模式形成三个典型类型：合同外包、特许经营、私有化。一旦政府选定采用 PPP 模式的某一类型开展智慧城市建设，还需结合项目的实际情况采取各不相同的实现形式。因此，PPP 模式分类的广泛性将会在其应用过程中产生差异化的结果。

（1）合同外包。由政府部门投资的智慧城市合同外包类 PPP 项目将整个项目中的一项或多项职能外包给私营企业，例如，私营企业只负责项目工程的基础建设，或者政府部门委托私营企业代理管理和维护项目设施，或者政府部门委托私营企业向社会提供公共服务和公共物品。对于私营企业来说，合同外包类 PPP 项目所需要承担或面临的风险相对较小。

（2）特许经营。特许经营类 PPP 项目的资金来源于政府部门和私营企业，这类项目需要私营企业承担部分比例或全比例的投资，双方在一定的合作机制下分担项目风险，共享项目收益。轨道交通这种准公益项目就是这类项目的代表，在政府部门与私营企业共担风险及共享收益的基础上，政府部门不仅能拥有轨道交通的所有权，而且能有效地提高交通运输的服务质量。因此，特许经营类 PPP 项目受到政府部门高度重视。BOT 模式、BOOT 模式和建设-租赁-经营-转让（build-lease-operate-transfer，BLOT）模式是具有代表性的特许经营类项目模式。

（3）私有化。私有化类 PPP 项目要求政府部门与私营企业通过建立一定的契约，使一些公共领域的项目按照既定的方式转化成私营企业所有的项目。在政府部门的监管下，项目的全部资金需要私营企业承担，企业通过向使用者收费的方式来回笼投资并实现盈利。正是由于项目的所有权会转让至企业，该模式无法实现有限追索，并且对于企业来说，该模式所需要承担或面临的风险是最大的。因私有化程度不同，私有化 PPP 模式可以划分为两种形式：完全私有化、部门私有化。具体来说，完全私有化便是 BOO 模式；部分私有化可以通过政府部门转让股权给私营企业来实现，如在智慧城市基础设施建设大背景下的轨道交通项目。

2. 智慧城市 PPP 模式的发展动力

（1）降低智慧城市的建设运营成本。目前我国的经济正处于可持续发展、稳定增长的时期，传统的以财政投入为核心驱动力的方式暴露出严重问题——项目不可持续。智慧城市建设采用 PPP 模式，政府不需要过多地进行资金投入，这就改变了以往“只管投入，不管收益；只管建设，不管经营”的现象，在一定程度上减轻了政府的财政压力。承包商（企业方）则可以在多个项目之间实现软硬件技术、人力资源和知识的共享交流，盘活社会存量资本，促使其规模发展更大、成本更低。智慧城市 PPP 模式充分发挥了政府和企业的各自优势，使得两者实现优势互补、利益共享，同时大幅度降低了政府的建设与运营成本。

（2）优化政企资源配置的坚实保障。根据 PPP 模式风险最小化和收益最大化的原则，其不仅能在优化资源配置上展现出明显的作用，而且能厘清政府部门与参与企业在项目过程中的责任、权利与义务的关系，分配风险应对方式与范围。项目运营期间，政府采用公众意见作为监管项目运营的绩效评估内容和检测分析条件，通过社会公众监督、绩效评估激励、政府制度层面扶持、企业技术和服务供给等环节的结合，保障双方均能发挥各自的长处，实现项目成果的最优化[15]。

（3）提高服务质量与运营效率。智慧城市项目如果完全由政府提供，则会具有一定的垄断性，一旦缺乏行业竞争力，没有利润推动和有效的责任机制与监督机制，就会出现工作效率低、服务质量差等问题。PPP 模式引导政府将战略规划职能、市场监管职能、公共服务职能与私营企业的效率优势和技术创新优势相结合，推动了政府角色的转变——从管理者转变为监督者和合作者。在新的角色下，作为监督者的政府能迅速厘清政府和市场的界限，防止政府过度干预，提高政府管理者的法律意识、市场意识和契约意识，能更好地履行公共职能、实现简政放权[15]。PPP 模式下，参与企业则负责运营智慧城市项目和提供专业的公共服务，政府预设多种渠道和项目吸引私营企业的深度参与，从而发挥市场对于资源配置的决定性作用，并激发市场的活力和创新能力。为提高智慧城市项目建设和运营的质量，政府部门将会引入多家企业、预设不同形式促使企业竞争，从而实现竞争——提升公共产品和服务水平——竞争的良性循环。

（4）降低政府部门的技术风险。伴随着信息技术尤其是网络技术的蓬勃发展，最近几年智慧城市项目得到了迅速的发展，政府在利用信息技术实现城市功能智慧化的同时，也面临越来越大的挑战。信息技术更新换代速度较快，使得政府部门难以从技术层面上时刻跟进信息技术的快速发展，所以只能依靠非专业性的技术与信息化企业进行谈判，这就是大量看似规范、质量高的招投标项目最终失败的根本原因。如果将智慧城市项目中政府自身难以完成、对技术依赖性较高的部分通过 PPP 模式交给相关科技创新企业、互联网公司、科研机构等，那么本来由信息化主管部门去承担的技术风险将会极大部分地转移到承建方身上。

（5）解决智慧城市项目后期投资不足。智慧城市项目提供的大多数是公共物品，参与的也是公共领域内的治理问题，具有明显的非排他性和非竞争性特征，意味着智慧城市相关成果在一定程度上是可以无偿提供、免费使用的，因此，大多数智慧城市项目的负载和使用都非常高，而随着负载的增加，常常需要增加投资以满足网络宽带的使用、数据的存储、硬件设备的损耗换新需求。通过 PPP 模式，市场为收回投资、获得利益，需要在特许经营期内保证智慧城市系统的正常营运，从而促使服务供应商利用自身资源扩大项目投资，解决在建设与运营过程中出现的新问题，这在一定程度上解决了智慧城市项目后期投资不足的问题。

（6）推动政府职能转变。智慧城市项目 PPP 模式是政府的一种战略管理工具，更是政府部门公共治理的一种策略。智慧城市项目 PPP 模式不仅为政府部门带来了全新的管理理念、管理机制，而且促使了行政官员角色的转变，使他们可以不再作为服务的直接生产者和提供者，而是项目合同的管理者、监督者和评估者，可以选择、监控和评价服务的供应商。智慧城市项目 PPP 模式本身就是政府职能转变的一种表现方式，通过将传统政府中一定的业务外包给专业化的公司，政府部门更好地履行行政管理方面的职能，为相关企业提供服务，通过最少的代价实现最多的功能，在一定程度上向服务型政府转变。

参 考 文 献

[1] 王璟璇，于施洋，杨道玲，等. 电子政务顶层设计：FEA 方法体系研究[J]. 电子政务，2011（8）：19-29.

[2] 钱学森，于景元，戴汝为. 一个科学新领域——开放的复杂巨系统及其方法论[J]. 自然杂志，1990（1）：3-10，64.

[3] 赵妍. 系统思维方法在管理科学中的应用探讨[J]. 系统科学学报，2015，23（1）：88-89.

[4] 许庆瑞，吴志岩，陈力田. 智慧城市的愿景与架构[J]. 管理工程学报，2012，26（4）：1-7.

[5] 关静. 智慧城市中的智慧政府：核心特征与目标设定[J]. 长白学刊，2013（3）：70-74.

[6] 李韶驰. 广州建设新型智慧城市的对策研究——基于伦敦智慧城市建设经验的借鉴[J]. 智能城市，2019，5（17）：1-4.

[7] 迈克尔·巴蒂，赵怡婷，龙瀛. 未来的智慧城市[J]. 国际城市规划，2014，29（6）：12-30.

[8] 程大章. 智慧城市的顶层设计[C]. 天津：2014（第九届）城市发展与规划大会论文集——S08 智慧城市、数字城市建设的战略思考、技术手段、评价体系，2014：57-60.

[9] 李炎清. 基于项目管理的大学生活动管理研究[D]. 武汉：华中科技大学，2011.

[10] 吴吉义，邵晨. 电子政务建设中实施项目管理的必要性[J]. 电子政务，2005（11）：53-58.

[11] 董莎，李娟. 智慧城市建设主体的运作体系解析[J]. 中国管理信息化，2017，20（6）：194-195.

[12] 路永华，李海燕. 智慧城市项目建设运营模式对比分析[J]. 物联网技术，2019，9（9）：74-78，81.

[13] 隔晓华. "无线城市"业务体系研究[D]. 南京：南京邮电大学，2012.

[14] 佘健明. 积极运用 BOT 投融资方式[J]. 中国投资与建设，1997（8）：4-5.

[15] 张延强，单志广，马潮江. 智慧城市建设 PPP 模式实践研究[J]. 城市发展研究，2018，25（1）：18-22.

第6章 智慧城市管理体制和机制创新

习近平总书记在浙江杭州考察时指出,"让城市更聪明一些、更智慧一些,是推动城市治理体系和治理能力现代化的必由之路,前景广阔"①。这说明智慧城市是助力城市治理体系和治理能力现代化的重要手段。如果说科技支撑是推动智慧城市建设的硬实力,体制机制创新则是推动智慧城市建设的软实力,只有科技支撑和体制机制创新实现无缝对接,"两条腿"和谐走路,实现智慧城市建设目标才指日可待。因此,本章主要从智慧城市管理体制和机制方面展开论述,从内涵、价值取向、内容体系、实践等方面回应智慧城市管理体制和机制创新问题,在厘清智慧城市管理体制和机制创新内涵、价值取向、内容体系的基础上,通过经典案例展示智慧城市在管理体制和机制创新方面的实践,以期系统而全面地认识智慧城市管理体制和机制创新问题。

6.1 智慧城市管理体制创新

6.1.1 智慧城市管理体制创新的内涵

界定智慧城市管理体制创新建立在正确认识智慧城市和管理体制的基础上,只有精准地把握智慧城市和管理体制内涵,才能系统而全面地认识智慧城市管理体制创新内涵。体制是指国家机关、企业和事业单位在机构设置、领导隶属关系和管理权限划分等方面的体系、制度、方法、形式等的总称。相较处于宏观层面的制度,体制位于社会体系的中观层面,侧重于表述制度系统。管理体制则将体制限定在了管理领域,管理体制创新是指国家机关、企业和事业单位在机构设置、领导隶属关系和管理权限等方面的突破、变革,改变了原有的管理体制。智慧城市概念起源于 IBM 公司主题报告中提出的"智慧地球",当前对智慧城市的定义,国内外尚未形成统一概念,中西方语境下对"智慧"一词的理解也有所不同,但主要从技术、城市发展、社会三个维度展开阐述[1]。

从技术维度看,Hollands[2]认为,智慧城市通过部署信息通信技术相关的基础设施来提高城市管理;李德仁[3]提出,智慧城市以数字城市的数字框架为基础,通过先进的信息技术,为城市建设的各领域提供智能化服务。从城市发展维度看,智慧城市被认为是一种综合城市管理、产业发展、公共服务、行政效能为一体的城市全面发展战略[4],而国家八部委认为智慧城市是一种新的理念与模式,它通过运用物联网、GIS 等先进的信息技术,实现城市的规划、建设、管理和服务等方面向智慧化的方向转变。从社会维度看,智慧城

① 新华网. 让城市更聪明更智慧——习近平总书记浙江考察为推进城市治理体系和治理能力现代化提供重要遵循[EB/OL]. (2020-04-04) [2021-12-14]. http://www.xinhuanet.com/2020/04/04/c_1125814356.htm.

市不仅是一种信息技术的应用、一种新的城市形态，更是一种以创新为特征的可持续的社会生态变革[5]，而推动这种社会变革需要深刻的社会生态转型，组织和个人的生活方式都会发生改变[6]。

因此，智慧城市管理体制创新主要围绕智慧城市展开，是政府围绕智慧城市建设问题在管理体制方面的突破与变革，以期更好地推动智慧城市建设，让城市更聪明一些、更智慧一些。

6.1.2　智慧城市管理体制创新的价值取向

1. 民益至上、精准施策

智慧城市管理体制创新应当坚持民益至上、精准施策的价值取向。党的二十大报告中强调，坚持人民城市人民建、人民城市为人民，提高城市规划、建设、治理水平。这就要求我们必须把建设智慧城市作为构筑人民高品质美好生活的重要举措，深化数字便民惠民，拓宽智慧城市的应用场景，探索智慧城市的实践模式，创新智慧体制机制，让亿万人民共享信息化数字化的发展成果。民益至上要求以满足人民群众现实需要为出发点，增强人民群众获得感，弄清智慧城市体制创新的最终目标，不是迎合上级部门绩效考核，也不是随意打着智慧口号漫无目的地开展行动，而是将人民利益放置到最高层面，解决人民群众密切关注、亟须解决的现实问题，急人民群众之所急，解人民群众之所需，这也是对坚持以人民为中心的发展思想的现实体现，而以人民为中心的发展思想继承了马克思主义经典作家运用系统方法论述发展问题的优秀基因，同时被赋予新的内涵，在发展理念、发展布局、发展举措、发展过程等层面清晰展现了中国共产党人发展思想的整体性、关联性、结构性、动态平衡性、开放性等特征[7]，它应当被认真地贯彻到政治、经济、社会和文化等诸多领域。精准施策要求智慧城市管理体制创新应当追求精细、准确，精准施策是对精准治理思想的实践。当前，精准治理思想正向各领域扩散，例如，公共服务要求精准供给、绩效管理要求精准评估等，回归到智慧城市管理体制创新领域，精细意味着智慧城市管理体制创新应当改变粗放型决策模式，努力朝向精细型决策方向发展，从而提升智慧城市管理体制创新决策科学性，准确意味着智慧城市管理体制创新符合实际情况和预期，因地制宜，因时制宜，在做好调研的基础上决策，切忌形式主义、冒进主义。

2. 质量优先、兼顾效率

智慧城市管理体制创新应当坚持质量优先、兼顾效率的价值取向。质量与效率关系问题是摆在众多问题面前的关键一环。例如，改革、立法等需要思考质量与效率的关系问题，因为质量和效率的关系直接决定了改革和立法方向，质量优先和效率优先决定了不同的改革和立法路径。"质量"初为描述事实而不做价值判断的词汇，后期具有"优秀等级"含义，故而透露出质量渐有追求优异的意味，而"效"即效果、功效，"率"即比例、比率，"效率"主要指单位时间内完成的工作量。可以明确的是，质量和效率在改革和立法中均扮演着重要角色，不能一味地追求质量而忽视效率，也不能盲目地追求效率而忽视质量，理性状态是实现质量和效率的动态平衡，即在改革与立法过程中兼顾质量和效率，进而根据具体情况，对治理和效率展开最优配置。回归到智慧城市管理体制创新领域，智慧城市管理体制创新属于改革范畴，但与经济改革不同的是，智慧城市管理体制改革更多涉及民生建设领域，是对城市社会治理和公共服务领域的突破与变革，引导城市社会治理和公共服务朝向智能化、智慧化发展，而社会治理和公共服务与人民群众的日常生活密切相关，是政府与人民群众密切互动的关键领域，人民群众在社会治理和公共服务中的满意度直接与政府信任度、合法性相关联，人民群众满意度越高，政府信任度和合法性越强；反之，人民群众满意度降低，政府信任度和合法性则会变弱。因此，应当高度重视智慧城市管理体制创新质量，追求管理体制质量，兼顾效率，在有效控制创新成本的基础上做到人民群众满意。

3. 领域有别、分类实施

智慧城市管理体制创新应当坚持领域有别、分类实施的价值取向。究其原因，智慧城市管理体制创新是一项系统性工程，既然属于系统性工程，则适用于系统管理理论，需要处理好系统与要素之间的关系问题，只有妥善处理好系统与要素关系，实现系统对要素的引领目标，发挥要素对系统的促进作用，才能有序推动智慧城市管理体制创新。如果将智慧城市管理体制创新视为一个系统性活动，智慧城市管理体制中涉及的政府管理体制、经济管理体制、社会管理体制和文化管理体制创新则是系统性活动的有机构成部分，且政府管理体制、经济管理体制、社会管理体制和文化管理体制创新的属性各不相同，因为政府管理、经济管理、社会管理和文化管理分属不同领域，这些领域具有不同特征，并非完全相同，只有寻找到适宜这些领域特征的创新方式才能实现机制创新的最优化。领域有别是指从政府管理、经济管理、社会管理、文化管理等领域出发，寻找适应这些不同领域的管理体制创新方式，从公共政策制定层面对其做出有效区分；分类实施是对领域有别的进一步发展，在领域有别的基础上开展分类实施活动，按照唯物辩证法的重要观点，严格遵从具体问题具体分析原则，充分按照领域的基本属性与特征，选择不同主体和方式对智慧城市管理体制做出突破与变革。

6.1.3　智慧城市管理体制创新的内容体系

智慧城市管理体制创新的内容体系是摆在智慧城市管理体制面前的重要问题，但不同划分标准下，智慧城市管理体制创新的内容体系表现形式不尽相同，我们偏向于将领域作为划分标准，认为智慧城市管理体制主要包括政府管理体制、经济管理体制、社会管理体制和文化管理体制等内容（图 6-1），主要目标是以数字化和智慧化为指引，引导城市中的政府管理体制、经济管理体制、社会管理体制和文化管理体制朝向数字化、智慧化发展。具体而言，智慧城市政府管理体制创新主要突出政府内部管理中对新一代信息技术的运用，打造数字政府，是政府治理方式和结构的变革。智慧城市经济管理体制创新主要是指利用新一代信息技术充分发展经济，实现新一代信息技术与经济领域的有机结合，打造数字经济。智慧城市社会管理体制创新主要是指利用新一代信息技术变革社会治理方式，打造智慧民生。智慧城市文化管理体制创新主要是指在文化领域嵌入新一代信息技术，实现新一代信息技术与文化的融合，打造数字文化。

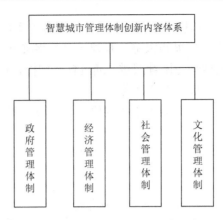

图 6-1　智慧城市管理体制创新内容体系

6.1.4　智慧城市管理体制创新的实践

浙江省杭州市的"城市大脑"是智慧城市管理体制创新的典范，"城市大脑"概念由刘锋团队于 2015 年 2 月率先提出，他们认为"城市大脑"是基于互联网大脑模型的类脑城市架构，包括城市中枢神经（云计算）、感觉神经（物联网）、运动神经（工业互联网）、神经末梢（边缘计算）、城市智慧（大数据与人工智能）、神经纤维（5G、光纤、卫星等通信技术）。在城市类脑化过程中，城市建设主要围绕两大核心：一是建设城市神经元网络，以实现城市中人与人、人与物、物与物的信息交互；二是建设"城市大脑"云反射弧，以实现城市服务的智能反应。

截至 2019 年底，杭州"城市大脑"中枢系统已升级到 3.0 版本（图 6-2），基本构建了"中枢系统+部门（区县市）平台+数字驾驶舱+应用场景"的城市大脑核心架构，接入了 4500 个应用程序接口（application programming interface，API）和 3200 个数据指标，日均 API 调用 760 万次以上，有力地支撑了数字驾驶舱和应用场景的建设；148 个数字驾驶舱已接入覆盖全市 49 个市级单位，15 个区、县（市）（含钱塘新区、西湖景区），13 个街道及 2 个区级部门；已建成涵盖公共交通、城市管理、卫生健康、基层治理等 11 大系统的 48 个应用场景。"城市大脑"是为城市生活打造的数字化界面，城市管理者可以通过"城市大脑"提高公共资源配置效率和城市治理水平，市民可以通过"城市大脑"更好地感受城市脉搏并享受城市公共服务。这些均得益于杭州市在智慧城市管理体制方面的创新。杭州市政府努力克服障碍，积极打通政府部门内部壁垒，积极改变条块分割现状，以期以整体性政府形象实现数字政府目标。

"城市大脑"不仅在"平时"好用，在"战时"也很管用。在新冠肺炎疫情防控的关键时期，杭州市于 2020 年 2 月 11 日率先推出健康码，并将"城市大脑"涉及的中华人民共和国国家卫生健康委员会（简称国家卫生健康委）等相关部门的公共数据共享，实现对人员流动情况的及时掌控。健康码不仅方便了外来务工人员，而且为城市管理者提供了人员流动的翔实数据，为管理者有效防控疫情提供了有力的数据支撑，激活了战"疫"下的经济发展新动能。2020 年 3 月 31 日，习近平总书记在杭州"城市大脑"运营指挥中心观看"数字杭州"建设情况，了解杭州运用健康码、云服务等手段推进疫情防控和复工复产的做法。习近平总书记指出，"'城市大脑'是建设'数字杭州'的重要举措"[①]。在杭州市推出健康码之后，全国其他地方陆续跟进，通过精密智控，有效推进疫情防控工作。如今，杭州市健康码已逐渐从"战时"转化为"平时"，不断拓展深化后应用于城市全人群、生命全周期和健康全过程，能够有效推进"健康杭州"公共服务平台建设。

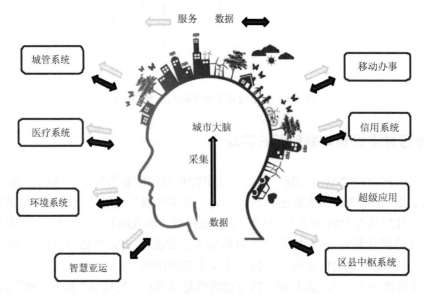

图 6-2 杭州"城市大脑"示意图

6.2 智慧城市管理机制创新

6.2.1 智慧城市管理机制创新的内涵

界定智慧城市管理机制创新建立在正确认识智慧城市和管理机制的基础上，只有精准地把握智慧城市和管理机制内涵，才可能系统而全面地认识智慧城市管理机制创新内涵。机制原指机器的构造和运作原理，借指事物的内在工作方式，包括有关机构组成部分的相互关系以及各种变化的相互关系。相较处于宏观层面的制度，机制位于社会工作体制的微观层面，侧重于表述"制度运行"。管理机制创新则主要是指事物内在工作方式的突破与变革，既包括有关机构组成部分的相互关系突破与变革，也包括各种变化的相互关系突破与变革。智慧城市管理机制创新则是将管理机制创新限定在了智慧城市领域，在智慧城市领域审视管理机制创新问题，因此，智慧城市管理机制创新是指智慧城市在管理机制方面的突破与变革。相较于智慧城市管理体制创新，智慧城市管理机制创新更加微观，直接作用于城市居民的日常生活中。

---

① 新华网. 习近平：运用信息化让城市变得更"聪明" [EB/OL]. (2020-04-01) [2021-12-14]. http://www.xinhuanet.com/politics/2020-04-01/c_1125797896.htm.

6.2.2　智慧城市管理机制创新的价值取向

1. 技术赋能、数据跑路

智慧城市管理机制创新应当坚持技术赋能、数据跑路的价值取向。技术赋能主要指将互联网、大数据、区块链及人工智能等新一代信息技术充分嵌入智慧城市管理机制创新中，利用新一代信息技术的特有属性推动智慧城市管理机制提质增效。互联网可以改变智慧城市管理的物理空间，将物理空间转变为数字空间，打破时空条件给智慧城市管理带来的阻碍，给人民群众带来更多便捷。用数据跑路、用数据决策是大数据时代对政府行为的基本要求，充分利用大数据技术推进智慧城市管理机制创新有助于提升公共决策科学性、增强基层政府执行力。大数据是指海量或者巨量数据，不仅具有大容量、高速度这样的技术属性，还具有大价值、关注相关关系这样的社会属性，呈现出流动性、多元化、虚拟性以及相互依存性等特征[8]。区块链作为互联网时代信息技术发展的新成果，能够以技术赋能方式优化公共部门治理流程，不仅在理论上提供解决公共信任问题的有效方案，而且在技术应用场景、社会治理智能化和国家宏观政策层面具备现实可行性[9]。将区块链技术与智慧城市管理机制创新有机结合，充分利用区块链技术创造智慧城市管理机制新价值，是提升公共部门治理绩效的必然选择。人工智能不仅是改变人类生活的新技术，而且是一场前所未有的对人类生活产生强大冲击的社会革命[10]。人工智能技术可以将人从繁杂的智慧城市管理中解放出来，以大数据为基础，实现智能机器与智慧城市管理结合，推动智慧城市管理迈向更高版本。

2. 政社联动、共赢共享

智慧城市管理机制创新应当坚持政社联动、共赢共享的价值取向。习近平总书记在党的二十大报告中强调，"夯实国家安全和社会稳定基层基础"，"完善社会治理体系"。完善社会治理体系是全社会的责任，必须充分发挥政府、市场、社会在社会治理中的积极作用。政社联动是党和国家做出的顶层设计，希望将其不断嵌入政治、经济、社会、文化等领域。政社联动要求政府和社会组织通力合作，改变政府垄断各种社会事务的状态，由垄断转变为政府主导、多元共治局面。人类社会正处于由一个具有低风险性和低不确定性特征向高风险性和高不确定性特征转变的过程，政府在应对日益复杂的社会事务时稍显力不从心，或者说单独应对日益复杂的社会事务需要付出更高代价，而集中多元主体优势共同应对日益复杂的社会事务可能更好地解决问题。在党的二十大报告指出"健全共建共治共享的社会治理制度，提升社会治理效能"，进一步明晰了政社联动的必要性。"共"字即共同、一起，希望充分发挥社会力量的作用，让社会力量充分参与社会治理，使社会力量成为社会建设的主力军。智慧城市管理机制创新更多地涉及人民群众的各方面，直接作用于人民群众的日常生活，让人民群众直接参与智慧城市管理机制创新，不仅有助于提升人民群众参与公共事务的积极性，而且增强了智慧城市管理机制创新的现实可行性。智慧城市管理机制创新的主要目的是满足人民群众现实需要，提升人民群众获得感（人民群众对于自身的需求最为了解，他们可以直接将现实需求反映给政府），在公共政策制定过程中有针对性地解决人民群众需求问题。

3. 因地制宜、执行有力

智慧城市管理机制创新应当坚持因地制宜、执行有力的价值取向。因地制宜是对唯物辩证法中矛盾特殊性观点的一种实践，即无论是主要矛盾、次要矛盾，还是矛盾的主次方面均具有一定的特殊性，这使得对待问题时应坚持具体问题具体分析思维方式。具体问题就是在一定条件、地点、时间下客观事物的多样规定性统一或一定条件、地点、时间下的客观事物的多样规定性统一在思维中的再现[11]，与之相对的是抽象问题。因地制宜原则的运用可以追溯很长历史，早在春秋战国时期，则有思想提及此，儒家学派创始人孔子提出的"因材施教"与"因地制宜"实则属于同一语境，虽然针对的具体问题有所不同，但对其内涵在本质上的把握与理解则没有任何区别。因地制宜不仅要求对待具体问题应坚持具体分析原则，还需要在分析基础上恰当地解决问题。智慧城市管理机制创新不应"一刀切"，要求所有城市采用标准化的创新措施，实施标准化管理原则，而应当根据城市自身的特色和能力开展创新行为，尤其是城市特色，这是每个城市的灵魂，脱离了城市特色的创新行为对于城市长远发展是不利的。因此，在智慧城市管理机制创新中应当坚持因地制宜原则。众所周知，制度执行和制度制定同等重要，如果制度缺乏执行力，科学合理的制度也难以发挥其预期功效，而机制又侧重于制度执行。因此，在智慧城市管理机制创新中应当坚持执行有力原则，将机制创新的内容严格地落实到位，保障管理机制创新及其创新后的管理机制有序、有效运转。

6.2.3　智慧城市管理机制创新的内容体系

智慧城市管理机制创新应当主要从社会治理与公共服务入手，实现推动城市智慧化发展、增进城市居民福祉总体目标，但实现该目标需要以大数据和信息化技术为建设抓手，通过对海量信息的集中和实时共享、信息化应用的高效协同，以促进居民对信息化服务的及时获取，打造智慧交通、智慧教育、智慧治理、智慧调解等多种新型领域，寻找与交通、教育、治理、纠纷解决等领域契合的管理机制，从而有条不紊地推进智慧城市总体建设。

在智慧城市管理机制创新内容体系（图6-3）中，智慧城市基础设施建设和智慧城市制度完善是抓手。其中，基础设施是信息资源获取、储存和处理的承载设备，不仅包含传统的硬件设备，还包括传感设备、移动终端和云计算中心等新一代信息处理设备，能够为智慧城市管理机制创新提供有效的保障。在强化智慧城市管理机制创新抓手的基础上，明确智慧城市管理机制创新的内容和发展方向尤为关键，主要是通过智慧化手段为居民提供公共安全和公平正义等纯公共物品，以及就业、教育、医疗等准公共物品，既涉及优化治理方式、化解社会矛盾、保障公共安全等社会治理领域，也涉及就业、教育、医疗卫生、社会保障等公共服务领域。不论是社会治理领域还是公共服务领域，都要以精准化、专业化、一体化和均等化为建设方向。

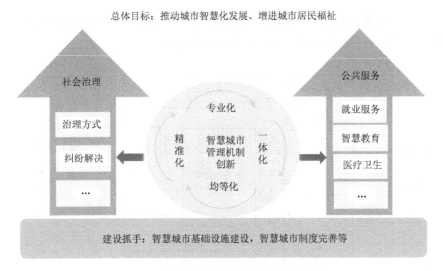

图 6-3　智慧城市管理机制创新内容体系

6.2.4　智慧城市管理机制创新的实践

兰州市西固区城市社区网格化治理机制创新是智慧城市管理机制创新的实践之一,作为智慧城市管理机制创新的实践,主要从样态、要素和机理方面对其做介绍。

1. 城市社区网格化治理机制创新的样态

西固区城市社区网格化管理工作由区委和区政府牵头设立的西固区三维数字社会服务管理中心统筹、协调,西固区三维数字社会服务管理中心则是城市网格化管理信息中心的统称。区级政府职能机构及下属街道均建立所辖事务领域或者区域领域内的信息管理平台,这些平台与西固区三维数字社会服务管理中心所建平台实现对接,负责接收和处理来自西固区三维数字社会服务管理中心派遣的公共事务,实现了政府职能机构及街道与城市网格化管理信息中心的数据共享。

通过对西固区的实地考察,梳理出城市社区网格化治理机制创新样态,绘制了城市社区网格化治理机制创新样态图(图 6-4)。由图 6-4 可知,城市社区公共事务并非全部由西固区三维数字社会服务管理中心处理,城市小区中的物业公司、业主委员会等组织肩负着处理城市社区部分公共事务职责。但网格管理员与公民作为诉求人向西固区三维数字社会服务管理中心反映城市公共区域事务或者城市小区事务,西固区三维数字社会服务管理中心均以《西固区网格化管理事部件分类及立结案标准》为准据,反映事项一旦立案,则会将诸如不洁道路、暴露垃圾清理以及小区违建事项信息派遣到责任单位或者街道办事处,例如,将城市公共区域不洁道路、暴露垃圾的清理工作派遣到区环卫局,将城市小区违建治理工作派遣到区执法局,由责任单位或者街道办事处安排工作人员在规定时间内处理公共事务,待工作人员处理公共事务完毕后,会将处理结果反馈到责任单位或者街道办事处及西固区三维数字社会服务管理中心,责任单位或者街道办事处及西固区三维数字社会服务管理中心在接到处理结果信息后,会对网格管理员及公民就其反映的事项处理情况及满意度进行回访，回访无误后予以结案，形成受理（发现）、立案、派遣、处理（安排）、反馈、回访及结案的闭环式流程。

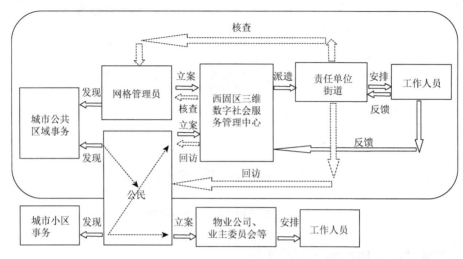

图 6-4　西固区城市社区网格化治理机制创新样态图

2. 城市社区网格化治理机制创新的要素

西固区城市社区网格化治理机制创新在技术和制度维度主要包含以下要素。

（1）技术维度：地理空间技术与信息技术助力城市社区网格化治理机制创新。

第一，地理空间技术为虚拟网格的设立、事项发生区域的定位及追踪奠定基础。城市社区网格化治理的基础是将实体网格转移到网络平台，在网络平台中设置虚拟网格，从而利用虚拟网格辨识公共事务发生位置及对公共事务予以追踪。地理空间技术的核心部分则是定位和追踪技术，主要体现在地理空间数据的获取、处理和可视化层面[12]。虽然整个过程还需要借助无线通信技术、图像识别技术、生物识别技术和视频技术等，但在定位和追踪功能层面，地理空间技术无疑是实现此功能的核心技术。利用地理空间技术可将城市社区的实体构造呈现在网络虚拟平台中，通过网络虚拟平台直接展示不同网格区位，从而获取网格真实信息。网格内一旦存在需要处理的公共事务，待网格管理员和公民将需要处理的公共事务元信息传递到西固区三维数字社会服务管理中心，中心工作人员则可利用地理空间技术定位事发区域。若是静态的公共事务，如主干道上的垃圾清理，在既有定位基础上安排工作人员处理即可；若是动态的公共事务，如主干道上的飙车行为治理，西固区三维数字社会服务管理中心则可以利用追踪技术定位流动的违法车辆，将涉及公共事务的位置信息及时派遣给责任单位或者街道，由责任单位或者街道采取有针对性的措施解决公共事务。

第二，信息技术为实现西固区三维数字社会服务管理中心、责任单位或者街道、社区、网格管理员及公民多层级联动提供保障。信息技术是工业社会向后工业社会挺进过程中影响人类发展的重要技术，而新一代信息技术所建立的信息采集、传输、处理和应用之间的统一构建了一种崭新的信息化元模型，具体表现为"云、网、端、台"结构[13]。正是这种崭新的信息化元模型使得西固区三维数字社会服务管理中心、责任单位或者街道、社会、网格管理员及公民可以借助电子计算机、移动终端等媒介实现公共事务信息的采集、传输、处理和应用。网格管理员和公民作为城市社区网格化治理公共事务元信息的采集者，利用移动终端将采集的公共事务元信息以图片或者视频方式传递到西固区三维数字社会服务管理中心，继而由西固区三维数字社会服务管理中心将公共事务元信息派遣到责任单位或者街道，由责任单位或者街道安排工作人员负责处理具体事项。公共事务的整个处理过程是从网格管理员、公民发送公共事务元信息开始，由网格管理员、公民发起的牵涉西固区三维数字社会服务管理中心、责任单位或者街道、社区及具体工作人员联动一体的过程。除了具体事务的处理需要工作人员到现场外，其他所有环节均依靠信息技术传递，不需要机构、人员实体接触。将信息技术引入城市社区网格化治理不仅节约了治理成本，而且提升了治理效率。

（2）制度维度：多管齐下的制度体系保障城市社区网格化治理机制创新。

第一，城市网格化管理信息中心由区委和区政府牵头设立制度，保障了中心对责任单位和街道工作的统筹、协调。从职权体系看，西固区三维数字社会服务管理中心需要对接全区包括公安、民政在内的各级政府职能部门及管辖街道。若要求各级政府职能部门及管辖街道均积极配合西固区三维数字社会服务管理中心工作，西固区三维数字社会服务管理中心所在机构在职权设置上必然需要对其他机构具有一定管理权限，且在管理幅度上能涉及这些机构。基于此，西固区委和区政府直接将此中心设置在区政府管辖范围内，即西固区三维数字社会服务管理中心作为区政府的下设机构执行来自区委和区政府的指令，西固区其他各级政府职能部门和街道办事处受区委和区政府领导，必然会接受来自西固区三维数字社会服务管理中心派遣的公共事务元信息。西固区三维数字社会服务管理中心作为全区社会治理工作的统筹、协调机构，实现了整合全区各级政府职能部门数据目标，全区各级政府职能部门的数据均与中心实现了共享。可以说，西固区通过建设三维数字社会服务管理中心实现了整体性政府建设，不仅改变了以往区级政府职能部门条块分割状态，推动区级政府职能部门协作共治，而且改变了以往区委和区政府与区级政府职能部门甚至街道办事处的信息不对称现象。区委和区政府可以直接通过三维数字社会服务管理中心掌握区各级政府职能部门及街道办事处的工作状态。此外，区委和区政府将公民对通过三维数字社会服务管理中心派遣到各级政府职能部门处理公共事务的满意度作为各级政府职能部门年终考核的准据之一，强化了三维数字社会服务管理中心对其他部门工作的引导。

第二，网格管理员不进小区制度尊重了基层群众自治逻辑。西固区制定了网格管理员不进小区制度，以此消解网格化治理与基层群众自治的制度张力。究其原因，网格管理员是在政府购买服务方式下产生的，在城市社区网格化治理中的权力来源于政府委托，即政府通过购买服务方式将自身的一些管理权限委托给网格管理员，由网格管理员协作政府履行职责。例如，区环卫局对城区主干道的环境问题具有管理权，由网格管理员负责收集不利于环境建设的信息，则是区环卫局将自身的权力赋予网格管理员。尽管公民在解决城区主干道环境问题上具有"元权利"，不通过政府授权也可以参与相关事务治理，但是公民的网格管理员身份决定了此行为性质，并非社会力量有序参与公共治理。如果网格管理员代表政府进入小区采集小区公共事务元信息，则是公权力对基层群众自治的侵蚀，将政府公权力伸向居民自治领域，此举不仅增加了政府各方面压力，而且挤压了居民自治空间，违背了国家法律制度，不符合"全面推进依法治国"的顶层设计。网格管理员不进小区制度并不意味着城市社区网格化治理不进小区，这是具有本质性区别的两种概念。生活在小区的居民可以通过政府提供的各种途径与西固区三维数字社会服务管理中心取得联系，反映小区内属于政府管理范畴的公共事务，实现政府和公民在社会领域的协作共治。

第三，"随手拍"制度、"双回访"制度及话费奖励制度推动了公民参与社会治理进程。城市社区网格化治理与网格化管理的最大区别在于实现政社合作，使公民作为治理主体充分参与到城市管理活动中。因为多元共治的社区治理结构是打造共建、共治、共享治理格局的抓手，公民对社区公共事务的参与是实现"共治"的关键[14]。"随手拍"制度、"双回访"制度及话费奖励制度均是西固区推进公民参与城市社区网格化治理的制度设计。"随手拍"制度是指公民可以利用自身携带手机随时、随地拍摄与城市社区网格化治理相关的图片或者视频，并将其发送到西固区城市管理监督微信中心，从而实现城市社区治理参与目标。"双回访"制度是指针对公民向西固区三维数字社会服务管理中心反映的公共事务，待公共事务处理结束后，西固区三维数字社会服务管理中心和责任单位均会与公民取得联系，向公民说明公共事务处理情况，并要求公民为整个事件的处理提供满意度测评。话费奖励制度是指西固区三维数字社会服务管理中心采取话费奖励方式对公民利用微信或者电话反映城市管理元信息提供奖励，如果属于规定范围内的六类案件，经核实无误，按上报量每日对前 30 名进行话费奖励，案件上报量第一名的奖励 30 元话费、第二名的奖励 29 元话费，依次递减，第 30 名的奖励 1 元话费。"随手拍"制度为公民参与城市社区网格化治理提供了便捷性；"双回访"制度尊重了公民参与主体地位，并为相关部门绩效考评提供了准据；话费奖励制度可在调动公民参与积极性方面发挥作用。

3. 城市社区网格化治理机制创新的机理

西固区城市社区网格化治理机制创新取得阶段性成绩，主要在于实现了技术与制度的有机统一，构建了技术与制度互动共生关系，使技术与制度共同服务于城市社区网格化治理机制创新。事实上，技术与制度是社会治理方式创新的两个重要抓手，相辅相成、相得益彰。在城市社区网格化治理机制创新领域，技术为城市社区网格化治理机制创新提供物质保障，制度为城市社区网格化治理机制创新提供行为保障。只有实现了技术与制度的互动共生，将技术与制度同时嵌入城市社区网格化治理机制创新中，根据现代科学技术发展情形构建先进制度，以先进制度为指引开发现代科学技术，城市社区网格化治理机制创新才能成功。

城市社区网格化治理机制创新发端于以网格作为治理单元开展治理活动的理念，而网格的建立需要依赖地理空间技术与信息技术，将现实场景虚拟化为网络场景，利用计算机技术实现政府、街道、社区、网格及公民多层级联动。但仅仅有地理空间技术与信息技术等现代科学技术作为支撑，根本无法实现城市社区网格化治理初衷，因为这些技术早已存在，而将这些技术成功运用于城市社区治理的典型城市非常有限。城市社区网格化治理除了需要地理空间技术与信息技术等现代科学技术作为技术支撑外，还需要建立城市网格化管理信息中心及责任单位、街道甚至社区的管理信息平台，并且实现城市网格化管理信息中心所建平台与责任单位、街道甚至社区所建平台的数据共享，以为网格化治理搭好硬件平台。这一切均需要依赖制度的魅力、依靠制度的推动，正是基于区委与区政府对城市社区网格化治理的重视，制定由其牵头设立城市网格化管理信息中心制度，才保障了中心对责任单位和街道工作的统筹、协调，从而打通平台之间的数据壁垒。此外，城市社区网格化治理机制创新需要充分考虑我国法律制度、治理传统等诸多因素，是在法治轨道下的机制创新，而网格管理员不进小区制度则彰显出创新者智慧，从制度层面保障了城市社区网格化治理的合法性。

彰显城市社区网格化治理重要特征的公民参与环节更是城市社区网格化治理机制创新的重中之重，唯有将公民纳入城市社区网格化治理主体范畴，实现公民参与城市社区网格化治理目标，整个机制创新才具有突破性意义。创新者充分利用网络技术、视频技术、图片技术与"随手拍"制度，实现现代科学技术与制度有机结合，成功地打造了公民参与社会治理格局。"随手拍"制度是政府根据网络技术、视频技术、图片技术发展既有情形构建的，当代社会几乎人手一部手机，绝大部分公民拥有拍摄视频和图片的技能，此时，利用手机收集公共事务元信息，通过网络技术实现手机与城市网格化管理信息中心的联结已成为可能，且治理主体较为便利，成本低，具有一定的现实可行性。"随手拍"制度主要利用图片和视频反映公共事务元信息，需要公民发送事发地址。如果将反映公共事务元信息的形式拓展到音频，并且直接由城市网格化管理信息中心根据手机位置确定事发地点，则将推动新一轮科学技术在城市社区网格化治理机制创新中的运用。

总之，西固区城市社区实现了由网格化管理向网格化治理的成功转型。从主体上看，不再是政府垄断城市社区公共事务管理，而是政府、街道、社区、网格及公民协作共治城市社区公共事务；从客体上看，不再局限于政府管理领域事务，而是通过网格管理员不进小区制度和吸纳公民参与方式拓展到自治领域事务；从机制上看，不再是政府自上而下的单向度行为，而是自上而下与自下而上相结合的多向度行为；从手段上看，不再是以行政管控和行政命令方式处理城市社区公共事务，而是采用市场化工具、工商管理技术和社会化手段等综合性工具处理城市社区公共事务；从重点上看，不再以满足统治阶级整体性利益为导向，而是以满足公民需求为导向，努力实现公民需求与协作供给的精准匹配。此外，西固区城市社区网格化治理机制创新充分依赖技术与制度互动共生，以地理空间技术和信息技术为代表的现代科学技术的融合是城市社区网格化治理机制创新的物质基础，城市网格化管理信息中心由区委和区政府牵头设立制度、网格管理员不进小区制度、"随手拍"制度、"双回访"制度及话费奖励制度等诸多制度的合力是城市社区网格化治理机制创新的行为保障。

参 考 文 献

[1]　刘洪民，刘炜炜. 智慧城市建设理论与实践研究综述[J]. 浙江科技学院学报，2020（2）：89-95.

[2]　Hollands R G. Will the real smart city please stand up：intelligent，progressive or entrepreneurial？ [J]. City，2008，12（3）：303.

[3]　李德仁. 数字城市+物联网+云计算=智慧城市[J]. 中国新通信，2011（20）：46.

[4]　宁家骏. 关于促进中国智慧城市科学发展的刍议[J]. 电子政务，2013（2）：65.

[5]　宋刚，邬伦. 创新2.0视野下的智慧城市[J]. 北京邮电大学学报：社会科学版，2012（4）：1.

[6]　Hudson L，Wolff A，Gooch D，et al. Supporting urban change：Using a MOOC to facilitate attitudinal learning and

participation in smart cities[J]. Computers and Education，2019，129：37.

[7] 朱文琦. 以人民为中心发展思想：一个系统思维的视角[J]. 社会主义研究，2020（5）：64-70.

[8] 耿亚东. 政府治理变革的技术基础——大数据驱动下的政府治理变革研究述评[J]. 公共管理与政策评论，2020（4）：87-96.

[9] 于水，杨杨. 区块链赋能、治理流程优化与创造公共价值[J]. 南开学报：哲学社会科学版，2020（5）：118-126.

[10] 高奇琦. 中国在人工智能时代的特殊使命[J]. 探索与争鸣，2017（10）：49-55.

[11] 林先发. 论具体问题具体分析[J]. 武汉大学学报：哲学社会科学版，1986（6）：30-36.

[12] 黄佳钰. 地理空间技术利用的隐私法律对策[J]. 太原理工大学学报：社会科学版，2014（3）：10-13.

[13] 王如玉，梁琦，李广乾. 虚拟集聚：新一代信息技术与实体经济深度融合的空间组织新形态[J]. 管理世界，2018（2）：13-21.

[14] 方亚琴，夏建中. 社区治理中的社会资本培育[J]. 中国社会科学，2019（7）：64-84.

第7章 智慧城市的政策制度与标准体系

智慧城市是继数字城市后城市发展的高级形态，也是世界各国或地区应对人口增长、破解城市发展难题的战略手段。随着以集约、智能、绿色、低碳为发展目标的新型城镇化战略的实施，智慧城市的建设与管理成为热点。涉及智慧城市建设与管理的政策制度自上而下地对智慧城市的建设方向、内容和目标进行了设计，了解这些政策制度有助于更好地理解智慧城市实践。智慧城市标准体系是由智慧城市范围内相互关联的标准按照一定的结构进行逻辑组合进而构成的一个有机整体，属于对智慧城市标准化的顶层设计和总体布局，有利于判断与明确智慧城市的标准化方向和重点，对于科学合理地制定智慧城市相关标准和促进智慧城市发展具有非常重要的意义。

7.1 智慧城市的政策脉络

关于智慧城市最早形成的具有代表性研究文献是 1990 年在美国旧金山召开的"智慧城市、加速系统、全球网络"主题会议中产出的，该主题会议主要探讨并分析了"智慧"形成城市可持续竞争力的成功经验，为后续智慧城市的研究及兴起奠定了基础[1]。1998 年，美国副总统戈尔提出了"数字地球"的概念，引发了学者的高度关注[2]。1999 年，于北京召开了首届国际"数字地球"大会，强调了数字信息化在社会经济建设中的重要地位[2]。欧盟、韩国、日本、新加坡等也提出将所有资源进行数字化、智能化相关的国家或地区发展战略，以促进国家或地区的经济发展和社会变革，在网络数字时代取得新一轮的国家或地区优势[3]。

2008 年，IBM 公司提出了"智慧地球"的概念，智慧城市的建设逐渐成为世界共识[3]。2009 年，国内智慧城市所倡导的技术智能与低碳资源的城市理念开始被政府采纳。2009 年 8 月，温家宝总理在无锡视察时提出，在激烈的国际竞争中，迅速建立中国的传感信息中心或"感知中国"中心，引领信息产业第三次浪潮①。"感知中国"即中国的物联网，使中国的物联网与互联网进行融合，达到真正的物物相连，建设智慧城市、智慧地球。

2010 年 12 月，科技部在国家 863 计划中发布"智慧城市"主题项目，号召相关研究人员积极申报立项，进一步推进国家智慧城市快速发展建设。宁波市率先出台智慧城市建设的相关政策文件。

2012 年，我国的智慧城市建设起步，政府陆续出台国家层面的智慧城市建设相关规划与规范等方面的政策文件。2012 年 11 月，《住房城乡建设部办公厅关于开展国家智慧城市试点工作的通知》拉开了国内智慧城市试点建设的序幕。

---

① 中国政府网. 温家宝江苏考察：让经济发展更具可持续性竞争力[EB/OL].（2009-08-09）[2021-12-08]. http://www.gov.cn/govweb/ldhd/2009-08/09/content_1387039.htm.

2013 年 8 月，《国务院关于促进信息消费扩大内需的若干意见》提出，要加快智慧城市建设，鼓励各类市场主体共同参与智慧城市建设。此后，国内的智慧城市建设试点数量激增。

2014 年，国家将"智慧城市"作为城市发展的全新模式，要求大力推进城市智能化发展，第一次将城市智能化纳入国家级战略规划。

2015 年，李克强总理做《政府工作报告》提到城市建设时表示，"发展智慧城市，保护和传承历史、地域文化"①。这是"智慧城市"一词第一次写入《政府工作报告》。2015 年后，随着国家治理体系和治理能力现代化的不断推进，智慧城市建设不断发展，智慧城市被赋予新的内涵和要求。

2016 年，《国民经济和社会发展第十三个五年规划纲要》也明确提出，要建设一批新型示范性智慧城市。

2017 年，《新一代人工智能发展规划》提出，建设城市大数据平台，全面落实智慧城市建设，深入社区服务与治理。

2018 年，《国家发展改革委关于实施 2018 年推进新型城镇化建设重点任务的通知》提出，针对智慧城市前期建设存在的花销大、成效低等问题，进行分级分类推进新型智慧城市建设，引导各地区利用互联网、大数据、人工智能推进城市治理和社会治理的机制。

2019 年，在智慧城市建设中，针对中国国情，进行城乡融合建设。《2019 年新型城镇化建设重点任务》表示，抓好在城镇就业的农业转移人口落户工作，培育发展现代化都市圈，推进大城市精细化管理，支持特色小镇有序发展，加快推动城乡融合发展。

结合我国出台的智慧城市政策文件的文本内容，可以将智慧城市政策演进划分为探索期、推动期和提升期三个阶段[4]。2010～2013 年为智慧城市政策演进的探索期，地方政府开始进行试点工作。2010 年 9 月，宁波市率先出台智慧城市建设的相关政策文件——《中共宁波市委宁波市人民政府关于建设智慧城市的决定》。2014～2016 年为智慧城市政策演进的推动期，国家开始大力支持智慧城市建设。2014 年 3 月，中共中央、国务院印发《国家新型城镇化规划（2014—2020 年）》，将智慧城市纳入国家发展战略中，为智慧城市建设提供指导思想、基本原则、目标和顶层设计等正式指导。2017～2020 年为智慧城市政策演进的提升期。在智慧城市建设的推动期，各地方政府争先恐后地进行智慧城市建设，但是实际上花费大、成效低，且存在地方政府的智慧城市建设与以创新、协调、绿色、开放、共享的发展理念及以人为本的价值导向的智慧城市建设[5]严重偏离的现象，国家开始对各地智慧城市建设进行干预及合理引导。2016 年 11 月，国家发展改革委、中央网信办和国家标准委联合发布《关于组织开展新型智慧城市评价工作务实推动新型智慧城市健康快速发展的通知》。2017 年世界标准日，国家标准委又集中发布《智慧城市 技术参考模型》《智慧城市评价模型及基础评价指标体系 第 1 部分：总体框架及分项评价指标制定的要求》《智慧城市评价模型及基础评价指标体系 第 3 部分：信息资源》《智慧矿山信息系统通用技术规范》4 项国家标准[6]。

---

① 中国政府网. 政府工作报告（全文）[EB/OL].（2015-03-16）[2021-12-08]. http://www.gov.cn/guowuyuan/2015-03/16/content_2835101.htm？cid=303.

2012～2019 年，国家层面对智慧城市建设提出总体要求的相关重要政策汇总如表 7-1 所示。

表 7-1　涉及智慧城市建设的主要国家政策

序号	发布时间	政策名称	政策内容	发布部门
1	2012 年 11 月	《国家智慧城市试点暂行管理办法》	明确智慧城市试点的具体管理办法，包括国家智慧城市试点的申报要求、评审程序、创建过程管理和验收等	住房城乡建设部
2	2012 年 11 月	《国家智慧城市（区、镇）试点指标体系（试行）》	给出了国家智慧城市试点建设的评价指标体系	住房城乡建设部
3	2013 年 8 月	《国务院关于促进信息消费扩大内需的若干意见》	提出要加快智慧城市建设，鼓励各类市场主体共同参与智慧城市建设	国务院
4	2014 年 3 月	《国家新型城镇化规划（2014—2020 年）》	完善城市治理结构，创新城市治理方式，推进绿色城市、智慧城市、人文城市建设，促进城市规划管理信息化、基础设施智能化、公共服务便捷化、产业发展现代化、社会治理精细化	中共中央、国务院
5	2014 年 8 月	《关于促进智慧城市健康发展的指导意见》	到 2020 年，建成一批特色鲜明的智慧城市，实现公共服务便捷化、城市管理精细化、生活环境宜居化、基础设施智能化、网络安全长效化	国家发展改革委等八部委
6	2015 年 5 月	《关于推进数字城市向智慧城市转型升级有关工作的通知》	为测绘地理信息部门在智慧城市建设中发挥基础性、先行性作用，推动智慧城市健康发展提供指导意见	国家测绘地理信息局
7	2015 年 10 月	《关于开展智慧城市标准体系和评价指标体系建设及应用实施的指导意见》	提出智慧城市标准的总体布局和重点领域	国家发展改革委、国家标准委、国家网信办
8	2016 年 2 月	《中共中央 国务院关于进一步加强城市规划建设管理工作的若干意见》	加强市政城市管理数字化平台建设和功能整合，建设综合性城市管理数据库，积极发展民生服务智慧应用，到 2020 年，建成一批特色鲜明的智慧城市	中共中央、国务院
9	2016 年 7 月	《国家信息化发展战略纲要》	持续深化电子政务应用，着力解决信息碎片化、应用条块化、服务割裂化等问题，以信息化推进国家治理体系和治理能力现代化	中共中央办公厅、国务院办公厅
10	2016 年 8 月	《新型智慧城市建设部际协调工作组 2016—2018 年任务分工》	明确了部际协调工作组中 25 个成员部门的任务职责	国家发展改革委、国家网信办
11	2016 年 11 月	《关于组织开展新型智慧城市评价工作务实推动新型智慧城市健康快速发展的通知》	研究制定了新型智慧城市评价指标、评价工作要求以及评价组织方式	国家发展改革委、中央网信办、国家标准委
12	2016 年 12 月	《"十三五"国家信息化规划》	到 2018 年，分级分类建设 100 个新型示范性智慧城市；到 2020 年，新型智慧城市建设取得显著成效，形成无处不在的惠民服务、透明高效的在线政府、融合创新的信息经济、精准精细的城市治理、安全可靠的运行体系	国务院
13	2016 年 12 月	《新型智慧城市评价指标（2016 年）》	按照"以人为本、惠民便民、绩效导向、客观量化"的原则制定，包括惠民服务、精准治理、生态宜居、智能设施、信息资源、网络安全、改革创新、市民体验等 8 项一级指标、21 项二级指标和 54 项二级指标分项	国家发展改革委、国家网信办、国家标准委

续表

序号	发布时间	政策名称	政策内容	发布部门
14	2017年7月	《新一代人工智能发展规划》	构建城市智能化基础设施,发展智能建筑,推动地下管廊等市政基础设施智能化改造升级;建设城市大数据平台,构建多元异构数据融合的城市运行管理体系,实现对城市基础设施和城市绿地、湿地等重要生态要素的全面感知以及对城市复杂系统运行的深度认知;研发构建社区公共服务信息系统,促进社区服务系统与居民智能家庭系统协同;推进城市规划、建设、管理、运营全生命周期智能化	国务院
15	2017年9月	《智慧城市时空大数据与云平台建设技术大纲(2017版)》	在原有数字城市地理空间框架的基础上,依托城市云支撑环境,实现向智慧城市时空基准、时空大数据和时空信息云平台的提升,建设城市时空基础设施,开发智慧专题应用系统,凝练智慧城市时空基础设施建设管理模式、技术体制、运行机制、应用服务模式和标准规范及政策法规,为推动全国数字城市向智慧城市的升级转型奠定基础	国家测绘地理信息局
16	2018年3月	《国家发展改革委关于实施2018年推进新型城镇化建设重点任务的通知》	分级分类推进新型智慧城市建设,引导各地区利用互联网、大数据、人工智能推进城市治理和社会治理的机制	国家发展改革委
17	2019年1月	《智慧城市时空大数据平台建设技术大纲(2019版)》	智慧城市建设是建设智慧社会的重要组成部分,而时空大数据平台是智慧城市建设与运行的基础支撑,进一步做好智慧城市时空大数据平台建设	自然资源部
18	2019年4月	《2019年新型城镇化建设重点任务》	突出抓好在城镇就业的农业转移人口落户工作,推动1亿非户籍人口在城市落户目标取得决定性进展,培育发展现代化都市圈,推进大城市精细化管理,支持特色小镇有序发展,加快推动城乡融合发展,实现常住人口和户籍人口城镇化率均提高1个百分点以上	国家发展改革委

7.1.1 智慧城市的政策分类

根据文本内容,可以将有关智慧城市建设的政策文件划分为规划型政策文件和规范型政策文件。其中,《新华字典》对于"规划"的解释为"比较全面的长远的发展计划",对于"规范"的解释为"约定俗成或明文规定的标准"。相应地,与智慧城市相关的规划型政策文件是指国家有关部门出台的对于智慧城市建设在未来一段时间内比较全面的、长远的发展计划的政策文件,政策文件标题关键词一般为"规划""任务"或一段具体的时间间隔等;规范型政策文件是指国家有关部门出台的对于智慧城市建设相关的明文规定的建设、指导或评价等标准的政策文件,政策文件标题关键词一般为"意见""评价指标""纲要""通知"等。

7.1.2 规划型政策文件

规划型政策文件主要是围绕智慧城市建设相关的比较全面的、长远的、发展计划方面的政策,同时随着相应的科学技术在进行改变。例如,2014年3月,中共中央以及国务院制定的《国家新型城镇化规划（2014—2020 年）》主要围绕完善城市治理结构，创新城市治理方式，推进绿色城市、智慧城市、人文城市建设，促进城市规划管理信息化、基础设施智能化、公共服务便捷化、产业发展现代化、社会治理精细化进行了相应的规定。2016 年 12 月，国务院制定的《"十三五"国家信息化规划》指出，到 2018 年，分级分类建设 100 个新型示范性智慧城市；到 2020 年，新型智慧城市建设取得显著成效，形成无处不在的惠民服务、透明高效的在线政府、融合创新的信息经济、精准精细的城市治理、安全可靠的运行体系。2017 年 7 月，国务院制定的《新一代人工智能发展规划》指出，构建城市智能化基础设施，发展智能建筑，推动地下管廊等市政基础设施智能化改造升级；建设城市大数据平台，构建多元异构数据融合的城市运行管理体系，实现对城市基础设施和城市绿地、湿地等重要生态要素的全面感知以及对城市复杂系统运行的深度认知；研发构建社区公共服务信息系统，促进社区服务系统与居民智能家庭系统协同；推进城市规划、建设、管理、运营全生命周期智能化。2019 年 4 月，国家发展改革委制定的《2019 年新型城镇化建设重点任务》指出，突出抓好在城镇就业的农业转移人口落户工作，培育发展现代化都市圈，推进大城市精细化管理，支持特色小镇有序发展，加快推动城乡融合发展。

从我国 2010 年开始由试点城市进军智慧城市建设的领域至今，对于规划型政策文件主要由国务院制定。在智慧城市建设初期，国务院制定的《国家新型城镇化规划（2014—2020 年）》主要对智慧城市建设的基础设施以及相应的信息化及智慧城市治理结构等方面进行了相应的规划。随后制定的《"十三五"国家信息化规划》不再局限于对城市的基础设施等进行信息化，而是主要对城市进行精细化管理以及智能化管理，更多的是提升到了政府管理层面，而不是仅仅局限于技术方面。受大数据的影响，2017 年制定的《新一代人工智能发展规划》指出，规划建设城市大数据平台，智慧城市建设深入社区而不再仅局限于城市面貌方面。2019 年，国家发展改革委制定的《2019 年新型城镇化建设重点任务》主要根据我国的基本国情进行城乡融合发展，以及城镇化建设。相应的政策文件既随科学技术在发展，也在根据我国的人民生活需求发展而改变。

7.1.3　规范型政策文件

对于规范型政策文件，2012 年 11 月，住房城乡建设部制定的《国家智慧城市试点暂行管理办法》明确智慧城市试点的具体管理办法，包括国家智慧城市试点的申报要求、评审程序、创建过程管理和验收等。同年同月发布的《国家智慧城市（区、镇）试点指标体系（试行）》给出了国家智慧城市试点建设的评价指标体系。2014 年 8 月，国家发展改革委等八部委发布的《关于促进智慧城市健康发展的指导意见》指出，到 2020 年，建成一批特色鲜明的智慧城市，实现公共服务便捷化、城市管理精细化、生活环境宜居化、基础设施智能化、网络安全长效化。2015 年 10 月，国家发展改革委、国家标准委、国家网信办联合出台的《关于开展智慧城市标准体系和评价指标体系建设及应用实施的指导意见》提出智慧城市标准的总体布局和重点领域。2016 年 7 月，中共中央办公厅、国务院办公厅出台的《国家信息化发展战略纲要》持续深化电子政务应用，着力解决信息碎片化、应用条块化、服务割裂化等问题，以信息化推进国家治理体系和治理能力现代化。2016 年 12 月，国家发展改革委、国家网信办和国家标准委联合制定了《新型智慧城市评价指标（2016 年）》，按照"以人为本、惠民便民、绩效导向、客观量化"的原则，包括惠民服务、精准治理、生态宜居、智能设施、信息资源、网络安全、改革创新、市民体验等 8 项一级指标、21 项二级指标和 54 项二级指标分项。2018 年 3 月，国家发展改革委发布的《国家发展改革委关于实施 2018 年推进新型城镇化建设重点任务的通知》提出，分级分类推进新型智慧城市建设，引导各地区利用互联网、大数据、人工智能推进城市治理和社会治理的机制。与规划型政策文件发展路线相似，规范型政策文件也是由技术到城乡融合发展。

7.2　智慧城市的标准体系

7.2.1　总体概述

推进新型智慧城市建设是党中央、国务院立足于我国信息化和新型城镇化发展实际，为提升城市管理服务水平、促进城市科学发展而做出的重大决策。2014 年 8 月经国务院批准，国家发展改革委等八部委印发了《关于促进智慧城市健康发展的指导意见》。2015 年 12 月，国家发展改革委、中央网信办、国家标准委、教育部、科技部、工业和信息化部、公安部、民政部、人力资源社会保障部、国土资源部、环境保护部、住房城乡建设部、交通运输部、水利部、农业部、商务部、卫生计生委、质检总局、食品药品监管总局、旅游局、中国科学院、中国工程院、证监会、国家能源局、国家测绘地理信息局25 个部门联合成立了新型智慧城市建设部际协调工作组。在部际协调工作组办公室和成员单位的指导下，由部际协调工作组办公室秘书处具体组织开展新型智慧城市评价标准及评价标准指标研制工作，这些标准大体可以分为三类，即基础标准、应用标准以及安全标准，对应具体文件见表 7-2。本章将围绕基础标准、应用标准和安全标准的具体内容展开阐述。

表 7-2　智慧城市标准的类型划分

标准类型	具体内容	国家标准文本
基础标准	智慧城市的顶层设计 智慧城市时空基础设施 数据融合 支撑平台	《智慧城市 顶层设计指南》（GB/T 36333—2018） 《智慧城市时空基础设施 基本规定》（GB/T 35776—2017） 《智慧城市 数据融合 第 1 部分：概念模型》（GB/T 36625.1—2018） 《智慧城市 公共信息与服务支撑平台 第 1 部分：总体要求》（GB/T 36622.1—2018）
应用标准	智慧城市技术应用要求 智慧城市评价	《智慧城市 SOA 标准应用指南》（GB/T 36445—2018） 《面向智慧城市的物联网技术应用指南》（GB/T 36620—2018） 《智慧城市 建筑及居住区综合服务平台通用技术要求》（GB/T 38237—2019） 《智慧城市评价模型及基础评价指标体系 第 1 部分：总体框架及分项评价指标制定的要求》（GB/T 34680.1—2017）
安全标准	智慧城市安全体系框架	《信息安全技术 智慧城市安全体系框架》（GB/T 37971—2019）

7.2.2 基础标准

智慧城市基础标准主要涉及智慧城市的顶层设计、基础设施和数据融合。缺乏顶层设计和统筹规划是当前智慧城市建设过程中暴露出的主要问题之一。为规范和推动智慧城市的健康发展，构筑创新 2.0 时代的城市新形态，引领创新 2.0 时代中国特色的新型城市化之路，国家发展改革委、工业和信息化部、科技部、公安部、财政部、自然资源部、住房城乡建设部、交通运输部八部委印发《关于促进智慧城市健康发展的指导意见》。该意见对智慧城市建设和管理提出了具体要求：①指导思想。按照走集约、智能、绿色、低碳的新型城镇化道路的总体要求，发挥市场在资源配置中的决定性作用，加强和完善政府引导，统筹物质、信息和智力资源，推动新一代信息技术创新应用，加强城市管理和服务体系智能化建设，积极发展民生服务智慧应用，强化网络安全保障，有效提高城市综合承载能力和居民幸福感受，促进城镇化发展质量和水平全面提升。②基本原则。以人为本，务实推进；因地制宜，科学有序；市场为主，协同创新；可管可控，确保安全。③主要目标。到 2020 年，建成一批特色鲜明的智慧城市，聚集和辐射带动作用大幅增强，综合竞争优势明显提高，实现公共服务便捷化、城市管理精细化、生活环境宜居化、基础设施智能化、网络安全长效化。

该意见强调，智慧城市的顶层设计要突出为人服务，深化重点领域智慧化应用，提供更加便捷、高效、低成本的社会服务；要明确推进信息资源共享和社会化开发利用、强化信息安全、保障信息准确可靠以及同步加强信用环境建设、完善法规标准等的具体措施；要加强与国民经济和社会发展总体规划、主体功能区规划、相关行业发展规划、区域规划、城乡规划以及有关专项规划的衔接，做好统筹城乡发展布局。

国家标准化文件《智慧城市 顶层设计指南》指出，地方政府在进行智慧城市顶层设计时要考虑的指标因素有：①应与国家城镇化、信息化发展规划进行有机结合，与城市其他相关规划、政策文件相衔接；②应推进公共服务便捷化、城市管理精细化、生活环境宜居化、基础设施智能化、网络安全长效化等目标的实现；③应从城市整体发展战略层面对智慧城市建设目标、总体架构及业务架构、数据架构、应用架构、基础设施架构、安全体系、标准体系、产业体系等进行规划和设计；④应从操作层面对主要任务、重点工程、运营模式、实施阶段、保障措施等进行设计；⑤应考虑政府、企业、居民等多元主体的实际需求；⑥应从目标导向、问题导向和需求导向展开，确定发展方向、建设目标、总体架构与实施路径等内容，并且应区分需求和目标的轻重缓急；⑦应重点围绕跨部门、跨领域、跨层级的资源统筹、数据共享、业务协同，从体制机制和技术应用两方面进行创新。

智慧城市顶层设计基本过程可分为需求分析、总体设计、架构设计、实施路径设计四项标准化活动，如图 7-1 所示。

智慧城市顶层设计基本过程中的主要任务如下。

第一，需求分析。通过城市发展战略与目标分析、城市现状调研分析、智慧城市现状评估、其他相关规划分析等方面工作，梳理出政府、企业、居民等主体对智慧城市的建设需求。

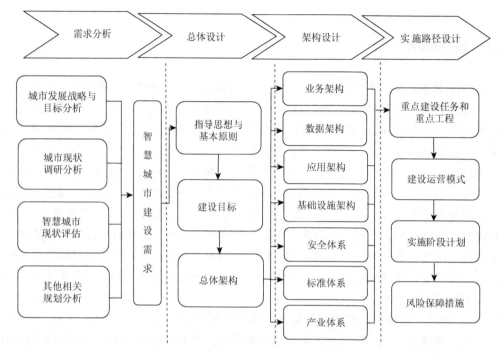

图 7-1　智慧城市顶层设计基本过程

第二，总体设计。在需求分析的基础上，确定智慧城市建设的指导思想、基本原则、建设目标、总体架构等内容，识别智慧城市重点建设任务。

第三，架构设计。依据智慧城市建设需求和目标，从业务、数据、应用、基础设施、安全、标准、产业七个维度和各维度之间关系出发，对业务架构、数据架构、应用架构、基础设施架构、安全体系、标准体系及产业体系进行设计。

第四，实施路径设计。在前期阶段成果的基础上，依据智慧城市重点建设任务，提出智慧城市建设重点工程，并明确工程属性、目标任务、实施周期、成本效益、政府与社会资金、阶段建设目标等，设计各工程项目的建设运营模式、实施阶段计划和风险保障措施，确保智慧城市建设顺利推进。

智慧城市基础标准的第二个部分是时空基础设施。智慧城市时空基础设施是国家智慧城市建设不可或缺的支撑（图 7-2），是各种信息共享、交换、协同、应用的基础性平台，是城市规划、建设、管理、服务智慧化的保障。

智慧城市时空基础设施主要由时空基准、时空大数据、时空信息云平台和支撑环境等组成：①时空基准包括时间基准和空间基准；②时空大数据包括时序化的基础地理信息数据和公共专题数据、智能感知数据、空间规划数据以及实现这些数据一体化管理的数据引擎及管理分析系统；③时空信息云平台由服务资源池、服务引擎、云服务系统、地名地址引擎、业务流引擎和知识化引擎六部分构成；④支撑环境包括政策机制、标准规范等软环境和服务器、网络等云计算环境。时空大数据推送数据服务至时空信息云平台的服务资源池，两者共用云计算环境。

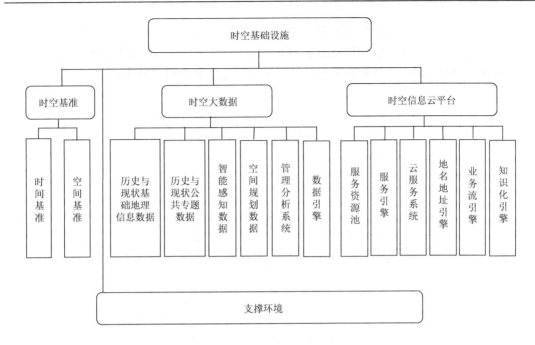

图 7-2　时空基础设施的构成

构成智慧城市时空基础设施的三个标准化部分分别是时空基准、时空大数据、时空信息云平台。其具体标准如下。

（1）时空基准是时空大数据在时间和空间维度上的基本依据，呈现为时间基准和空间基准。时间基准中日期应采用公历纪元，时间应采用北京时间，统筹利用各类卫星导航定位基准站，提供高精度授时服务。大地基准统一到 2000 国家大地坐标系，高程基准统一到 1985 国家高程系统，具体标准参照《国家大地测量基本技术规定》（GB 22021—2008）执行。

（2）时空大数据应包括历史与现状的基础地理信息数据和公共专题数据，智能感知数据，空间规划数据，以及数据引擎和管理分析系统等六部分，如图 7-3 所示。依托基础地理信息数据，采用全空间信息模型形成全空间，并时空化公共专题数据、智能感知数据和空间规划数据。通过管理分析系统经数据引擎实现一体化管理。

（3）时空信息云平台应包括服务资源池、服务引擎、云服务系统以及地名地址引擎、业务流引擎和知识化引擎等六部分。以计算存储、数据、功能、接口和知识服务为核心，形成服务资源池。建立服务引擎、地名地址引擎、业务流引擎和知识化引擎连同时空大数据的数据引擎，通过云服务系统，为各种业务应用按需提供数据支撑和各类服务。

智慧城市时空基础设施的支撑环境涉及政策、机制和标准，在遵从国家相关规定的基础上，结合本地实际情况进行扩展创新。支撑环境的服务能力及安全保障方面要求可参照《信息安全技术　云计算服务安全指南》（GB/T 31167—2014）和《信息安全技术　云计算服务安全能力要求》（GB/T 31168—2014）执行。

　　数据融合是智慧城市基础标准的主要内容之一。在智慧城市的场景下，通过采集与汇聚不同种类、不同来源数据，依次通过数据描述、数据组织和数据交换共享三个过程实现数据融合的功能，最终通过数据服务对外提供数据检索和展示等功能。

图 7-3　时空大数据的构成

　　如图 7-4 所示，数据融合概念模型包含数据采集、数据描述、数据组织、数据交换与共享和数据服务五个部分的功能定位描述以及数据资产、开放共享要求两个支撑要素：①数据采集是指采集、清洗不同种类、不同来源的数据；②数据描述是指对数据源中的实体和关系进行抽象与表述；③数据组织是指依赖分类系统对数据进行分类；④数据交换与共享是指通过数据的交换共享提升数据价值；⑤数据服务是指对外提供数据检索和展示功能；⑥数据资产包含数据以及数据融合中数据产生的其他信息，是上述流程中数据与信息的获取、储存和管理对象，参与整个数据融合过程；⑦开放共享要求是指数据融合和相关活动对数据进行开放共享的技术规范与约束。

　　在数据融合的具体实施过程中，可以参阅《智慧城市　数据融合　第 2 部分：数据编码规范》（GB/T 36625.2—2018）、《智慧城市　数据融合　第 5 部分：市政基础设施数据元素》（GB/T 36625.5—2019）等标准文件执行。以智慧城市管理中最常接触的市政基础设施为例，市政基础设施数据元素主要由道路类、桥隧类、公共交通类等11 大类组成，每个大类又分成基础类和扩展类 2 个小类。通过构建数据元素逻辑模型，将各大类的通用数据元素与各小类中的基础数据元素和扩展数据元素之间的联系以图形化的形式展现，实现对多源数据的有效组织和整合。市政基础设施数据元素逻辑模型如图 7-5 所示。

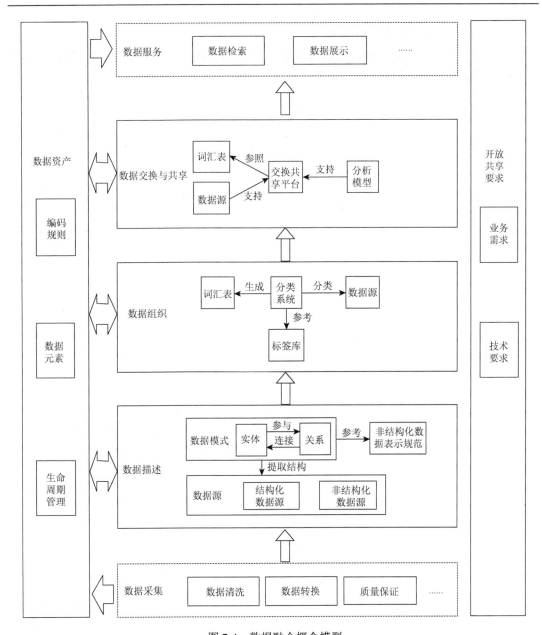

图 7-4 数据融合概念模型

7.2.3 应用标准

智慧城市应用标准主要包括智慧城市技术应用和对智慧城市的评价。根据国家标准委制定的智慧城市应用标准，智慧应用的服务设计参考 GB/T 32430—2015 中的相关要求，对具体智慧应用的服务进行甄别、划分、抽取、定义及规约设计，形成规格说明书，为技术实现提供依据。具体服务的构建参考 GB/T 29262—2012、GB/T 29263—2012、GB/T 29798—2013、GB/T 32419.1—2015、GB/T 32419.2—2016、GB/T 32419.3—2016、GB/T

32419.4—2016、GB/T 32419.5—2017、GB/T 32419.6—2017 等标准。数据及服务融合参考 GB/T 29262—2012、GB/T 32430—2015、GB/T 33846.1—2017、GB/T 33846.2—2017、GB/T 33846.3—2017、GB/T 33846.4—2017、GB/T 34985—2017 等标准。

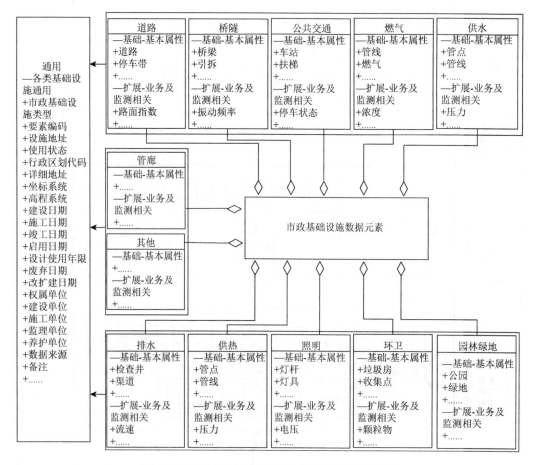

图 7-5　智慧城市市政基础设施数据元素逻辑模型

国家标准委也对智慧城市应用的评价制定了整体评价指标和分项评价指标。评价指标分为两个一级指标：能力类指标和成效类指标。能力类指标是指对智慧城市建设运营的基础能力评价指标，即城市运用各种资源建设运营智慧城市的基本能力评价指标。能力类指标可用于评价城市运用物联网、云计算、大数据、空间地理信息集成等新一代信息技术，进行城市规划、建设和提升城市管理、服务水平的一系列定性或定量的要素项，包括信息资源开放、共享和开发利用，网络安全管理，技术研发与创新，规划与建设方案等。在智慧城市评价指标体系总体框架中，能力类指标包括信息资源、网络安全、创新能力及机制保障四个方面。成效类指标是指智慧城市建设运营效果的评价指标，即城市各应用领域智慧化建设运营的成效评价指标。成效类指标可用于评价城市居民、企业及政府管理者本身所感受到的通过智慧城市建设带来的便捷性、宜居性、舒适性、安全感、幸福感等相关的一系列定性或定量的要素项，包括信息基础设施、服务便捷度、办理快捷度、生态环境改善度、两化融合水平等。在智慧城市评价指标体系总体框架中，成效类指标包括基础设施、公共服务、社会管理、生态宜居、产业体系五个方面。智慧城市评价指标体系二级指标评价要素说明如表 7-3 所示。

表 7-3　智慧城市评价指标体系二级指标评价要素说明

一级指标	二级指标评价要素	二级指标评价要素说明
信息资源	信息资源开放	城市基础政务信息资源、社会信息资源及其他信息资源向社会开放的范围和水平
	信息资源共享	城市跨部门、跨层级信息共享机制构建情况、健全程度和应用成效，以及城市公共信息平台、信息资源共享交换平台等平台和应用体系的建设水平
	信息资源开发利用	社会机构或个人利用政府所开放的信息资源提高新型信息服务的水平
网络安全	网络安全管理	网络安全管理机制的健全性，以及政府、金融、能源、交通、电信、公共安全、公用事业等重要信息系统设计、实施、运行全流程的网络安全保障水平
	监测、预警与应急	网络管理、态势检测和预警、应急处理和信任服务等方面的能力和水平
	信息系统安全可控	政府、金融、能源、交通、电信、公共安全、公用事业等重要信息系统和涉密信息系统、关键信息基础设施的安全防护水平
	要害数据安全	重要信息使用管理和安全评价机制的健全性，以及个人信息保护水平
创新能力	第一代信息技术应用	物联网、云计算、大数据等新一代信息技术在城市各行业、领域的应用范围和水平
	模式创新	城市运营、管理、投融资与服务等模式的创新水平以及实践效果
	技术研发与创新	城市新技术研发能力与技术创新体系水平
	科研成果转化	城市在智慧城市建设过程中相关科研技术攻关成果的转化应用程度
机制保障	规划与建设方案	城市关于智慧城市规划与建设方案的完善性，以及方案与城市其他规划的衔接性
	标准体系	城市实施国家智慧城市标准体系的状况，以及制定、推广智慧城市关键标准的水平
	政策法规	城市所制定的促进智慧城市建设的配套政策和法规的健全性
	投融资机制	城市所制定的智慧城市建设市场化投融资机制的完善性及应用水平
	组织管理机制	城市所制定的智慧城市建设配套组织管理机制和管理办法的健全性
基础设施	信息基础设施	构建城乡一体的宽带网络的情况，推进下一代互联网和广播电视网建设及三网融合的应用推广水平
	公共基础设施	城市能源、交通等公共基础设施通过采用信息技术手段达到的智能化管理与服务水平
公共服务	服务便捷度	城市居民、企业能够通过多渠道、多方式快速获得和使用城市各类公共服务的程度
	服务丰富度	城市居民、企业能够获得的城市各类公共服务的类别、形态和内容的多样化程度
	服务覆盖度	城市各类公共服务所能被城市居民、企业访问使用的范围
	服务集成度	城市居民、企业所需的城市重要公共服务或城市各类应用的整合程度
	服务满意度	针对城市公共服务能满足其个性化、定制化需求以及价格合理性、使用便捷性的程度，城市居民、企业的满意程度
社会管理	办理快捷度	城市居民、企业以及城市管理者感受到的城市社会管理各项事务办理周期缩短的水平以及办理手段的便捷程度
	管理公开度	城市居民、企业以及城市管理者感受到的城市政府管理机制、流程、状态的开放、透明程度

续表

一级指标	二级指标评价要素	二级指标评价要素说明
社会管理	管理精准度	城市居民、企业以及城市管理者感受到的城市管理内容和管理手段的精细化程度以及解决问题的科学性和针对性
	跨部门协同度	城市居民、企业以及城市管理者感受到的城市通过信息化手段提升城市政府跨部门协作能力的水平
	公共安全管理水平	城市社会治安防控体系、城乡公共安全保障体系以及城市应急保障体系建设水平及应用效果
	信用环境建设水平	城市信贷、纳税、履约、产品质量、参保缴费和违法违纪等信用记录管理水平
生态宜居	生态环境改善度	城市生态环境的宜居水平和改善成效
	环境监测防控能力	城市环境信息智能分析系统、预警应急系统和环境质量管理公共服务系统建设水平和应用成效
	社区信息服务水平	城市社区居民获取家政、养老、社区照料和病患陪护等综合信息服务水平
	生活数字化程度	城市家庭获取医疗、教育、安防、政务等社会公共服务设施和服务资源的便捷性和服务质量水平
产业体系	农业生产经营信息化水平	城市物流配送体系和城市消费需求与农产品供给紧密衔接的新型农业生产经营体系建设水平
	两化融合水平	大型工业企业深化信息技术的综合集成或应用水平、中小企业公共信息服务平台建设水平以及工业互联网新兴业态的应用水平
	新型信息服务提供能力	基于物联网、云计算、大数据等新一代信息技术为城市居民、企业和政府管理者提供方便、实用的生活服务和知识加工型服务的信息服务企业发展水平，以及新型信息服务产业的数量、规模、效益等
	特定行业信息化发展水平	旅游、交通等特定行业的基础数据库、信息服务平台、服务体系的建设水平
	电子商务发展与应用成效	城市利用电子商务促进各领域应用和发展的水平

7.2.4　安全标准

智慧城市安全是指在智慧城市中对信息的保密性、完整性和可用性的保持，以及依此提供的应用与服务的安全。国家标准委针对智慧城市的安全标准以信息通信技术为视角，在参考信息保障技术框架（information assurance technical framework，IATF）、信息安全管理体系（information security management systems，ISMS）、防护/检测/响应/恢复（protection/detection/reaction/recovery，PDRR）和预警/保护/检测/恢复/反击（waring/protection/detection/reaction/recovery/counterattack，WPDRRC）的安全模型、网际空间安全指南、关键基础设施网络安全框架、新型智慧城市评价指标体系、智慧城市技术参考框架以及我国信息安全领域标准的基础上，针对智慧城市保护对象和安全目标，从安全角色和安全要素的视角提出了体现智慧城市特点、具有可操作性的安全体系框架。

1. 智慧城市面临的安全风险

智慧城市涵盖多个行业和多种信息系统，要素复杂、应用多样、相互作用、不断演化，具有设备泛在、数据异构、系统异构、应用异构、海量数据、数据汇聚与融合、数据跨域共享、高度协调运作等特征。这些特征使得智慧城市较之传统的信息系统面临更为复杂的安全风险。

2. 智慧城市安全保护对象

智慧城市安全保护对象分为硬件设备、信息系统、数据资产和应用与服务。硬件设备是智慧城市中具有独立工作能力的信息采集或处理设备，包括为智慧城市提供感知数据的终端设备、控制调节设备、通信设备、信息展示设备、服务终端等。信息系统涉及关键信息基础设施以及为智慧城市提供智慧应用服务的系统与网络，包括城市公共通信、广播电视传输等基础信息网络，能源、金融、交通、教育、科研、水利、工业制造、医疗卫生、社会保障、公用事业等领域的信息系统，国家机关的信息系统以及互联网应用系统等。智慧城市中的信息系统共享资源和能力（服务器、终端设备、网络、数据、应用等），通过信息系统的持续、有效运行，为各类用户提供应用与服务。数据资产是智慧城市网络收集、存储、传输、处理和产生的各种电子数据。应用与服务是智慧城市服务提供者提供的应用程序和技术服务，包括智慧城市公共支撑与服务平台、各应用系统为智慧城市或其他应用系统提供的数据共享服务以及智慧城市信息系统的数据服务和计算服务等。

3. 智慧城市安全目标

围绕智慧城市安全保护对象，智慧城市安全决策者、智慧城市安全管理者、智慧城市安全建设者、智慧城市安全运营者、智慧城市服务提供者和智慧城市服务使用者等安全角色相互协作，实现以下安全目标：第一，保证智慧城市信息系统安全运行，尤其是保证关键信息基础设施的可用性和可靠性；第二，保证政府部门、企事业单位、社会组织及个人数据的真实性、保密性、完整性和可用性；第三，保证智慧城市应用和服务的可用性、可靠性和可核查性；第四，保证智慧城市数据资产的真实性、保密性、完整性、可用性和可靠性；第五，保证智慧城市整体安全的合理性、鲁棒性和可扩展性。

4. 智慧城市安全技术

根据《智慧城市　技术参考模型》（GB/T 34678—2017），智慧城市安全设计、建设和运营应包括但不限于以下技术要素：第一，物联感知层，涉及感知设备和执行设备的监测和防护；感知设备和执行设备的身份鉴别；感知设备和执行设备的访问控制；感知设备的信息采集安全；执行设备的指令信息安全。第二，通信网络层，涉及互联网、电信网、广播电视网、三网融合的公共网络和专用网络的网络设施安全；通信传输安全；网络接入安全；终端安全。第三，计算与储存层，涉及智慧城市计算资源、软件资源及存储资源设备的威胁监测和防护措施；物理或虚拟计算资源的安全；物理或虚拟存储资源的安全；为上层数据和应用提供公共服务能力的基础软件安全，包括但不限于操作系统、数据库系统、中间件和资源管理软件的安全。第四，数据及融合服务层，涉及数据内容、数据与服务融合资源的防护措施；智慧城市基础信息、共享交换信息、应用领域信息和互联网信息的存储安全；数据融合过程安全，包括数据采集与汇聚、数据融合与处理、数据挖掘分析以及数据治理；智慧应用服务融合过程安全，包括服务聚集、服务管理、服务整合和服务使用。
第五，智慧应用层，涉及应用软件、智能终端、网站等的防护措施；智慧应用的可靠性和
可扩展性。智慧城市建设与管理涉及的标准化文本如表 7-4 所示。

表 7-4　智慧城市建设与管理涉及的标准化文本

序号	标准名称	标准编号	发布年份
1	智慧城市总体框架和技术要求	YDB 134—2013	2013
2	城市地理空间框架数据标准	CJJ/T 103—2013	2013
3	智慧城市信息交互技术要求	YDB 145—2014	2014
4	智慧城市中的智能家居标准化研究报告	T/IGRS TR 0001—2015	2015
5	新型智慧城市评价指标	GB/T 33356—2016	2016
6	智慧城市 软件服务预算管理规范	GB/T 36334—2018	2016
7	智慧城市大数据机房材料技术要求	T/SCSS 050—2017	2017
8	智慧城市智慧物流规划导则	T/SCSS 021—2017	2017
9	智慧城市智慧节能规划指南	T/SCSS 013—2017	2017
10	智慧城市智慧工厂建设指南	T/SCSS 010—2017	2017
11	智慧城市智慧医疗卫生规划指南	T/SCSS 009—2017	2017
12	智慧城市智慧管网规划导则	T/SCSS 019—2017	2017
13	智慧城市智慧社区规划导则	T/SCSS 020—2017	2017
14	智慧城市大数据安全规划导则	T/SCSS 027—2017	2017
15	智慧城市 技术参考模型	GB/T 34678—2017	2017
16	智慧城市智慧交通规划导则	T/SCSS 030—2017	2017
17	智慧城市时空基础设施 基本规定	GB/T 35776—2017	2017
18	智慧城市二维码应用技术要求	T/CUPTA 001—2018	2017
19	智慧城市互联网数据中心建设指南	T/SCSS 026—2017	2017
20	智慧城市信息可视化导则	T/SCSS 024—2017	2017
21	智慧城市时空基础设施 评价指标体系	GB/T 35775—2017	2017
22	智慧城市智慧认证多模态身份安全识别云平台设计规范	T/SCSS 016—2017	2017
23	智慧城市大平台规划指南	T/SCSS 005—2017	2017
24	智慧城市大数据规划指南	T/SCSS 006—2017	2017
25	智慧城市公共安全（平安城市）建设指南	T/SCSS 008—2017	2017
26	智慧城市评价模型及基础评价指标体系 第3部分：信息资源	GB/T 34680.3—2017	2017
27	新型智慧城市总体规划导则	T/SCSS 055—2017	2017
28	智慧城市静态交通技术规范	T/SCSS 051—2017	2017
29	智慧城市评价模型及基础评价指标体系 第1部分：总体框架及分项评价指标制定的要求	GB/T 34680.1—2017	2017
30	智慧城市市民卡规划导则	T/SCSS 017—2017	2017

续表

序号	标准名称	标准编号	发布年份
31	智慧城市智慧民生规划导则	T/SCSS 033—2017	2017
32	智慧城市智慧旅游规划导则	T/SCSS 036—2017	2017
33	智慧城市智慧养老规划导则	T/SCSS 035—2017	2017
34	智慧城市智慧教育规划导则	T/SCSS 034—2017	2017
35	智慧城市智慧医疗规划导则	T/SCSS 037—2017	2017
36	智慧城市智慧城管规划导则	T/SCSS 028—2017	2017
37	智慧城市智慧市政规划导则	T/SCSS 032—2017	2017
38	智慧城市建筑及园区物联网应用导则	T/SCSS 025—2017	2017
39	智慧城市智慧园区管理与运营规范	T/SCSS 048—2017	2017
40	智慧城市智慧网元规划导则	T/SCSS 039—2017	2017
41	智慧城市网络智慧停车管理设计规范	T/SCSS 047—2017	2017
42	智慧城市智慧节能空调规划导则	T/SCSS 042—2017	2017
43	智慧城市智慧应急管理规划导则	T/SCSS 029—2017	2017
44	智慧城市智慧网元规划导则	T/SCSS 040—2017	2017
45	智慧城市管理与运营中心规划导则	T/SCSS 023—2017	2017
46	智慧城市智慧停车场（库）设计规范	T/SCSS 046—2017	2017
47	智慧城市智慧绿能园区规划导则	T/SCSS 041—2017	2017
48	智慧城市建筑信息模型（BIM）规划导则	T/SCSS 022—2017	2017
49	智慧城市信息互联互通与数据共享交换规范	T/SCSS 015—2017	2017
50	城市基础地理信息系统技术标准（附条文说明）	CJJ/T 100—2017	2017
51	智慧城市节能减排规划导则	T/SCSS 031—2017	2017
52	智慧城市智能配电技术规范	T/SCSS 049—2017	2017
53	智慧城市水处理化学品技术规范	T/SCSS 053—2017	2017
54	智慧城市数据中心机房设计规范	T/SCSS 043—2017	2017
55	智慧城市可视化能力平台规划导则	T/SCSS 038—2017	2017
56	智慧城市数据库审计与文档加密技术规范	T/SCSS 052—2017	2017
57	智慧城市多网络移动通信的合路传输设备技术规范	T/SCSS 054—2017	2017
58	智慧城市　术语	GB/T 37043—2018	2018
59	智慧城市信息技术运营指南	GB/T 36621—2018	2018
60	面向智慧城市的物联网技术应用指南	GB/T 36620—2018	2018
61	智慧城市评价模型及基础评价指标体系　第4部分：建设管理	GB/T 34680.4—2018	2018
62	智慧城市领域知识模型　核心概念模型	GB/T 36332—2018	2018
63	智慧城市公共信息与服务支撑平台　第3部分：测试要求	GB/T 36622.3—2018	2018
64	智慧城市　数据融合　第2部分：数据编码规范	GB/T 36625.2—2018	2018

续表

序号	标准名称	标准编号	发布年份
65	智慧城市 顶层设计指南	GB/T 36333—2018	2018
66	智慧城市公共信息与服务支撑平台 第2部分：目录管理与服务要求	GB/T 36622.2—2018	2018
67	智慧城市数据融合 第1部分：概念模型	GB/T 36625.1—2018	2018
68	智慧城市软件服务预算管理规范	GB/T 36334—2018	2018
69	智慧城市公共信息与服务支撑平台 第1部分：总体要求	GB/T 36622.1—2018	2018
70	智慧城市术语和定义	T/CCSA 207—2018	2018
71	智慧城市标准化导则	T/CCSA 206—2018	2018
72	智慧城市 SOA 标准应用指南	GB/T 36445—2018	2018
73	智慧城市 ICT 架构与参考模型	T/CCSA 208—2018	2018
74	智慧城市敏感信息定义及分类	YD/T 3473—2019	2019
75	信息安全技术智慧城市安全体系框架	GB/T 37971—2019	2019
76	智慧城市数据融合 第5部分：市政基础设施数据元素	GB/T 36625.5—2019	2019
77	智慧城市数据开放共享的总体架构	YD/T 3533—2019	2019
78	智慧城市建筑及居住区综合服务平台通用技术要求	GB/T 38237—2019	2019
79	智慧城市空间信息服务平台技术规范 第2部分：应用程序接口	T/ZKJXX 00006—2019	2019
80	智慧城市空间信息服务平台技术规范 第1部分：时空数据建库	T/ZKJXX 00005—2019	2019
81	信息技术 智慧城市 城市污水处理过程智能预警系统技术要求	T/CESA 1042—2019	2019
82	智慧城市轨道交通信息技术架构及网络安全规范 第3部分：网络安全	T/CAMET 11001.3—2019	2019
83	智慧城市轨道交通信息技术架构及网络安全规范 第2部分：技术架构	T/CAMET 11001.2—2019	2019
84	智慧城市轨道交通信息技术架构及网络安全规范 第1部分：总体需求	T/CAMET 11001.1—2019	2019
85	信息安全技术智慧城市建设信息安全保障指南	GB/Z 38649—2020	2020
86	新型智慧城市建设指标 第1部分：市级指标	DB37/T 3890.1—2020	2020
87	新型智慧城市建设指标 第3部分：智慧社区指标	DB37/T 3890.3—2020	2020
88	新型智慧城市建设指标 第2部分：县级指标	DB37/T 3890.2—2020	2020
89	城市智能交通工程项目监理验收规范	T/BIA 2—2020	2020

7.3 智慧城市风险

　　技术是一把双刃剑，在给我们提供便利、为我们服务、被我们所利用的同时，也带来了风险和威胁。在如火如荼的智慧城市建设中更是如此。智慧城市与技术的深度融合，城市的逐渐趋于"智慧化"，新技术、设备的不断更新，智慧城市的规划、建设、运营和维护等每一个阶段都面临着复杂多样的风险。例如，我国技术创新能力不足、技术对外依赖较重而导致的技术风险；融资困难、运营模式有待完善、资金不足而带来的经济风险；相关人才不足、行业自律不足、盲目建设、管理阶段脱节等引起的管理风险；法律法规不完善、新技术带来的挑战、个人数据/隐私受到威胁而导致的隐私安全风险；基础设施的脆弱性、自然灾害、人为攻击带来的挑战而引发的基础设施安全风险；网络安全挑战，部分设备、技术依赖进口，后真相时代的城市管理挑战带来的政治安全风险；权责定界问题、信息孤岛、目标可行性问题带来的体制机制风险。智慧城市的诸多风险可分为智慧城市自身建设面临的风险，公民面临的风险以及政府、公共价值观念面临的风险。其中，较为突出的风险有隐私安全风险、基础设施安全风险、政治安全风险。只有充分了解风险，防患于未然，提出应对方案，才能更好地推动智慧城市稳步建设与发展。

7.3.1　隐私安全风险

数据在智慧城市中的流动线路为收集、传输、共享、存储。在每个阶段，数据的保护力度不够，数据的完整性、保密性水平都有待进一步提升，每个环节中的漏洞、缺陷容易被一些人员利用，开展非法活动，导致信息泄露、信息盗取。

2020 年 1 月 3 日上午，中国裁判文书网公布了《陈德武、陈亚华、姜福乾等侵犯公民个人信息罪二审刑事裁定书》。经法院二审审理查明：2013 年～2016 年 9 月 27 日，被告人陈亚华从号百信息服务有限公司（为中国电信股份有限公司的全资子公司）数据库获取区分不同行业、地区的手机号码信息提供给陈德武，被告人陈德武以 0.01～0.2 元/条不等的价格在网络上出售，获利金额累计达 2000 余万元，涉及公民个人信息 2 亿余条[7]。

2020 年 4 月 16 日 11 时 17 分，当地市民在胶州政务网反映，微信朋友圈中流传着出入胶州中心医院的数千人名单，涉及相关人员个人信息，已严重影响个人生活，并被谣传感染了新冠肺炎。网传文件显示，就诊人员涉及 12 个胶州市街道和乡镇，内容包括姓名、电话、身份证号码、个人详细居住地址、就诊类型，共 6685 人[8]。

1890 年，美国学者 Warren 和 Brandeis 最早在《隐私权》一书中将隐私界定为一种"免受干扰而独处"的权利[9]。本章所讲述的隐私是隐私定义在互联网时代的延伸——数据隐私。数据隐私的定义随着技术的发展，政治、文化、国家等的不同而不同。本章采用美国《隐私法案》对隐私数据的定义来指明数据隐私的方向，从而方便对隐私安全风险的理解。美国《隐私法案》将隐私数据定义为"任何有关个人的信息条款和信息记录"，包含但不仅限于姓名、个人识别号码、标记或其他指定给个人的特别标识（如指纹、声音记录或照片）、财务交易、医疗记录、犯罪或雇佣经历等[10]。

我国法律规定，未经公民许可对其姓名、肖像、住址、电话号码等进行公开；非法进入或搜查他人住宅；对他人进行非法跟踪、监视、窃听、窥探、私拍；非法刺探他人财产状况或未经允许公布其财产状况；私拆他人信件，偷看他人日记，刺探或公开他人的私有文件内容；非法调查并公开他人的社会关系；非法调查、公布他人的夫妻生活状况；泄露公民个人材料或扩大公开范围；采集公民不愿向社会公开的纯个人情况等行为都被纳入侵犯隐私的范畴[11]。

互联网技术带来的最大挑战之一便是隐私安全问题。隐私泄露事件在我们身边频频发生，我们每个人都可能是受害者或者已经是受害者，但无从得知我们的数据、信息已经被泄露。在互联网时代如此，在智慧城市中更是如此。智慧城市中的技术、数据以及监管环境为隐私风险操作带来了可乘之机，为隐私保护带来了挑战。

智慧城市与技术深入融合的环境使其比以往所面临的隐私安全风险更高，城市中融合了许多新技术与设备，随着大数据、数据挖掘、云计算、物联网等新兴技术以及传感器、摄像头等各类传感技术的发展与运用，每时每刻，不论是在现实世界中，还是在虚拟的网络生活中，大量个人网络行为被感知，以数据的形式记录、存储。城市中的运营数据被记录下来，公民的个人数据也被记录下来，公民成为数据的主要生产者。智慧城市推动了大数据的增长，大数据也为管理城市、优化城市运行、提升服务水平、为公民生活带来便利而服务。但这以人们的生活足迹被感知为基础，每个人的隐私暴露在各种各样的"监视器"面前，各种设备的漏洞和黑客的非法入侵都可能导致个人信息的泄露，个人隐私信息的盗取、非法售卖，如身份信息、住址、社交网络、消费记录等信息的泄露、盗取、售卖，让个人隐私受到极大威胁。如果非法人员对关键设备进行监视、监听，导致机密信息泄露，那么可能会危害公民生命安全，甚至对国家安全造成威胁。

智慧城市中信息资源更集中，有利推动着区域或行业信息基础设施的集约化发展，云计算中心、资源管理中心在智慧城市建设中布局迅速。大数据的聚集和使用加剧了数据风险，聚集后的大数据容易成为攻击重点，容易利用漏洞或进行网络攻击，这样集中的高度共享性加大了数据丢失、信息泄露、信息盗取等安全风险[12]。

智慧城市中的大量数据暴露在无人监管的环境下。目前，我国还没有专门针对智慧城市信息安全的法律法规出台[13]，规章制度不完善，信息安全问题普遍存在。个人隐私数据面临被窃取、倒卖、篡改、非法利用等风险。数据权属不清晰：一是平台或机构可能在用户不知情的情况下，在授权范围外随意使用个人数据；二是在未经许可的情况下，贩卖个人隐私数据，从中获取不正当利润。

普通民众对自己隐私或数据泄露情况的判断十分困难，几乎不知道数据在什么时候、被谁泄露，泄露后又被谁非法利用，对数据泄露而导致的隐私问题的维权更是无从谈起。如果不能从容应对隐私安全风险，那么智慧城市建设可能会带来个人隐私的灾难。

在面对各种新技术和设备带来的隐私安全风险时，不能以抗拒的姿态解决问题，因为任何技术的发展都会带来相应的潜在风险，无法避免，应当直面问题，以积极、主动、防患于未然的姿态面对技术所带来的挑战。应对智慧城市中的隐私安全风险，首先，要以民众为出发点，隐私安全关乎每个人，与每个人生活、利益密切相关，以维护民众个人数据、隐私为目标，对相关违法行为进行权责定界，发展防攻击、防泄露的技术，提升公众隐私安全意识，提高信息素养，从而保障智慧城市中民众的数据与隐私。其次，习近平总书记指出，"要抓紧制定立法规划，完善互联网信息内容管理、关键信息基础设施保护等法律法规，依法治理网络空间，维护公民合法权益"①。完善相关法律法规、制度标准，以硬

---

① 国家互联网信息办公室. 中央网络安全和信息化领导小组第一次会议召开习近平发表重要讲话[EB/OL]. (2014-02-27) [2021-12-10]. http://www.cac.gov.cn/2014-02/27/c_133148354.htm.

性指标约束可能对隐私产生威胁的各方面。再次，加大对网络信息安全的投入力度。例如，调研中发现，吴忠市城市数据运营中心信息系统集成实施服务与系统集成项目整体投入超过 1 亿元，而安全保障投入仅有几百万元，根据市场核算，几百万元不足以买一套优质安全保障设备和服务[14]。最后，数据需要更强有力的保护措施，加强对数据的保护力度、对市场的监管力度，严格执行，完善应急措施，加强行业自律，提升智慧城市信息安全韧度，提升公众安全素养、防范意识。

7.3.2 基础设施安全风险

城市中基础设施的脆弱性使其一直面临着物理破坏的风险。对基础设施来说，物理攻击破坏更大，损失更严重，自然灾害和人为攻击都可能对基础设施造成威胁和破坏，带来安全、经济等方面的损失。

2019 年 3 月 7 日下午 5 点（当地时间），委内瑞拉全国 23 个州中的 18 个州发生了停电，原因是向全国提供 80%电力的古里水电站遭到蓄意破坏。9 日上午，全国 70%的地方恢复了供电，但没过多久，电力系统再次遭到"高科技手段"实施的电磁攻击，导致再次大范围的停电。这次电力系统遭受攻击的目的就是要瘫痪委内瑞拉民生基础，彻底瓦解民心，从而"手不血刃"，达到目的，支持反对派上台[15]。

2020 年 2 月，美国国土安全部的网络安全和基础设施安全局发布公告，一家未公开名字的天然气管道运营商在遭到勒索软件攻击后，关闭压缩设施达两天之久。攻击事件发生的具体时间未获公布。据悉，攻击始于钓鱼软件内的恶意链接，攻击者从信息技术网络渗透到运营技术网络，并植入勒索软件。在关闭压缩设施期间，由于管道传输的依赖性，连带影响了其他地方的压缩设施[15]。

2020 年 8 月，甘肃省陇南、甘南、定西等地受强降雨影响，陆续发生暴雨洪涝、泥石流灾害。截至 9 月 1 日，全省累计停运 3 条 110 千伏输电线路、16 条 35 千伏输电线路、14 座 35 千伏变电站、354 条 10 千伏配电线路、13408 个配电台区，影响 867664 位用户用电，造成重大人员和经济损失[16]。

智慧城市发展中需要建设许多新的基础设施，与技术相辅相成，从而为城市服务。基础设施在智慧城市的建设中起着越来越关键的作用，是整个城市运行的核心枢纽，基础设施的安全将影响公民生活、城市安全甚至国家安全。智慧城市中的基础设施建设包括城市智能电网、智能供水、污水处理、城市智能交通系统、无线通信等[17]。在智慧城市的建设过程中免不了工业化程度的提升以及新技术、新设备的运用，这也会造成一定程度的污染，带来更多的垃圾，从而影响、恶化自然环境，加之气候变暖的趋势，导致自然灾害的增多。我国主要的自然灾害包括地球物理事件（地震、海啸、火山爆发）、气候（极端温度、干旱等）、气象（热带气旋、严重对流风暴等）等，这些灾害都会对智慧城市的基础设施带来一定的安全威胁：一是造成基础设施自身的破坏，对设备运行造成影响；二是基础设施停摆，提供的服务中断，扰乱城市正常运行，甚至可能威胁公民生命安全。加之城市人口高度聚集，在发生自然灾害后，基础设施的损坏将加大城市灾后恢复的阻力，基础设施受损后重建的花费也会给城市带来不小的压力。

随着信息化的发展，恐怖主义也由现实生活扩展到网络中。全球反恐形势严峻，基础设施越来越容易成为恐怖袭击的目标，恐怖袭击对基础设施安全的威胁也日益突出。在城市中，一系列基础活动，如交通、数据的流通、共享等，都依靠基础设施维持运转。对基础设施造成的物理袭击将会导致关键系统、城市运行关键流程受到干扰、破坏，将会造成大量损失，影响公民生活，还会影响智慧城市的建设与发展，造成深远影响。在网络世界中，恐怖袭击也愈加频繁，对基础设施进行网络攻击：一是对公共基础设施的毁灭或者破坏，造成城市电力、交通、水力等基础活动的干扰、混乱、瘫痪甚至停摆；二是以恐怖活动为目的，有意造成数据泄露，引发信息灾难或通过操控基础设施在互联网上散布恐怖主义信息，实施宣传、招募人员；三是利用基础设施的漏洞，对卫星通信、移动基站进行控制，从而毁坏基础设施，扰乱国家秩序，达到恐怖袭击的目的。

对于基础设施安全风险，首先，在选取基础设施建设地点时，应充分考虑选址可能面临的自然灾害以及周边安全概况，对灾害和威胁加以分析，将受自然灾害和恐怖袭击的可能性纳入选址考虑范围。其次，进行灾害和袭击的演练，加强应急能力，认识灾害和袭击可能造成的威胁与损失，对其进行预防与应对。例如，德国从 2004 年持续性地开展了跨洲演练工作，加强对不断变换的灾害的认识，基于"重大突发事件情景"的知识获取，围绕 7 个巨灾情景开展了针对性研究与全国性演练[18]。针对受周围环境威胁较大的或自身脆弱性较高的基础设施实施重点保护、防护。最后，社会应提升对基础设施安全风险的重视度，提升基础设施面对风险的应对能力、韧性以及复原力。

7.3.3　政治安全风险

从广义上讲，政治安全是指防止来自外部的政治干预、政治压力以及各种危险因素，维护国家政权稳定和主权独立，并使国民对国家政权的持久与稳定抱有信心，造就一种安全的国民心态[19]。进入互联网时代，智慧城市建设和管理中所面临的政治安全风险包括西方霸权对我国互联网核心技术"卡脖子"、网络战争、互联网颜色革命等。

2008 年，微软公司告知所有用户若使用盗版 Office 软件将会采取措施使用户计算机每小时黑屏一次；2013 年，美国国家安全局实施绝密电子监听计划，直接进入美国网络中心服务器里挖掘数据，收集情报，微软、雅虎、谷歌、苹果等多家网络巨头企业皆参与其中；2010 年，伊朗核设施受到"震网"病毒的攻击，影响核电站运行；2007 年 4～5 月，爱沙尼亚遭受全国性网络攻击，攻击的对象包括爱沙尼亚总统和议会网站、政府各部门、各政党、三家大型新闻机构、两家大型银行以及通信公司等，大量网站被迫关闭；2011 年，社交网络催化的西亚北非"街头革命"导致多国政府倒台；2015 年 12 月 23 日，乌克兰电力基础设施遭受恶意代码攻击，导致大面积地区数小时的停电事故，造成严重社会恐慌，这是一个具有信息战水准的网络攻击事件。

党的十八大以来，习近平总书记多次提到要掌握核心技术，互联网核心技术是我们最大的"命门"。虽然我国在智慧城市涉及的网络、智能信息处理等技术上已有一定的积累和产业化能力，然而，在基础技术、核心产品上仍存在对外依存度高的问题。例如，芯片、操作系统、传感器、工业控制系统、仿真软件、数据库等领域仍被国外巨头企业掌控。命脉掌握在别人手里，没有控制权，其他国家的过度参与，这对我国安全无疑是巨大的威胁。

在互联网时代，网络安全事件日益突出。网络安全不仅会影响国家的运行以及管理，还会上升到国家政治、战略层面，诱发政治安全风险。因为许多设备技术依靠进口，所以我国面临的安全形势更为严峻。一是这些设备技术可能存在暂未被发现的漏洞和风险，从而存在重大信息泄露、资料窃取、实施监控、非法利用，进而掌握我国的政治、外交、军事等国情，获取我国关键情报的隐患。这些早已成为西方发达国家的常用政治手段，进口的设备技术可能沦为西方发达国家的新型监视和控制工具。使用外国公司提供的技术时，免不了遵守其公司的规范，我们不一定能完全洞察其规范背后的真正意图，可能在不知情或被蒙骗的情况下，帮助外国公司实现其隐藏目的。二是这些设备技术与城市甚至国家的运行及管理息息相关。部分技术融入基础设施建设中，部分技术作为新科技在不断本土化、被利用，一旦遭受网络攻击或远程控制，便能诱发人为制造事故。从控制交通红绿灯到控制机场信号，影响城市或部门运作及管理，导致其陷入瘫痪，威胁民众生命安全。若涉及重要政府部门，控制设备技术造成干扰，导致信息泄露或关键环节停摆，则容易诱发政治危机。除此之外，我国部分数据存储在国外云平台中，在大数据政策未完善的形势下，国与国间数据权属不清，容易造成数据属于谁、谁能用、怎么用等一系列数据困境问题，且难以有效监管，不利于我国对数据的保护。三是进口会受到国家关系、国际形势、国际贸易等政治因素的影响，是一个不稳定的资源。若外国政府进行不正当的制裁，停止提供设备技术，那么我们便无法接续和更新软件或硬件，导致瘫痪和停摆，影响城市建设和发展，浪费已有资源。

许多国家发生革命、暴乱、政权更迭、政治分裂的原因之一便是外国的干涉和吹动鼓舞。在互联网时代，社交网站为人们提供了公开发表自己对某件事情的看法、态度的新方式，但同时，这种网络空间中的行为也成为数据被记录下来。通过对个人政治倾向、言论行为等数据进行分析，并借助数据挖掘、算法推荐等技术，便能实现精准投放政治广告，从而影响人们的价值观，操纵人们的态度、政治倾向，操控舆论，煽动情绪，进而实现政治干预等不良目的。一些机构或组织可能会利用网络数据与技术漏洞监视我国网民行为，从而有针对性地进行舆论引导，干涉政治局面，进行意识形态渗透。针对有反政府、反社会倾向的激进用户，煽动其情绪，吹动其不正当思想，激化矛盾，鼓动其暴力、极端行为，扰乱我国正常秩序，影响社会和谐与稳定，带来负面影响。

首先，针对智慧城市带来的政治安全风险，我们应当鼓励技术的自主研发和创新，加大技术产品研发投入力度，加强技术人才培养，要将核心技术牢牢掌握在自己手里，降低因外包、依赖外国技术带来的风险，保障城市安全。只有自己拥有了核心技术，才能掌握对安全问题的控制权。其次，正如习近平总书记所强调，"要树立正确的网络安全观，加快构建关键信息基础设施安全保障体系，全天候全方位感知网络安全态势，增强网络安全防御能力和威慑能力"[①]。树立全面网络安全观，推进智慧城市建设，保障智慧城市安全，

---

① 国家互联网信息办公室. 习近平总书记在网络安全和信息化工作座谈会上的讲话[EB/OL]. (2016-04-25) [2021-12-10]. http://www.cac.gov.cn/2016-04/25/c_1118731366.htm.

实现智慧城市可持续发展。面对一系列的问题与隐患，要坚持"可管可控，确保安全"的原则，采取有力措施提升我国智慧城市网络安全保障能力。加大网络安全宣传力度，深化对网络安全的认识，强化安全意识，坚持正确的舆论引导，维护智慧城市网络安全，建立网络安全研究所、安全事件应急响应中心等相关机构，维护国家政治安全。

参 考 文 献

[1]　孙建军，裴雷，周兆韬. 中国智慧城市建设政策工具的采纳结构分析[J]. 图书与情报，2016（6）：33-40.

[2]　李霞，戴胜利，李迎春. 智慧城市政策推进城市技术创新的机理研究——基于演化特征与传导效应的双重视角[J]. 研究与发展管理，2020，32（4）：12-24.

[3]　裴雷，周兆韬，孙建军. 政策计量视角的中国智慧城市建设实践与应用[J]. 图书与情报，2016（6）：41-46.

[4]　朱海伦. 智慧城市政策量化与网络结构研究：基于隶属联系模型[D]. 合肥：中国科学技术大学，2019.

[5]　孟凡坤. 我国智慧城市政策演进特征及规律研究——基于政策文献的量化考察[J]. 情报杂志，2020，39（5）：104-111.

[6]　新华社. 中共中央国务院关于加强和完善城乡社区治理的意见[EB/OL].（2017-06-12）[2019-08-28]. http://www.gov.cn/zhengce/2017-06/12/content_5201910.html.

[7]　信息安全与通信保密杂志社. 盘点2020上半年全球重大数据泄露事件[EB/OL].（2020-06-18）[2021-12-14]. https://www.isccc.gov.cn/xwdt/xwkx/07/903972.shtml.

[8]　51CTO. 近期国内外重大数据泄漏事件[EB/OL].（2020-05-03）[2021-12-10]. https://netsecurity.51cto.com/art/202005/615764.htm.

[9]　Warren S D，Brandeis L D. The Right to Privacy[J]. Harvard Law Review，1890（5）：193-220.

[10]　阿丽塔·L. 艾伦，理查德·C. 托克音顿. 美国隐私法：学说、判例与立法[M]. 冯建妹，等，译. 北京：中国民主法制出版社，2004.

[11]　华律网. 法律上的个人隐私[EB/OL].（2021-01-29）[2021-12-10]. http://www.66law.cn/laws/404291.aspx.

[12]　王金祥. 全面网络安全观下智慧城市安全保障体系建构探析[J]. 电子政务，2016（3）：20-26.

[13]　毛子骏，黄膺旭，徐晓林. 信息生态视角下智慧城市信息安全风险分析及应对策略研究[J]. 中国行政管理，2019（9）：123-129.

[14]　陈月华，杨绍亮，李亚光，等. 智慧城市安全风险评估模型构建与对策研究[J]. 电子政务，2020（5）：91-100.

[15]　51CTO. 2020上半年十大网络安全事件[EB/OL].（2020-06-28）[2021-12-10]. https://netsecurity.51cto.com/art/202006/619675.htm.

[16]　澎湃网. 国网甘肃电力加速开展洪涝灾害灾后重建配电网规划工作[EB/OL].（2020-09-27）[2021-12-10]. https://www.thepaper.cn/newsDetail_forward_9366641.

[17]　王青娥，柴玄玄，张譞. 智慧城市信息安全风险及保障体系构建[J]. 科技进步与对策，2018，35（24）：20-23.

[18]　朱伟，王晶晶，杨玲. 城市重要基础设施灾害情景构建方法与应急能力评价研究[J]. 管理评论，2016，28（8）：59-65.

[19]　尹淑艳. 后冷战时代的中国政治安全[D]. 北京：中共中央党校，2004.

第8章 智慧城市的安全保障

智慧城市是现代信息社会城市发展的新目标，大数据、云计算、人工智能、物联网等新一代信息通信技术在给城市治理带来便捷、智慧、高效的同时，也带来智慧城市的安全风险，特别是网络安全风险。数据隐私风险、人工智能安全、网络通信安全等都是智慧城市安全建设需要着重考虑的问题。本章通过分析智慧城市所面临的安全风险，提出构建智慧城市安全技术体系、管理和运营措施，为智慧城市安全保障提供框架和参考。

8.1 智慧城市安全保障概述

我国智慧城市建设如火如荼，取得了丰硕的成果。据统计，全国超过 500 座城市明确提出智慧城市建设方案，涉及城市大脑、智慧交通、智慧医疗、智慧社区、智慧安防、智慧教育、智慧物流等建设内容[1]。智慧城市就是利用信息技术或创新概念，集成处理城市的系统和服务，进而提高资源利用效率，优化城市管理和服务，改善公民生活质量，以实现现代城市长远发展的目标。智慧城市依靠信息技术在实现对城市精确治理的同时，所引发的一系列安全问题不能忽视。研究发现，智慧城市建设存在诸多安全风险，包括网络安全顶层设计缺失、核心技术产品长期受制于人、数据集中成黑客攻击重灾区、网络安全投入较少、网络安全保护意识不足等。安全是智慧城市建设的基础和保障，影响着智慧城市系统的运作，关系着国家和社会的安定。因此，智慧城市发展问题中的安全性保障显得尤为重要。

8.1.1 智慧城市安全保障的属性

智慧城市安全的宗旨就是在实现智慧城市系统时充分考虑信息风险，从而确保智慧城市的健康安全运行，释放智慧城市为公民带来的福祉。为此，智慧城市系统必须具有如下的智慧城市安全保障属性。

1. 可用性

可用性是为了确保智慧城市系统有效率地运转并使授权用户得到所需信息服务。通常，可用性是智慧城市系统的首要信息安全目标。可用性是保证授权用户能及时可靠地访问信息、服务和系统资源，不因人为或自然的原因使系统中信息的存储、传输或处理延迟，或者系统服务被破坏、被拒绝，达到不能容忍的程度。智慧城市可用性保护包括两个方面：智慧城市系统所提供的服务的可用性和智慧城市系统中存储传输和处理的信息的可用性。

2. 完整性

完整性包括两个方面：数据完整性和系统完整性。通常，完整性是智慧城市系统除了可用性之外最重要的信息安全属性,应确保智慧城市系统中信息及信息处理方法的准确性和完备性。完整性破坏是指对智慧城市系统中信息和系统的未授权修改与破坏。智慧城市完整性保护包括两个方面：①智慧城市系统中存储、传输和处理的信息完整性保护；②智慧城市系统本身的完整性保护,系统完整性保护涉及物理环境、基础网络、操作系统、数据库系统、智慧城市应用系统等信息系统的每一个组成部分的完整性保护。

3. 真实性

真实性实际上是指智慧城市系统需要具备一定的不可抵赖性和甄别性。在传统的文件传递中,文件的发文方通过手写签名或印章来鉴别文件的真实性,确定可靠性,并预防抵赖行为的发生,但是在无纸化的智慧城市方式下,通过手写签名或印章进行鉴别已经不太可能。因此,要在智慧城市信息的传递过程中为参与的个人、企业和国家提供可靠的标识。

4. 机密性

机密性是指不向非授权个人和部门泄露私有或者秘密信息。通常,对于大多数电子政务系统,机密性在信息安全属性的重要程度排序中仅次于可用性和完整性。然而,对于某些特定的智慧城市系统和数据,机密性是最重要的信息安全属性。应确保智慧城市系统中的信息只能被授权的人员访问。机密性破坏是指智慧城市系统中各类信息的未授权泄露。

5. 不可否认性

不可否认性也称为不可抵赖性,是指在智慧城市信息系统交互过程中,确信会话双方、信息发送者和信息接收者都不可能否认或抵赖曾经完成的操作和承诺。用户身份认证和数字签名技术是保证不可否认性的重要手段。

6. 可靠性

可靠性是指智慧城市系统能长时间地正常工作,不会出现故障。可靠性要求系统具有一定的容错能力,在出现重大的事故或故障时做出反应,以确保数据不会丢失并且能够继续运行。

8.1.2 智慧城市安全保障的对象

智慧城市安全保障的对象涉及数据、载体、环境与边界。

1. 数据

智慧城市的数据规模大且复杂,囊括社会各领域的数据。智慧城市就是依靠信息技术,挖掘数据,提取用户信息,为公民提供更精准优质的服务,因此,数据是智慧城市得以运营的基础，是智慧城市的灵魂。智慧城市收集、存储和加工的各种数据不仅对城市建设和管理具有重要的参考意义，而且对国家和社会的安全具有重要战略意义。数据不再只是一种经济资源，也是一种战略资源。根据来源，数据可以分成以下三类。

（1）关于人的数据。人们在日常生活中所产生的各类数据，包括文字、图片、视频等信息。

（2）关于机的数据。各类计算机信息系统产生的数据，以文件、数据库、多媒体等形式存在，也包括审计、日志等自动生成的信息。

（3）关于物的数据。各类数字设备所采集的数据，如摄像设备产生的数字信号、天文望远镜所产生的大量数据等。

2. 载体

数据本身不是有形实体，它需要利用某种媒介进行存储和传递。载体就是一种数据存储和传输的媒介，是用于记录、传输、积累和保存政务数据的实体。载体具体包括以能源和介质为特征，运用声波、光波、电波传递数据的无形载体和以实物形态记录为特征，运用纸张、胶卷、胶片、磁带、磁盘等存储介质来传递和储存数据的有形载体。智慧城市安全需要采用物理安全技术以确保介质的物理形式的安全，利用数据安全技术确保政务数据在介质内逻辑形式的安全。

3. 环境与边界

智慧城市的环境是指智慧城市数据与载体的环境，即城市数据及承载数据的载体在整个生命周期中所依赖的软硬件资源，进而扩展到软硬件资源所处的物理环境等更大的范畴。智慧城市环境的边缘即环境与外部的边界，它指示了环境的相对独立性，以及环境外部的差异性。在信息环境中，需要保障数据在存储介质中的存放安全、在政务应用系统中的处理安全和在网络通信系统中的传输安全。在物理环境中，一方面需要保障数据载体的物理安全，另一方面需要保障应用系统及网络系统硬件平台的安全。

8.1.3　智慧城市安全保障的环节

为了保障智慧城市中对象的安全，需要智慧城市分析合规要求（符合法律、法规和标准的要求）、设计安全策略、开展风险评估、制定保障措施、实施安全监控和开展安全评价等六个相互衔接的环节来共同支撑，其具体内容如下。

1. 分析合规要求

实施智慧城市安全保障必须符合相关法律法规、标准规范和监管部门的要求。分析合规要求是实施智慧城市安全保障的首要工作。同时，分析合规要求应兼顾两个方面：一方面要分析国家对智慧城市的一般性安全要求；另一方面要分析相关部门对相应智慧城市的特殊性安全要求。包括以下方面内容。

（1）业务安全符合性需求。业务安全符合性需求主要是指智慧城市相关系统、网站如何保证业务正常、准确、安全地开展，而不会对业务的开展产生各种消极的、破坏性的影响，进而需要满足哪些法律、法规、制度、指南以及业务方面的要求。

（2）数据安全符合性需求。在保障业务能有效准确开展的情况下，如何保证数据的可用性、完整性、真实性、机密性、不可否认性、可靠性等。

（3）载体安全符合性需求。数据符合相关的法律、法规、制度、指南和要求后可以保障数据的安全性。数据相关属性得到保障还需有相应的安全载体。

（4）环境与网络边界安全符合性需求。环境是电子政务生存的空间，边界是电子政务的延伸和扩展。环境决定电子政务的存在、功能的体现、效率的发挥、安全的实现；边界决定电子政务的安全、业务的延伸。

（5）安全策略。安全策略是指属于某个组织的一系列处理和通信资源，用于所有与安全相关活动的一套规则或准则。这些规则、准则由此安全区域所设立的一个安全权力机构建立，并由安全控制机构来描述、实施或实现。

2. 设计安全策略

在完成分析合规要求的基础上，应针对所在部门的智慧城市安全保障工作设计详细的安全策略，包括技术应用策略、风险应对策略、安全管理策略等。例如，针对新技术的应用，是局部试点后逐步推广，还是直接全面应用。一般而言，应充分考虑技术的成熟性，成熟的技术能够确保可靠性和稳定性。但是，在某些情况下，例如，在已有技术存在较大风险漏洞时，应考虑直接全面应用新技术。

3. 开展风险评估

风险评估是风险应对的基础，开展风险评估能够全面识别所在部门智慧城市面对的潜在安全风险，为制定完善的安全保障措施奠定坚实基础。开展风险评估应采用科学的方法和先进的工具，并遵循规范的流程。同时，风险评估一定要从政府部门具体的实际情况出发，全面分析所拥有的智慧城市系统可能面临的各种风险。评估要素包括人、设备、数据、制度和环境五个方面。

（1）人。由于智慧城市的发展涉及云计算、物联网、大数据等信息系统的运用，部分员工承担了架构管理、技术部署、软件开发以及日常维护等工作。如果这些掌握核心技术的员工岗位发生变动，就有可能产生运行风险。除此之外，在日常工作中，难免会遇到操作失误的问题，由于社会对于智慧城市的依赖性日益增大，一次小的误操作可能会产生较为严重的后果。随着全球化进程的加速，信息安全关乎国家利益，如果关键人员被利用，听命于国外敌对势力，那么信息安全将会产生巨大漏洞。

（2）设备。系统性故障可能发生于任何计算环境。系统性故障之所以危害程度大，是因为一旦该情况发生，会在瞬间引发大量有关技术支持的请求，导致智慧城市服务提供商无法同时满足诸多用户需求，只能顾及优先级别较高的用户，从而降低其他用户的使用体验。除此之外，还有设备不兼容问题。服务提供商开发了专用设备和应用软件开发工具，可以与自家产品和解决方案配合使用。然而，由于缺少统一的技术标准，不同商家之间的设备接口可能不同，专用开发工具往往无法兼容。虽然选择同一企业的产品和服务为用户提供了巨大的便利，但导致用户对于特定设备/服务提供商的严重依赖，进而导致选择不同设备/服务提供商时的转换成本大大升高。在技术革命的背景下，云计算、大数据、物联网等很多高新技术的革新速度很快，相应地就会带来设备和软件更新换代的成本风险，以及新旧技术更替可能出现的技术性风险。

（3）数据。物联网、大数据、云计算为收集和共享数据提供了良好的基础条件。然而，这些技术往往采取授权式服务，既可以通过计算机便捷地改变权限设置，也可以通过远程进行暴力攻击，因此在享受便利的同时增加了信息泄露风险。同时，数据被删除、修改、增加、干扰，增加智慧城市不能正常运行的风险。智慧城市对新技术的依赖程度不断加深，使得数据被篡改的风险也在不断提高。信息日益成为行业内竞争的关键因素，数据存在被外部势力实时探听并跟踪事态发展动向的风险。

（4）制度。由于智慧城市建设的时间短，相关的规章制度尚不健全，具体的落实和监督也未严格执行。现有的评估制度还存在许多不合理、不科学之处。此外，内部评估本身具有局限性，同时缺乏权威第三方客观评估机制。虽然目前大多数城市出台了应急预案，也根据服务协议对特定需求进行了约定，但如果遇到突发事件对智慧城市提出预料之外的资源需求，服务提供商提供的解决方案有时就可能无法实现服务协议约定的性能指标，造成智慧城市的可靠性欠佳。许多民众和关系国计民生的部门在不知不觉中就被收集了各种数据，然而这些数据的分类与保护面临缺乏硬性标准和保护力度不足等问题。

（5）环境。智慧城市集成了政务、交通、医疗、教育等关系国计民生的各种资源，拥有数以百万、千万计的用户信息，因此极易成为黑客的攻击目标。另外，由于城市自身并不具有相应的开发能力，这就需要不断与服务提供商沟通采购或定制新的服务，对服务提供商的依赖性越来越大，于是服务提供商在产品升级、提供服务等方面均处于强势地位。

4. 制定保障措施

在完成风险评估后，应制定有针对性的、可操作的智慧城市安全保障措施，包括技术和管理两个方面。在技术方面，从信息安全、载体安全、边界安全、环境安全等层面出发，提出相应的安全保障措施；在管理方面，从安全保障机构、安全保障制度、安全保障人员管理和安全保障资金管理等层面提出相应的安全保障措施。技术措施和管理措施是确保智慧城市安全不可分割的两个部分，两者既相互独立又相互关联。某些情况下，技术措施和管理措施各自发挥着相应的作用，但大多数情况下，技术措施和管理措施需要相互配合、相互支持，才能确保智慧城市的建设和运行安全。

5. 实施安全监控

针对智慧城市安全存在的潜在威胁，应进行全方位的实时监控，通过实时监控分析用户和系统的行为，审计系统配置和漏洞，评估智慧城市系统和数据的完整性，识别攻击行为并对异常行为进行统计和跟踪，尽可能早地发现可能存在的风险。实施安全监控是启用相应安全保障措施的基础，只有及时发现可能存在的风险，相应的安全保障措施才能最大限度地发挥作用。安全监控是智慧城市安全保障的基础性工作，也是日常工作中最为重要、最为繁重的一部分工作。

6. 开展安全评价

针对特定部门实施智慧城市安全保障工作的成效应定期开展评价工作。开展安全评价应结合智慧城市安全的目标和相应的智慧城市实际情况，采用科学的方法，借助先进的工具，从保障对象、保障资源、合规要求、安全策略、风险评估、保障措施和安全监控等方面出发，评价特定部门实施智慧城市安全保障工作的成效。需要注意的是，开展安全评价应充分结合自评和他评，不仅要开展自身安全评估，而且要邀请第三方机构开展安全评估，很多时候，第三方机构的安全评估更为重要。

8.1.4　智慧城市安全保障的资源

智慧城市安全保障资源是指保障智慧城市安全的资源，它服务于智慧城市安全保障对象生命周期的各安全环节，具体可分为智慧城市安全人力资源、智慧城市安全财务资源、智慧城市安全信息资源和智慧城市安全技术资源。其中，人力资源是最有活力的资源，是推进智慧城市的主要动力；技术资源是智慧城市安全的根本保障；信息资源和财务资源是智慧城市安全的重要保障。

1. 智慧城市安全人力资源

智慧城市安全资源保障管理的核心环节是培养与智慧城市业务有关人员的业务素质、职业道德以及思想素质。人为因素是智慧城市各安全环节中最重要的因素。因此，全面提高人员的技术水平、道德品质以及安全意识是智慧城市系统安全得以实现的最重要保证。许多智慧城市安全事件都是由智慧城市系统操作人员引起的。因此，人员素质是十分重要的，一方面，建设和维护一个关于智慧城市的高技术现代化的网络离不开掌握相关技术的人员；另一方面，由各种人为因素造成的安全事故教训很多，应该加强人员的审查，把好智慧城市安全的第一关。

2. 智慧城市安全财务资源

智慧城市安全财务资源是智慧城市安全保障的一个必不可少的重要资源，确保智慧城市安全保障各环节的人员、物资、知识、技术等各项智慧城市资金使用支出。智慧城市安全财务资源的保障关键是做好智慧城市资金使用的预决算管理。对智慧城市建设财务资源进行预算是实现现代化智慧城市安全的核心因素之一。它不仅是智慧城市财务资源的财政数据记录、估算、汇集和汇报，而且是一个支出计划。

3. 智慧城市安全信息资源

智慧城市信息的安全获取是指政府各部门根据智慧城市信息使用者的需要，在其各自的职责范围内，对于相关智慧城市信息源或者信息载体内各种形态的信息采用安全技术进行选择、采集等的过程。智慧城市信息的安全获取是实现政务信息安全交换和共享，从而提高智慧城市信息资源开发和利用的基础。由于智慧城市信息的覆盖范围非常广,且非常复杂,对智慧城市信息的安全获取采用以下原则。

(1)信息获取的广度要大。对于智慧城市信息的安全获取要做到全面、完整和系统地采集,采集的对象不仅要有经济社会的信息,而且要有地理、政治法律、人类活动和社会文化等方面的信息。在采集信息时,要保证时间上的纵向延伸和空间范围上的横向伸展,尽可能避免遗漏重要信息。

(2)信息获取的向度要准。智慧城市信息安全获取的向度要准是指安全信息获取的方向和范围要尽可能准确和具有针对性,其目的是剔除无效或者有害的信息资源,从而保证智慧城市相关主体能够安全地利用这些信息资源。

(3)信息获取的真度要强。智慧城市信息的真实性是智慧城市信息安全的重要保证。真实可靠的智慧城市信息是相关工作人员进行科学有效的管理和正确决策的关键,应该从三个方面着手。第一,确保信息源的完全性和准确性;第二,获取的信息在编码、译码以及传递的过程中不会受到干扰;第三,避免智慧城市信息的信宿在接收信息时出现偏差。同时,在智慧城市信息的安全采集过程中,可以采用一些先进技术手段,如电子数据交换技术,以减少信息采集中不安全因素的干扰。

(4)信息获取的融度要深。在智慧城市信息安全采集过程中,要尽可能地按照信息本身的各种内在联系进行组合,追求信息的耦合作用,即两个或两个以上的信息要素通过相互作用而相互影响,最终形成联合,通过信息的耦合作用能够有效剔除不安全和无用无效的信息。

4. 智慧城市安全技术资源

智慧城市安全技术资源保障措施主要包括智慧城市安全技术资源的获取和应用。智慧城市安全技术资源的获取对于确保智慧城市安全,保证智慧城市信息的可靠性、安全保密性、完整性以及可用性等具有重要的意义,从而有效地规避在信息传输以及发布和处理中面临的网络内部或外部的安全威胁。智慧城市安全技术资源的获取应该登记保护与保障发展并重,根据所面临的威胁等级和信息的价值等级,选择合适的安全技术保障等级,寻求投入与风险的可承受力的平衡点,从而保证智慧城市的健康发展。智慧城市安全技术资源的应用由安全的法律和政策、安全的规范和标准、安全的保障和服务、安全的技术产品以及安全的基础设施等多个方面构成。对于智慧城市安全技术资源的应用,必须以法律的形式将其固定下来,从而形成全国性的法律准则和规范。

8.2　智慧城市安全保障的状况

世界范围内的智慧城市建设正如火如荼地进行,智慧城市安全保障作为智慧城市建设的重要组成部分,也在实践和理论方面进行了有益的探索。国外智慧城市安全保障发展主要集中在智慧城市的安全风险识别和安全保障方法两个方面。国内学者也对智慧城市安全框架与体系、保障措施、实践案例进行了总结,上海、广州等地的实践探索取得了一定成效。

8.2.1　国外智慧城市安全保障的发展状况

国外智慧城市安全保障发展主要集中在智慧城市的安全风险识别和安全保障方法两个方面，并且在理论和实践方面进行了有益的探索。在安全风险识别方面，学者就智慧城市的能源、交通、健康、旅游等各方面进行了探讨。在安全保障方法方面，学者建立了多个理论模型，美国圣迭戈市在智慧城市安全保障方面进行了有益探索。

1. 安全风险识别

智慧城市服务可以扩展到许多领域，包括环境、交通、健康、旅游、家庭能源管理和安全以及安保。美国国家标准与技术研究院（National Institute of Standards and Technology，NIST）的智慧城市模型是广泛采用的参考模型之一。它分为六大类别：智能环境、智慧交通、智慧经济、智慧治理、智慧人和智慧生活。有研究依据这一分类概括了智慧城市所面临的可能的安全风险，如表 8-1 所示。

表 8-1　智慧城市所面临的安全风险

智慧城市组成部分	安全风险
智慧电网	协议漏洞、隐私问题、窃听、流氓/感染的设备、对联网设备的攻击
建筑自动化系统	高度信任的设备、设备长生命周期、缺少源身份验证、不安全的协议
无人机（unmanned aerial vehicle，UAV）安全	通信拦截、通信注入、通信干扰
智能汽车	物理威胁、通信拦截、通信干扰、数据安全
物联网传感器	数据保密、安全通信、数据管理、数据存储、传感器故障
城市云	数据泄露、恶意的内部威胁、不安全的 API、拒绝服务、恶意代码注入攻击、系统和应用程序漏洞、数据位置和规则边界

2. 安全保障方法

1）学术研究

由于智慧城市面临着与安全和隐私相关的诸多挑战，一些研究提出了各种框架、模型和算法来改善这些问题。这方面的文献集中在加密算法，以建立安全的智慧城市系统。Antonopoulos 等[2]利用无线传感器网络（wireless sensor networks，WSN）测试高级安全特征算法。Stromire 和 Potoczny-Jones[3]提出将端到端密码系统集成到智慧城市解决方案中。如果有任何数据泄露，应用该系统将不会透露任何有关数据的信息。类似地，Lai 等[4]在名为"完全隐私保护和可撤销的基于身份的广播加密"的方案中使用了一种加密方法。该方法旨在保护接收者和被销毁用户的数据隐私与身份隐私。资料可获安全保护，只有授权的用户才可查阅该资料。销毁过程不会透露关于数据内容或接收者身份的任何信息，公众也不会了解接收者身份和被销毁用户身份。这些特性将在需要身份隐私的智慧城市中得到应用。Patsakis 等[5]开发了一种加密协议，该协议以可伸缩、互操作的方式管理通过电子参与产生的大量个人信息，从而保证了智慧城市中公民的隐私。

网络访问控制在任何通信系统中都起着重要的作用。要开发足够安全的物联网访问系统，以防止入侵者控制物联网设备或泄露存储在对象或节点级别的机密信息。Beltran 等[6]推出了 SMARTIE 集成平台，用于以用户为中心的安全物联网。它在保证可伸缩性和效率的同时保护用户隐私。该平台有效地根据用户隐私偏好为物联网设备提供去中心化访问控制，目的是促进以用户为中心的隐私和治理在可伸缩和高效模式的物联网应用程序中的集成。该平台允许用户通过感知和发布数据来控制加入该平台的设备，并启用对设备的细粒度访问控制规则，同时决定谁可以和不可以拥有他们的设备数据。Burange 和 Misalkar[7]通过为最终决策者提供最终确定客户端网络访问的机会来降低隐私风险，从而保护用户数据的隐私。Peters 等[8]提出了隐私意识框架——Privacy Zones，该框架要求服务提供商共享其应用程序收集的有意义的数据，并通过两个案例研究服务（Hail-A-Taxi 和 Get-A-Discount）成功地测试了所提出的框架。

人工智能可以提高智慧城市的安全性和私密性。Gonzalez-Garcia 等[9]通过计算机视觉对图像进行分析，在分析的图像中检测出人。通过不同的测试发现，与其他图像相比，该系统对头部和肩部图像的检测更加准确。此外，研究发现，将计算机视觉集成到物联网中是可能的，图像可以作为传感器，从而提高智慧城市中家庭的安全性。Milanese 等[10]提出了一个利用人工智能和认知功能的框架，该框架能够以自动智能的方式学习理解、分析和审计每一个产品。

Krichen 和 Alroobaea[11]基于云架构的解决方案，通过描述攻击方的策略，提出了一种新的基于模型的框架，用于测试智慧城市中基于物联网的系统的安全性。Han 等[12]为智慧城市开发了一种不需要双线性配对的轻量级和隐私保护的公共云审计方案。其所提议的无配对方案允许第三方审计人员代表用户生成认证的元数据，并提供针对第三方审计人员和云服务提供商的数据隐私。与现有的公共云审计方案相比，该方案更加安全、高效。

2）实践探索

圣迭戈市是美国智慧城市实践的先行者，圣迭戈市的智慧城市网络为 40 个部门的11000 多名员工提供服务，涵盖 40000 多个终端。与此同时，圣迭戈市也是实施智慧城市安全保障的杰出代表。圣迭戈市在智慧城市建设之初就意识到，智慧城市安全是智慧城市建设的重要组成部分。随着城市物联网技术的发展，城市联网设备的数量不断上升，智慧城市网络安全需要一个更加完整的顶层设计。

首先，对圣迭戈市智慧城市的安全状况进行评估。为了实现这一目标，圣迭戈市智慧城市安全保障小组引入了 NIST 的计算机安全指导政策框架，并且采纳了 NIST 的持续监控、扫描与修复模型，对评估标准进行更新。

其次，圣迭戈市采用了多个网络安全产品共同防御策略，与多个网络安全公司开展合作，提供智慧城市安全保障。在安全扫描方面，圣迭戈市使用了与 Carbon Black 桌面终端安全技术相整合的 Tenable。Tenable 是行业内部署广泛的漏洞和配置评估产品。Tenable 的功能是进行快速发现、审计配置、资产分析、敏感数据发现、补丁管理的整合，以及智慧城市安全状态的漏洞分析。在 Tenable 的推动下，通过不断更新、拥有超过 50000 单个漏洞库和配置，进行智慧城市网络检查，这一过程得到 Tenable 漏洞研究专家团队的支持。

在数据治理方面，圣迭戈市智慧城市安全保障小组使用 Varonis 解决方案，对元数据进行管理，使智慧城市网络管理者能够智能化地访问、管理、迁移和处理其非结构化数据。Varonis 解决方案基于专利技术和高度精确的分析引擎，可使智慧城市组织对其数据完全可见，并可对数据进行控制，从而确保只有正确的用户才始终有权访问所有设备中的正确数据，对所有数据使用进行监控，并对数据滥用添加标记。

在统一的威胁监控方面，圣迭戈市目前使用 Cyphort 平台。Cyphort 平台提供的高级威胁保护解决方案可保护智慧城市网络不受零日攻击和有针对性的攻击。Cyphort 平台利用行为分析、情报和恶意软件检测来找出虚拟、物理和云基础设施中的攻击行为。此外，智慧城市中的安全事件数据和其他资源被注入 Sumo Logic，这是一种基于云的分析服务，提供日志和测量管理。一旦发现漏洞，使用实时远程测试平台 AttackIQ 来帮助验证安全问题的真实性。如果确定存在问题，则使用扫描结果提交任务列表来修复问题。

8.2.2　国内智慧城市安全保障的发展状况

智慧城市是当今世界发展的潮流与方向，网络信息安全对智慧城市的建设与发展承担着保障作用，也是在新技术兴起的环境下城市现代化建设的重中之重。国内学者从不同角度展开了对智慧城市安全保障的研究和探索。

1. 安全保障理论研究

随着互联网、人工智能、大数据等新技术的发展，智慧城市的建设面临着严峻的网络信息安全问题，构建网络安全保障理论体系对于安全保障工作的开展具有重要的指导意义。

（1）智慧城市安全框架与体系。张永民和杜忠潮[13]构建了由信息安全计划、信息安全保障体系运行和安全管理体系评估以及安全管理体系完善构成的信息安全保障体系模型。王金祥[14]从全面网络安全的角度切入，对构建智慧城市安全保障体系进行了探究，提出智慧城市安全保障体系应由网络安全技术监测防御体系和网络安全应急指挥/管理/处理/服务体系构成，还从培训宣传、组织与人才体系、构建网络安全协同创新共同体、评估与审查等方面提出了建议。刘铭秋[15]基于全景敞视主义进行了智慧城市治理中的安全重构，他认为，数据时代下，智慧城市利用新技术手段对空间内所有人的信息进行收集，在满足人们综合需求的同时也造成了城市秩序的异化，因此，应该从人的角度出发，将人作为智慧城市治理的逻辑起点，强化智慧城市应对安全问题的能力。

（2）智慧城市安全风险与保障措施。安达等[16]对基于大数据的智慧城市安全建设进行了研究，他们认为，目前智慧城市建设存在诸多风险与挑战问题，在技术层面，数据存储与处理、数据分析能力、统一标准规范都存在不足，整体存在信息孤岛、缺乏统筹建设、对公共安全重视不足和数据隐私缺乏法律保护等问题。据此，他们从完善机制、引导公众、技术创新、数据资源利用等方面提出具体建议。光夏磊等[17]基于情报视角对智慧城市安全管理模型和体系进行研究，对智慧城市安全管理工作循环流程进行分析，在此基础上提出安全管理模型，并运用其引领智慧城市治理全局。同时构建由安全信息子系统、安全情报子系统、安全管理子系统共同组成的智慧城市安全管理体系。

（3）智慧城市安全案例分析与模式探索。吴建新[18]基于新加坡智慧城市建设实践经验，提出技术、法规、道德和监管"四位一体"的信息安全与保护模型。张大江等[19]结合对沈阳、嘉兴等智慧城市建设案例的调查研究，从安全管理、技术、建设、运营等方面分析了智慧城市建设面临的安全问题，并从安全角色与安全保障两个维度出发，构建智慧城市安全保障体系。

2. 安全保障实践探索

智慧城市安全保障是城市安全保障的重要环节，它与国家安全、城市运转、企业经营和市民生活紧密相关，从国家到个人都紧密关注智慧城市安全情况，因而加强智慧城市安全保障已成为政府及公共企事业单位、企业和公民的强烈共识。我国智慧城市安全保障已经进入战略觉醒阶段，国家先后成立中国共产党中央国家安全委员会、中国共产党中央网络安全和信息化委员会，对我国智慧城市建设中安全保障的战略规划和重大政策做出了一系列部署。但由于我国智慧城市安全保障的实践起步晚、发展不均衡，部分较为先进的城市已将中央关于智慧城市安全保障的相关部署落实，并产生了较好的成效；但在较为落后的偏远城市，由于智慧城市建设本身起步晚，对于安全保障工作的实践更为迟缓，导致智慧城市的发展与安全保障建设无法同步推进。

上海、广州和宁波在实施信息化领先发展战略、加快建设面向未来的智慧城市的过程中，面对复杂严峻的安全形势，高度重视信息安全保障工作，坚持信息安全与信息化同步规划、同步建设和同步运行，积极探索与特大型城市信息化发展水平相适应的区域信息安全保障体系，对我国网络安全与信息化全局工作具有较好的启示意义。

上海信息化发展较为领先，目前已经建立了较为完善的信息安全保障体系。在"九五"时期，为适应数字化、网络化发展的需要，上海在国内率先成立了市级层面的互联网安全协调机构。"十五"至"十二五"期间，上海信息安全保障工作经历了"保障重点""强化监管""综合治理"三个阶段的变迁。从上海信息安全保障工作的发展历程不难看出，信息安全保障工作与信息化的协同发展是"一体之两翼，驱动之双轮"，信息安全的重点任务因不同时期的信息化技术发展水平、信息应用程度而不同。上海信息技术普及程度高，故在信息化带来受益范围广的同时更不能忽视智慧城市安全保障工作。信息化应用的社会化决定了信息安全问题的社会化，目前，上海信息安全工作已经进入综合治理的新阶段。

广州作为国内智慧城市建设的领先者，拥有智慧城市信息安全保障的坚实基础。智慧城市的信息安全保障范围覆盖整个智慧领域。根据广州智慧城市的发展现状以及信息安全保障的实际需要，广州智慧城市信息安全保障的主要领域集中在智慧城市管理、智慧交通、智慧物流、智慧医疗以及智慧食品等五大民生领域，具体措施主要体现在以下方面。广州智慧城市信息安全保障的顶层设计已初具形态，以《中共广州市委、广州市人民政府关于建设智慧广州的实施意见》为代表的一批政策法规，围绕智慧广州建设的基础设施、技术创新以及应用体系等各项专项规划，为智慧城市信息安全保障工作创造了良好的条件。除此之外，广州的智慧城市信息安全保障的基础设施也初具规模，以广州超级计算中心、物联网技术中心和国家信息通信枢纽等为代表的一大批智慧城市基础设施初步形成了开展信息安全保障工作的基本框架。

宁波根据中央网络安全管理有关精神和市委市政府关于加快创建智慧城市的任务要求，加强技术建设与贯彻落实，促进智慧城市发展与安全建设协调并进。在安全体制建设上，成立专门的信息安全协调小组，主要负责协调管理信息安全工作，除此之外，还成立专门的网络安全执法检查小组。注重各阶段工作任务督促与考核。积极高效完成中央、省、市网络安全和信息化委员会布置的工作任务，从工作机制、重点环节、督查举措、应急处置和培训宣传等方面做出了明确的部署与安排。推动信息安全等级保护工作，落实相关规定中对于相关信息网络与系统的安全级别评定以及评审任务。制定了《宁波市网络与信息安全应急预案》，确定各阶段有关部门及人员的负责范围和职责。建立信息安全防范体系。积极开展信息系统项目的前期审核、专项验收和绩效评估工作。认真组织专家和第三方咨询机构对项目方案的可行性、必要性、建设内容、硬件和网络部署、信息安全、建设工期、建设投资等方面进行前期审核，保证建设项目符合智慧城市建设要求。

8.3　智慧城市安全技术保障

基于智慧城市分层技术架构，在物联感知层、计算与储存层、网络连接层、数据层、应用层采取各种安全措施以降低来自各层次的安全风险，主要从身份管理、防泄露、防入侵、可用性、防抵赖等多个维度展开。

8.3.1　智慧城市的应用层安全保障

应用层保护侧重于通过其他安全工具或策略来消除危害，以防止在应用程序或工具使用期间计算和传输数据可能引发的泄露和盗窃情况，维持应用的正常使用。

1. 典型安全风险

（1）应用无法使用的风险。智慧城市涉及的应用众多，包括电子政务、教育、医疗、公共交通等多个方面。这些应用涉及面广，包括智慧城市中的政府、公务员、企业、个人、非营利组织。这些应用如果因为自身或外来原因导致不可用，将影响整个智慧城市的正常运营，带来不良的社会影响。

（2）数据泄露的风险。在智慧应用层，应用系统和智能终端面临病毒、后门、木马、漏洞以及恶意软件等威胁，如果受到控制，那么会导致系统信息泄露。

（3）网络欺诈风险。在智慧应用层，不法分子通过编制病毒/木马等诈骗程序、发布虚假消息、篡改用户资料，导致用户资产损失。

2. 保障措施

智慧应用直接面向智慧城市用户，可考虑采用以下技术保障其安全性。

（1）操作系统安全技术。各类操作系统的加固安全策略基本相同，共同遵循服务最小化、严格控制系统的访问权限、及时安装补丁、必要的防护等基本原则。具体来说包含以下环节。

①硬件安全。硬件安全是智慧城市应用的基层，任何一个系统底层都是硬件层。硬件安全是指加密芯片、智能卡、可信计算等独立形式的安全芯片。硬件安全技术也围绕加密芯片安全展开，包括侧通道攻击保护、故障供应保护、安全布局设计、物理非克隆功能等技术，以及生命周期管理、供应链安全等内容。

②标识与鉴别。标识就是用户要向系统表明自己的身份。标识应当是唯一的，不能伪造。系统可能会为用户分配唯一的用户名、登录 ID 或智能卡等。鉴别是验证和测试用户声明身份有效性的过程。

③访问控制。对于路由器的访问控制需要采用分级保护密码、基于网际互联协议（internet protocol）地址的访问控制、基于用户的访问控制，通过访问控制，避免不法分子进入系统，从而确保系统的安全。

④最小特权管理。最小特权原则是系统安全的最基本原则之一。最小特权是指网络上每个主体（用户或进程）执行操作所必需的特权。最小特权原则是指网络中每个主体为了避免因可能发生的事故、错误、网络组件的篡改等造成的最小损失而必须拥有的最小特权。

⑤可信通路。可信路径（trusted path，TP）又称可信通路，是终端人员与可信库直接通信的一种机制，只能由相关终端人员或可信库启动，不可信的软件无法模仿。可信通路机制主要在用户登录或注册时使用，可以保证用户确实在与安全核心通信，防止木马等不可信进程在仿真系统登录过程中窃取密码。

⑥安全审计。网络安全审计系统包括网络行为监控、通信内容审计、数据库运行过程审计。网络行为监控部署在边界防火墙后、主干交换机上，实现对系统进出数据流的侦听和嗅探，对通信双方的数据包进行分析记录，对上网行为及通信内容进行安全审计。数据库运行过程审计部署在智慧城市系统数据库服务的交换机上，获取智慧城市网站用户访问数据的具体操作和数据内容，并对数据库访问行为和数据内容进行安全审计。

（2）应用安全支撑技术。在现有智慧应用的基础上，保证现有智慧应用安全机制的有效性，降低安全保障难度。

①隐私保护技术。隐私保护技术主要包含基于用户的隐私保护技术和基于中间代理的隐私保护技术两种。基于用户的隐私保护技术主要有防火墙技术、Cookies 抑制器、密码技术、网络访问控制技术、入侵检测技术。基于中间代理的隐私保护技术主要包括基于代理服务器的隐私保护技术、基于路由器的隐私保护技术、基于洋葱路由的隐私保护技术。

②云安全存储技术。云安全存储技术主要包含云数据加密储存技术、云数据安全审计技术、云密文访问控制技术。云数据加密储存技术包括同态加密技术、基于虚拟机监视器

（virtual machine monitor，VMM）的数据保护技术、基于加解密的数据安全存储技术、支持查询的数据加密技术和面向可信平台的数据安全存储技术。云数据安全审计技术包括数据持有证明（provable data possession，PDP）、支持动态存储的外包数据存储模型等。云密文访问控制技术包括数据可检索证据（proofs of retrievability，POR）模型、云存储完整性审计机制等技术。

③入侵检测技术。入侵检测技术通过从计算机系统或计算机网络关键点收集安全信息并进行相应的信息分析，从中发现系统或网络中是否存在攻击和违反安全策略的迹象。监控和分析用户与系统的活动，发现非法用户和合法用户的非法操作行为、审计系统结构和系统弱点、提示系统安全管理员修复漏洞。同时对已知的攻击活动模式进行识别和反映，并向相关人员发出警报，使入侵行为得到实时检测。对操作系统的审计将被跟踪和管理，以识别违反安全策略的用户的特定行为。

④身份认证技术。规范管理数据访问权限。数据访问权限要求只有授权的人才能获取数据。保护数据不只是为了保证数据的正确使用，更重要的是，让不应该看到数据的人看不到数据。在这方面，有必要依赖身份认证技术对数据进行锁定。只有通过身份认证的人员才能访问数据。身份认证技术主要包括公钥基础设施（public key infrastructure，PKI）认证、计算机网络授权协议（Kerberos）认证、动态口令认证。

8.3.2　智慧城市的数据层安全保障

国际标准化组织（International Organization for Standardization，ISO）对计算机系统安全的定义是，为数据处理系统建立和采用的技术与管理的安全保护，保护计算机硬件、软件和数据不因偶然和恶意因素遭到破坏、更改和泄露。因此，数据安全保障重点在于保证数据的可用性、完整性、真实性、保密性、不可抵赖性。

1. 典型安全风险

数据安全问题包括很多种类，具体如下。

（1）硬盘驱动器损坏。由于存有信息的光盘损伤，USB 闪存盘无法识别，传感器故障导致的数据无法获取、文件解压错误。文件格式不支持导致的数据无法使用。数据格式错误导致的数据无法传输。

（2）人为原因。误操作删除数据、覆盖文件、纸质文件丢失。

（3）黑客、病毒。木马程序非法获取隐私数据导致的数据被窃取，网络嗅探器监听导致的数据被非法获取等。

（4）自然原因。地震、海啸、洪水、山体滑坡等自然灾害。

2. 保障措施

数据安全保障通常采用的技术包括数据加密技术、身份认证技术、数据监测和风险预警技术等。

（1）数据加密技术。数据库中的数据加密和匿名是为了提高数据库管理系统的安全性，提供一个安全有效的数据加密平台，实现对数据库中存储内容的有效保护。通过数据库存储加密、匿名等安全技术，确保数据库数据存储的保密性和完整性，使数据库以密文形式储存，在匿名状态下工作，保证了数据的安全性。目前，数据加密技术有以下 4 种。

①数字签名。数字签名是用来保证信息传输过程中信息的完整性与提供信息发送者的身份认同和不可抵赖性的一种安全技术。具体来说，网络系统需要对相关文件进行真实性识别和验证，从而产生电子文件的数字签名。数字签名在电子文档的身份认证，保护数据完整性、不可否认性和匿名性等方面发挥着重要作用。它能够识别真实有效的电子文件，因此在电子信息的识别中得到了广泛的应用。

②数字指纹。数字指纹是一种形象的说法，在密码学上又称为信息摘要（message digest）。它是通过安全的单向哈希函数作用于将要发送的信息（message）上产生的，它主要有三个特点：能处理任意大小的信息、不可预见、完全不可逆。具体来说，为了防止数据和信息在传输与存储过程中受到有意或无意的篡改，使用哈希函数对数据进行计算，生成数据摘要，并附加到数据上，与数据一起存储。在信息的传输和存储中，附加的摘要是数字指纹信息。数字指纹技术已广泛应用于保密或重要数据和信息的传输与存储，以确保信息的安全。

③数字信封。数字信封结合了秘密密钥加密技术和公开密钥加密技术的优点。具体来说，在沟通过程中，信息的发送者用一个随机产生的对称密钥加密数据，然后用接收者的公钥加密该对称密钥，称为数字信封，将数字信封与对称密钥加密后的数据一起发给接收者。在信息传输过程中，接收者接收数据后，首先用其私钥打开数字信封，得到发送者的对称密钥，然后用该密钥对数据进行解密。数字信封技术在信息传输中的目的是利用数据接收者的公钥封装保护加密数据的密钥，以确保信息安全传输而不被泄露或窃取。

④数字证书。数字证书是标识通信中各方身份的数据，它是信息的数字标识、数字证书和电子身份证的一种。在信息传输中，数字证书采用公钥、密码、交互式查询和应答，查询和应答过程中采用密码学加密的方式进行分发，或者采用与中央处理器（central processing unit，CPU）加密技术配套的智能卡，其安全性更高。消息的接收者和用户都需要使用数字证书来标识自己。

（2）身份认证技术。身份认证技术主要包括 PKI 认证、Kerberos 认证、动态口令认证。

①PKI 认证。PKI 是一种硬件、软件、人员、政策和程序的集合，用于实现基于公钥加密的密钥和证书的生成、管理、存储、分发和撤销。典型的 PKI 系统包括 PKI 策略、软硬件系统、证书机构、注册机构、证书发布系统和 PKI 应用等。

②Kerberos 认证。Kerberos 认证是一种面向开发系统的身份验证机制，为网络通信提供可信的第三方服务。网络上的 Kerberos 服务器充当受信任的中介。当信息系统用户申请信息服务程序的服务时，用户和服务器将首先要求 Kerberos 验证另一方的身份。身份验证基于用户和服务器对 Kerberos 的信任，通过对信息系统用户的严格身份验证来保证系统的安全性。

③动态口令认证。动态口令认证是一种相对简单、安全的认证机制。在使用信息系统和获取信息时，易于使用。在根据已记住的密码进入系统之前，不需要额外的硬件算法来

保证安全，也不需要存储密码、密码等信息。在使用口令（password）进行身份验证的信息系统中可以使用动态口令。

（3）数据监测和风险预警技术。数据管理人员要对数据进行常态化的监测，通过分析数据来预警、拦截可能出现的数据风险。数据管理人员要根据自身的经验，分析总结数据风险的特征，完善数据风险的预警体系，提高风险预警的准确性。K-均值聚类、基于密度的噪声应用空间聚类（density-based spatial clustering of applications with noise，DBSCAN）及在这两种技术基础上的自适应异常检测法是数据风险的预警体系目前主流的技术手段。

8.3.3　智慧城市的计算与储存层安全保障

智慧城市的计算与储存层安全保障的重点在于保护计算与储存设备的物理安全。在计算与储存层，智慧城市安全主要面临着载体风险、环境风险、边界风险。智慧城市的安全保障措施也应该从以上三个方面出发，构建智慧城市安全保障体系。

1. 典型安全风险

总体来说，计算与储存层设备物理安全的风险如下。

（1）载体风险。易氧化腐蚀造成智慧城市的计算与储存载体损坏，计算与储存载体丢失，强磁破坏造成的计算与储存载体逻辑破坏，生物破坏造成的计算与储存载体损坏，盗窃造成的计算与储存载体被盗，非法闯入机房造成的计算与储存载体被盗、载体损坏、载体逻辑破坏，温湿度超标、电磁辐射严重、供电系统故障造成的计算与储存载体损坏和载体逻辑破坏，核心服务器宕机、计算环境非法访问、计算环境遭受攻击导致的计算与储存载体逻辑破坏和无法访问等。

（2）环境风险。计算机环境漏洞造成的智慧城市的计算与储存系统环境被非法访问，智慧城市的计算与储存系统环境遭受攻击，非法闯入机房；物理环境基础设施设备老化造成的智慧城市的计算与储存系统供电系统故障；计算环境资源有限造成的智慧城市的计算与储存系统机房网络设备瘫痪，核心服务器宕机；机房环境管理漏洞造成的智慧城市的计算与储存系统计算环境被非法访问，非法闯入机房；钓鱼网站、虚假服务进程、钓鱼无线接入造成的智慧城市的计算与储存系统环境被假冒；恶意代码造成的智慧城市的计算与储存系统环境被非法访问，遭受攻击，被破坏；边界被绕过或穿透，边界无法正常工作，边界配置信息泄露造成的智慧城市的计算与储存系统环境被非法访问，遭受攻击，被破坏。

（3）边界风险。边界设备系统漏洞导致的智慧城市的计算与储存系统边界无法正常工作；边界设备规则配置漏洞，入侵识别错误率较高，无法实现深层次内容检测，无法检测加密内容，支持有限的病毒扫描功能导致的智慧城市的计算与储存系统边界被穿透或绕过；物理边界设施强度不足导致的智慧城市的计算与储存系统物理边界非法闯入；对边界进行拒绝服务攻击导致的智慧城市的计算与储存系统边界无法正常工作；反弹木马攻击、利用虚拟专用网（virtual private network，VPN）加密通道、防火墙穿透攻击导致的智慧城市的计算与储存系统边界被穿透或绕过；对物理边界设施实施暴力攻击导致的智慧城市的计算与储存系统物理边界非法闯入等。

2. 保障措施

1）载体风险的保障措施

（1）保障存储介质安全。这包括输入密码（序列号），以保障智慧城市系统的软件安全；通过软件磁盘加密，利用专用技术在磁盘上创建专用标记，使普通用户不能使用操作系统的复制命令复制这些专用硬盘上的内容；硬盘加密。

（2）恶意代码防御技术。这包括基于主机的恶意代码防御技术和基于网络的恶意代码防御技术两种。其中，基于特征的扫描技术、权限控制技术、完整性技术是基于主机的恶意代码防御技术的核心；恶意代码检测、异常检测、网络隔离技术、防火墙控制技术是基于网络的恶意代码防御技术的重点。

（3）传输安全技术保障措施。这主要包括路由器安全保障措施、虚拟专用网保障措施、安全协议保障措施。可靠性与线路安全、身份认证、访问控制、信息隐藏、数据加密、攻击探测和防范、安全管理是路由器安全保障措施的主要环节。建立虚信道、认证、数据完整是建立虚拟专用保障措施的核心。

2）环境风险的保障措施

（1）加强机房环境控制。这主要包括机房温度和湿度控制、机房空气含尘浓度控制、限制振动、限制噪声、限制电磁干扰场强、控制灯光亮度、控制接地要求、保障电源不间断供电、防止静电的危害。

（2）主机安全技术。这包括主机的强化策略，改进系统密码设置；操作系统安全加固技术的应用。密码设置应遵循以下规则：增大密码字符间距、选择长密码、选择不规则密码、及时更改密码、多密码。各种操作系统的强化安全策略基本相同，遵循最小化服务、严格控制访问权限、及时安装补丁、必要保护等基本原则。

（3）漏洞管理技术。这主要包括漏洞扫描技术和渗透检测技术。漏洞扫描技术类似入侵检测技术，包括操作系统漏洞扫描、网络漏洞扫描、网页应用程序漏洞扫描、数据库漏洞扫描等。渗透检测技术的本质是一种攻击行为。利用各种常见的攻击手段，对被测系统进行有计划、可控的攻击，以发现被测系统的弱点和漏洞。

（4）安全测试技术。这主要包括安全审查技术、目标识别与分析技术、目标漏洞验证技术。安全审查技术通过检查智慧城市系统、应用、网络、策略，发现智慧城市系统安全漏洞的规程。通过文档审查、日志审查、规则集审查、系统配置审查、网络嗅探、文件完整性检查等对智慧城市安全性进行审查，从而保证智慧城市系统的安全。目标识别与分析技术重点关注进行目标识别的智慧城市系统设备及其相关的端口和服务，并分析它们潜在的漏洞。测试者可以利用获取的智慧城市安全信息进一步发现现有设备的漏洞。目标漏洞验证技术主要使用目标识别和分析产生的信息，进一步探讨智慧城市系统存在的潜在漏洞，目的是要证明智慧城市系统中漏洞确实存在，且说明利用该漏洞可能导致的智慧城市系统安全风险。

（5）安全编码技术。这主要包括内存安全、线程进程安全、异常处理安全、输入安全、国际化安全、面向编程对象安全、网页编程安全、安全编码规范等内容。

3）边界风险的保障措施

（1）物理边界控制技术。这主要包括门禁系统边界控制技术、监视系统控制技术。门禁系统边界控制技术采用分布式网络结构，在智慧城市的计算与储存系统部门各关键区域（机房、资料室和档案室）的出入口安装部署门禁设备，并由系统控制服务器进行远程管理和控制。门禁设备和服务器之间采用专用的以太网进行连接，通过传输控制协议/网际协议（transmission control protocol/internet protocol，TCP/IP），建立双向数据通道，从而构成通信系统。监视系统控制技术采用红外防护和视频监控系统，对智慧城市的计算与储存部门重点区域进行摄像、安防等操作，为安全管理员提供更为全面的物理边界监控能力。红外防护系统部署在安全区域，采用红外线来检测入侵者；视频监控系统通过闭路电视系统，智慧城市的计算与储存部门的安全管理员可以在监控中心随时观察监控区域的动态情况，从而保证监控区域的安全。

（2）防火墙技术。为了保护逻辑边界安全，防火墙是智慧城市计算与储存系统网络边界隔离的首选设备。防火墙运行在硬件和软件上，并安装在特定的网络边界上，是用于网络间访问控制的组件。通过在智慧城市的计算与储存系统内部网络和外部网络间形成一道安全的保护屏障，防止非法用户访问内部网络的资源和非法向外传递内部信息，也防止这类恶意和非法的网络行为破坏智慧城市的计算与储存系统的内部网络。它让用户在一个安全的屏障后接入互联网，通过防火墙将智慧城市的计算与储存系统网络中的服务器和网络逻辑分离，进行重点防护，并以防火墙为主实现安全等级不同区域间的访问控制和逻辑隔离。在网络边界上部署访问控制系统，并对进出智慧城市的计算与储存系统网络的数据进行审查和过滤，从而将绝大多数攻击阻止在到达攻击目标前。

8.3.4　智慧城市的网络连接层安全保障

智慧城市的网络连接层安全保障的重点是保障智慧城市网络通信安全可用。智慧城市网络安全面临多重威胁，应当从协议加密技术、边界隔离技术、安全审查技术、主动防御技术出发，构建智慧城市网络通信安全保障体系。

1. 典型安全风险

网络连接层不法分子会对智慧城市网络发起攻击，这种攻击主要通过利用网络通信基础设施的漏洞和网络之间传输协议的漏洞实现。智慧城市系统是一个涉及人、事、物的开放共同体，智慧城市系统之间的边界模糊。传统的物理隔离的方法在智慧城市安全保障中不再适用。开放的特征使得病毒更易在智慧城市网络中传播，且影响的范围更广，带来的伤害更深。

攻击者可利用网络通信设备本身的安全漏洞和网络传输协议的漏洞对网络发起攻击。智慧城市系统的开放融合特性使得关联系统间边界模糊化，物理隔离方式不再适用。网络深度融合使病毒更易扩散，其攻击影响力和破坏力更大。安全态势感知和整体防护能力欠缺，难以应对新型网络攻击。

2. 保障措施

（1）协议加密技术。智慧城市建设中使用的网络协议有很多种，其中一些协议没有任何加密机制。对这些协议进行加密，构建安全的传输协议体系结构，可以防止数据在传输过程中被恶意窃取或篡改。

（2）边界隔离技术。根据现有网络业务流程和架构，在网络关键节点安装安全设备，配置安全策略，通过防火墙、VPN、入侵防御等技术对边界信息进行监控和过滤，可以防止非法入侵。具体如下。

①物理层断开技术。网闸采用网络隔离技术，确保外部主机与内部主机随时完全断开。

②链路层断开技术。基于交换机断开技术可以建立一个完整的数据通信链路，因此必须消除系统数据链路，这就是链路层断开技术。链路层断开连接必须消除所有通信链路协议。

③TCP/IP 剥离和重建技术。为了消除 TCP/IP 的漏洞，必须对 TCP/IP 进行剥离。当数据通过网闸进行数据摆渡时，必须重建 TCP/IP。

④应用协议剥离和重建技术。为了消除应用协议的漏洞，必须对应用协议进行剥离。在剥离应用协议的原始数据后，当数据通过网闸传输时，应用协议必须重新构建。通过对应用协议的重构，保证协议的安全性和可靠性。

（3）安全审查技术。监控和检查网络状态，严格审核设备访问等网络节点的变化。特别地，安全审查技术检查智慧城市系统应用、网络、政策和程序，以确定智慧城市系统中的安全漏洞。通过文档审核、日志审核、规则集审核、系统配置审核、网络嗅探、文件完整性审核等方式对智慧城市的安全性进行审核，确保智慧城市系统的安全性。

（4）主动防御技术。从目前对主动防御体系和技术的研究情况来看，主动防御技术主要包括主动认证技术、沙盒技术、微虚拟机技术、主动诱骗技术、移动目标防御技术、可信计算技术和安全风险评估技术等。

8.3.5　智慧城市的物联感知层安全保障

物联感知层是智慧城市的基础，智慧城市中的物联感知设备众多，实现物联感知层的安全保障是智慧城市安全保障的核心。当前，主要采取设置完善的访问控制、采用智能认证检测技术、采用假冒攻击检测技术三种对策实现智慧城市的物联感知层安全保障。

1. 典型安全风险

在物联感知层中，智慧城市网络传感设备数量和种类多，缺乏智慧城市统一的安全识别和认证机制。感知设备可能被不法分子通过技术手段监控，从而获取有关智慧城市网络的机密信息。感知设备也可能被不法分子通过技术手段捕获，从而对原有的设备加以破解和替换，导致智慧城市的节点信息被不法分子控制。不法分子也有可能通过放置虚假设备，冒充正规接入的智慧城市感知设备，实现非法接收网络信息、发送违法信息。

2. 保障措施

（1）设置完善的访问控制。智慧城市安全保障单位可根据具体情况建立智慧城市基础设施网络访问控制模型，通过设立有效的访问控制政策或权限，防止非法访问智慧城市基础设施。具体如下。

①htaccess 文件是 Apache 服务器上的一个设置文件。用户组的目录权限访问控制可以通过该技术实现。该技术的优点在于智慧城市网络管理员可以灵活地、不受时间限制地、按照访问控制的需求改变策略；缺点则在于当系统目录过多时智慧城市网络管理员的时间和精力不足以管理所有 htaccess 文件。

②公共对象请求代理体系结构（common object request broker architecture，CORBA）是由对象管理组织发布的一种技术方案，适用于分布式处理环境。基本构建包括应用对象、公共设施、对象请求代理、对象服务。

（2）采用智能认证检测技术。通过分析智慧城市网络基础设施设备的信息行为、特征，利用特殊的认证检测技术，对智慧城市网络基础设施设备进行智能安全认证。当前，主流的智能认证检测技术主要包含以下三种：基于瞬态特征的设备指纹认证技术、基于内部传感器的设备指纹认证技术、基于调制信号的设备指纹认证技术。

（3）采用假冒攻击检测技术。智慧城市基础设施中，物联网感知设备易受到不法分子的外界干扰。在智慧城市基础感知设备组成的网络中，采取假冒攻击检测技术，识别网络中可能受到的威胁，保护智慧城市的协同网络。

8.4　智慧城市安全管理保障

安全管理保障对于智慧城市的安全建设和保障发挥着统筹安排与组织协调的作用。智慧城市的安全管理保障主要分为安全组织管理、安全监测管理、安全应急管理与安全评价改进四个部分，在安全事件发生之前、发生过程中、发生之后分别采取相应的措施，推进相关工作，由此实现对智慧城市网络信息安全全过程的管理保障。

8.4.1　智慧城市的安全组织管理

智慧城市的安全建设需要进行相应的组织管理，包括智慧城市的安全机构设置与安全机构责任管理。城市作为安全建设、智慧治理的主体，应建立独立运行且具备组织管理与协调运营职能的安全组织体系，同时做好安全机构责任管理。一方面明确安全机构相应的责任制度，另一方面不断提升安全人员的责任意识，避免由人员责任疏忽带来的一系列安全事故。

1. 智慧城市的安全机构设置

组织机构体系对于政府职能的实现与政策的推动执行影响重大，在智慧城市的安全管理过程中，建立职责清晰、运行有效的安全机构尤为重要，其对智慧城市安全工作的开展提供了组织保障。

智慧城市的安全机构包括网络安全领导小组、网络安全领导小组办公室、安全工作人员等。

（1）网络安全领导小组。网络安全领导小组是智慧城市网络安全管理工作的最高级别的领导决策机构，不隶属于任何部门，直接对本单位最高领导层负责。网络安全领导小组是常设机构，设有例会工作制度，负责对本单位的智慧城市安全工作（信息安全、系统安全等）进行宏观性的领导，同时对本单位网络安全工作的开展进行组织协调与统筹管理。

（2）网络安全领导小组办公室。网络安全领导小组办公室是指在智慧城市网络安全领导小组直接领导下进行工作的机构。网络安全领导小组办公室为常设机构，设有例会工作制度，负责处理本单位智慧城市安全管理的日常工作，如信息设备、信息系统与数据的安全管理。

（3）安全工作人员。安全工作人员具体包括系统安全员、设备安全员、信息安全员、数据库安全员、网络安全员、机房安全员、防病毒安全员和防火安全员等。安全工作人员负责具体的安全工作，如硬件设备和软件系统的定期维护与检查、安全场所和资料的管理与保护、安全保密工作的具体开展。

2. 智慧城市的安全机构责任管理

智慧城市网络安全领导小组组长由本单位的主要领导担任，负责对本单位智慧城市建设与管理中的各项信息安全工作进行宏观性的领导，即直接领导网络安全领导小组，同时对各类安全工作人员进行管理和领导。网络安全领导小组的责任范围具体如下。

（1）制定智慧城市网络安全相关的长远建设规划。

（2）研究智慧城市网络安全工作的规章制度、资源配置、资金投入与使用计划、风险整体控制、安全策略等。

（3）处理智慧城市建设与管理过程中涉及网络信息安全的重大事故。

（4）决定网络安全的人事问题。

智慧城市网络安全领导小组办公室是在网络安全领导小组直接领导下工作的，负责本单位智慧城市信息安全工作开展的具体管理，其责任范围具体如下。

（1）处理与智慧城市网络安全工作相关的日常工作；制定本单位网络安全的工作制度；确立安全目标和各级工作人员的权限、岗位职责等。

（2）定期向智慧城市网络安全领导小组组长汇报工作，同时报告工作计划。与国家有关网络安全工作的主管部门以及技术部门建立日常的工作联系，及时报告重大事件，同时协助有关部门做好相关的处理工作。

（3）制定本单位相关的安全操作规程，管理各类安全工作人员。同时，定期或者不定期地组织信息安全培训。定期检查各部门的安全工作，并且及时通报违规行为和检查结果。

（4）进行安全事故的调查，并起草安全事故报告，提出处理意见，听取所属的智慧城市网络安全领导小组负责人的工作汇报,并对报告中的重大问题及时向网络安全领导小组组长进行汇报。

(5)对本级或者本级所属的安全工作人员的工作业绩进行考核,并提出安全工作人员是否称职、表彰、处罚的意见,起草本年度网络安全工作报告以及有关网络信息安全的宣传、教育和培训计划等。

安全工作人员在网络安全领导小组办公室或其他涉及网络安全的主管单位领导下开展工作,其岗位职责如下。

(1)接受网络安全领导小组的领导和网络安全领导小组办公室对其责任制度落实情况与具体工作开展情况的考核,并处理一些关于智慧城市网络安全的事务性或者技术性的工作。

(2)确保政府政务安全、有序地运行,对智慧城市管理安全性进行有效监管。

(3)及时向网络安全领导小组负责人和网络安全领导小组办公室汇报工作进展与组织运行过程中的隐患,并尽快通过技术手段或者其他方式消除电子政务安全隐患。

与此同时,构建一支高素质、专业化的信息安全保障人才队伍,通过对高素质人才的引进与培训,不断提高信息安全工作人员的职业素养与安全责任意识,为智慧城市建设与发展过程中的安全管理工作提供组织机构与人才保障。

8.4.2　智慧城市的安全监测管理

在安全事件发生之前对其进行风险识别与早期处置对于维护智慧城市的网络信息安全影响显著,对网络进行安全监测有助于把握网络运行的实时状况,同时尽快识别安全风险并采取相应措施,在安全事件形成大范围影响之前将其扼杀。本节主要讨论安全保障监测范围与安全保障监测的具体实施过程。

1. 安全保障监测范围

1)安全保障对象监测

(1)数据安全监测。数据信息是智慧城市网络与系统安全运行的重要组成元素。对于数据安全的监测影响智慧城市网络安全保障工作的开展。数据安全的监测主要包括:数据来源的可靠性;数据传输过程的安全性与稳定性;数据交换过程的访问权限控制;数据库系统的运行状况;数据是否存在泄露风险等。

(2)载体安全监测。载体的安全性直接影响数据安全,目前主要从硬件、软件两个方面监测载体安全状况。硬件方面的监测包括对网络设备实体、芯片等的监测,例如,政府部门的计算机设备设施的安全状况,是否存在硬件损坏,是否出现载体被盗或丢失等问题;智慧应用的物联网感知设备是否存在磁场干扰与人为破坏,功能是否能正常使用等。软件方面的监测主要包括对网络系统软件、各类政务服务系统等的监测,例如,系统软件是否存在非法入侵和病毒攻击风险、运行是否出现异常等。

(3)边界和环境安全监测。在智慧城市网络中,对边界安全监控的主要目的在于确保智慧网络不受到各类病毒攻击与非法闯入,确保信息交换的安全。例如,监测政务内外网是否进行有效的物理隔离、网络是否存在病毒攻击或非法侵入风险。智慧城市的环境主要是指各类网络系统运行的现实环境与网络环境,对环境安全的监测主要包括对计算机机房网络状况、智慧应用设备存放场所是否安全等问题的监测。

2）安全保障环节监测

安全保障环节的监测主要包括以下三个环节。

（1）合规要求的安全监测。对于合规要求的安全监测主要包括:各级政府开展智慧城市建设是否依从相应的法律法规文件,是否违反法律法规标准以及监管制度行为的处置情况如何等。

（2）安全策略的安全监测。安全策略是一种处理安全问题的管理策略的描述。对于安全策略的监测主要从以下方面来实施:是否严格地贯彻了保密性要求;对于权限的管理是否设立了相应的机制;对于程序和流程的情况执行得如何;是否设立了责任追查制度。

（3）风险评估的安全监测。对于风险评估的安全监测应该从以下方面考虑:监测风险评估的方法是否适应目前的系统;风险评估的准则是否客观、全面、准确;风险评估的流程是否按照既定的规范来进行等。

3）安全保障资源监测

安全保障资源的监测包括以下四个方面。

（1）人力资源安全监测。在智慧城市的网络信息安全保障工作开展中,对于人力资源的安全监测尤为重要,因为各类安全事件的发生往往由内部工作人员引起。对人力资源的安全监测主要包括:对于人员的准入审查是否符合安全等级标准,关键岗位人选必须经过严格的政审并考核其业务能力;对于录用的人员是否做好记录并备案,随时监测其信息系统和接触的敏感信息是否合适;对于离岗的人员是否做好离岗交接过程的监测,是否收回钥匙、口令等,是否签署保密契约等。

（2）信息资源安全监测。对于信息资源的安全监测主要包括以下方面:信息资源来源是否可靠,传输过程是否安全,是否存在病毒干扰或泄密风险;信息资源的存储、应用、公开、共享是否依据相应的规定与标准进行;信息资源的保密性是否符合相应的法律法规等。

（3）技术资源安全监测。技术资源主要是指用于智慧城市各类智慧应用管理以及保障政务系统安全所采用的各种技术的总称。对于技术资源的安全监测主要包括:技术来源是否安全可靠;技术人员是否经过安全性审查,是否签署相关的保密协议;技术资源的运用过程中是否存在异常行为,如传播病毒或者非法侵入其他系统等。

（4）财务资源安全监测。财务资源对于政府各项工作的开展起着物质保障作用。对于财务资源的安全监测主要包括:项目建设的预算与决算是否依据实际情况并通过上级部门的批准;经费的使用是否合规合理,对专款专用的资金更需进行严格的监测,保证财政资金按计划使用。

2. 安全保障监测实施

1）组织监测开展

开展安全保障监测工作,首先需要进行详尽的工作组织与安排,确保人力、物力、财力各方资源准备充足，各部门工作协调配合。组织监测活动的开展主要包括以下方面。

（1）设备的安全组织与管理。对各类设备进行实时监控与分类管理，并采取有效的管理措施，定期对设备进行安全性清查与更新维护，确保对设备的具体状况有所记录。

（2）系统运行实时监测管理。针对网络系统实现运行的实时监控和管理，对事件库中的系统状态进行实时更新，一旦遇到突发事件及时地进行响应，通过报警或通信渠道告知内部管理人员，为及时采取措施提供保障，并且对事件信息进行存储和管理。

（3）系统的安全评估和检查组织。通过安全监测平台，对智慧城市网络系统的安全进行管理和检查，针对安全级别进行评估和认证。

（4）日常管理组织。针对系统安全的日常管理包括：针对用户进行管理、系统设备的配置管理、安全系统的日志管理、安全制度管理。

2）监测程序

安全事件可能被许多因素触发并破坏单个计算机系统或者整个网络系统的可用性、完整性、数据的保密性等，安全监测针对安全事件在发生前、发生中以及发生后的响应和处理的整个流程活动。因此，在进行安全监测时应该遵循以下步骤。

（1）完善安全指南。安全指南应该包括安全事件的预防、界定、监测、处理、善后以及处理安全事件的标准等制度。将对安全事件的监测纳入安全指南，不仅在总体制度上进行规定，在安全事件发生时还需要明确记录安全事件发生全流程的详细说明，以备后期查询。

（2）制定监测中的职责规范。在职责规范中必须规定安全事件中各岗位的具体职责，安全事件一旦出现，对网络系统的损害会影响智慧城市大范围的智慧应用运行以及各部门工作的开展，监测工作也需要不同部门和岗位的人进行协同配合，各司其职，明确各岗位在日常监测与安全事件中的职责。

（3）处理安全事件的过程规则。为了有效地监测并处理安全事件，需要制定必要的安全事件处理过程规则与报告流程，各安全部门及安全工作人员需履行保持冷静、报告责任、迅速补救、提供事件相关信息等义务，并形成书面规章制度，将安全事件处理过程规则纳入安全培训内容。同时，要重视安全问题或事件的报告流程，明确各安全部门传达安全事件报告的渠道。

（4）设置优先级。安全事件由于其发生的领域和网络环境的区别，造成的危害程度与影响范围有所差异。因此，针对不同等级的安全事件采取的措施也应根据领域与严重程度的区别设置不同的优先级。在制定好优先级之后，还需要制定不同等级安全事件的监测方法与应对措施，指导单位人员在日常工作中，依据不同安全等级的要求，对安全问题进行监测和在发生安全事件时采取适当的解决措施。

（5）针对安全事件采取补救措施。在安全监测的过程中往往会发现一些安全事件可能出现的苗头，应当及时采取必要的措施避免安全事件的发生。若安全事件无法避免，则应迅速组织应急工作，采取安全补救措施，在处理安全事件、进行补救的过程中要注意措施的力度与时效限制，避免造成不必要的损失。

（6）调查和评估安全事件。在安全事件发生过程中，应该对其进行调查与评估，对其发生领域和可能产生影响的范围与程度进行判定。根据调查评估的结果对安全监测工作进行调整与优化,在安全事件结束之后,对造成安全事件的原因进行深入分析,吸取经验教训,对工作进行改进。

8.4.3　智慧城市的安全应急管理

在智慧城市治理的安全保障过程中,安全应急管理是指对于治理中出现的突发安全事件进行管理,包括建立应急管理体系、强化安全事件应急预警与完善安全事件处置。

1. 建立应急管理体系

在智慧城市的信息安全保障体系的构建方面,除了通常提及的硬件安全设施与电子政务的系统安全等软件安全保障以外,由于智慧城市治理中信息在各行各业中的广泛联结、海量数据规模以及公民服务智慧化,智慧治理网络与信息的安全区别于传统政务安全。因此,智慧城市安全保障体系设计和建设应该结合其本身的个性,并提供科学的解决方案,在组织上、技术上、协调管理上和人员上给予保障。

智慧城市网络信息安全事件的不确定性、广泛传播性与危害严重性的特征要求我们在进行智慧城市网络信息安全保障体系规划时,要将足以进行全国范围的网络安全应急响应作为要求。应急处理体系的建立将会为智慧城市网络安全提供相应的应急响应能力,从而对各类突发网络安全事件进行紧急反应与迅速恢复,对影响信息网络与系统安全的漏洞及时地进行通报,第一时间采取补救措施。对智慧城市政务系统和网络安全风险进行有效的评估,确保从政府政务系统到物联感知网络的有序运行,从而达到对各类安全事件预警管理、及时发现、快速响应、有效恢复、善后改进的目标。

在进行安全体系建设时,要综合考虑资金、资源、人员及管理等各方面因素。由于网络安全应急处理的操作水平专业性较高,就目前智慧城市发展情况、政府人事编制而言,政府无须自建一个完整且专业的内部应急组织,采取外包的形式对政府来说效率更高、成本更低。政府只需建立内部应急安全领导小组、应急安全技术小组,确保在安全事件发生时第一时间对事件进行响应、及时有效地进行应急工作安排,保证应急工作有序开展,与此同时,借助外部可靠力量,利用企业专业技术优势,共同承担智慧城市网络信息安全应急处理工作。

2. 强化安全事件应急预警

处理安全事件的第一道防线在于预防和预警。在日常安全管理工作中,通过对各类设备、网络、系统的定期检查、维护与风险评估能够实现对安全事件的预防,而风险预警的主要作用是对安全事件在最初发生时进行有效识别。完善的安全事件预警机制对安全事件管理而言影响重大,是政府由被动的安全事件应对转为主动的安全事件防范的关键所在。具体而言,建立和完善安全事件预警机制包括以下方面。

(1)制定和健全相关的法律法规。要实现安全事件的有效预警,以便在安全事件发生时进行迅速的应急处置,需要在法律层面上对安全事件的预警与管理进行规定。一方面,制定和完善相关的法律法规,从而使安全事件的预警管理法治化,使紧急状态认定依据、紧急管理权和紧急状态的法律责任等都是有法可依的。另一方面，对于网络安全事件，根据其传播特点与影响程度对政府进行处理的具体措施进行规范要求，同时对公民在网络安全事件上的权利与义务做好明确规定，避免网络安全事故事态发展严重化。

（2）制定和完善安全应急预案体系。安全应急预案是指在出现信息与网络安全事件时的应急管理和指挥以及救援计划等。良好的安全应急预案能够在安全事件发生时提供应急处理行动指南，使应急处置工作的开展有序进行。制定和完善安全应急预案体系有利于提高政府处理突发安全事件的能力与优化安全事件处理流程。

（3）进行信息和网络监测与分析。智慧城市网络信息安全事件预警的监测主要是对网络信息进行实时监测，流程包括信息收集与存储，将网络信息转化为具体的指标体系，形成各种形态的数据，将数据与安全事件预警的临界点进行详细比较，从而对安全事件进行预警、发出警报信息，以便本单位及时采取行动，将危机控制在一定范围内，同时报告信息安全部门及时做出应急决策。

（4）完善各种基本资源的储备。安全事件的有效处理需要充足的人力、物力、财力等基本资源的支持，因此，对基本资源进行储备为应急部门及时采取行动、推动应急处置工作的开展提供物质基础。基础资源的储备属于事前预警的工作内容，应纳入各部门日常工作，并通过定期检查、补给的方式保障应急资源储备的充足性。

（5）加强安全事件应对的培训。各部门工作人员的突发事件应对能力也会影响安全事件应对处置效果。良好的安全事件应对能力能够保障应急工作有序开展。在应急工作的开展过程中，各部门工作人员能否保持冷静、高质量地完成应急工作直接影响安全事件最终结果。因此，网络安全领导小组应定期开展安全事件培训，通过对各部门信息安全相关工作人员进行专业的培训与教育，提升工作人员的安全事件应对能力，强化本单位所有工作人员的安全和法律意识，确保在突发安全事件情况下应急工作能够顺利进行。

3. 完善安全事件处置

智慧城市网络信息安全事件的应急管理不仅需要应急安全体系的建立与强化安全事件预警，还需要不断完善安全事件的处置。主要包括在安全事件发生初期进行迅速的应急响应，根据应急预案及时采取行动；在安全事件处理中期沉着应付、推动应急工作的顺利开展，对安全漏洞进行补救，阻止安全事件影响范围与规模的扩展；在安全事件后期进行善后管理，查漏补缺，总结反思，针对网络系统安全事件还应进行相应的数据恢复、备份与更新、系统维护与加固。

8.4.4　智慧城市的安全评价改进

智慧城市的安全评价是对智慧城市安全工程各主要环节的综合性评估，包括对安全组织管理工作、安全策略制定、安全风险评估、安全应急管理等各环节的评价。其目的是系统地对各环节的工作进行客观评估，审查各环节的工作是否达到预期要求，并据此对整个安全管理过程提出针对性改进意见。智慧城市的安全管理是一个复杂的系统，因此，对智慧城市安全的评价是一个综合、全面的评价过程,需要建立完整的评价指标体系,对智慧城市的安全状态进行全面、系统的认识与评价。这一评价不仅包括对安全技术的评价,而且包括对整个智慧城市安全保障管理体系的评价,后者对综合保障智慧城市的安全意义更为重大。通过对安全保障管理体系进行评价,提出相应的改进意见,不断推动智慧城市安全保障管理工作的优化。

对智慧城市的安全保障进行具体评价主要分为内部自我评价、第三方机构评价、综合评价三种方式。

1. 内部自我评价

内部自我评价方式是政府部门自行对本单位智慧城市安全保障的实施情况进行评价的方式。该方式是指本部门对智慧城市的安全实施总体情况进行自我认识,以便发现问题并进行改进,其主要目的是在给定标准的评价体系及相应量表的情况下,借助部门内部工作人员对本部门的系统、信息安全问题有直接、深入认识的优势,基于标准评价体系,迅速找准存在的安全问题并进行分析与改进。这种评价方式可以对一般性的网络信息安全状况进行快速、有效的评价,且能够充分发挥本部门的主动优势,对一些安全问题进行针对性的处理。

内部自我评价的主要不足是:囿于部门内部工作人员对信息安全评价专业基础知识的欠缺,此类评价对网络信息安全实施中系统性、根本性、深层次的问题发掘不足的可能性较大。此外,内部自我评价极易受部门利益及复杂的人际关系影响,导致评价结果出现偏差,对一些涉及部门利益的问题往往选择性忽视,信息安全难以得到真正保障。

2. 第三方机构评价

第三方机构评价是相关管理部门委托第三方专业机构对智慧城市网络信息安全的实施情况进行评价的方式。该方式的特点在于充分借助第三方专业机构的专业知识与经验,其评价过程与结果的科学性、系统性、专业性显著高于内部自我评价,能够从专业的角度发现一些深层次、影响重大的关键问题,对于从根本上提升相关部门的安全实施与保障水平有较大的帮助。其不足之处在于第三方专业机构与被评价单位进行了解沟通的过程耗时较长,因此第三方专业机构要深入应用部门进行充分的调研与沟通,全面认识应用部门的安全实施现状及问题,提出针对性较强的改进方案。同时委托第三方专业机构进行评价,提出改进措施,可能导致部门工作人员的抵触情绪,从而导致安全管理改进工作难以推行,部门安全管理工作难以得到有效改进与提升。

3. 综合评价

综合评价是以上两种方式的结合,根据评价的内容与主要领导人的意愿选择或侧重第三方专业机构和部门内部评价小组之一。以第三方专业机构为主的评价方式由第三方专业机构负责整个评价工作的开展,包括评价项目的组织、安排、调度等,部门内部评价小组作为整个评价工作的一部分参与相关工作,主要负责与部门内部组织、工作人员沟通的工作。以部门内部评价小组为主的评价方式由部门内部评价小组负责整个评价项目的组织、安排、调度等工作，第三方专业机构主要承担专业知识和技能的指导、培训等工作。综合评价可以在一定程度上将以上两种方式的优势进行有效结合，使评价既具有专业性，也能有针对性地解决部门的安全问题，需要注意的是要建立双方的有效协作机制。

参 考 文 献

[1] 陈月华，杨绍亮，李亚光，等. 智慧城市安全风险评估模型构建与对策研究[J]. 电子政务，2020（5）：91-100.

[2] Antonopoulos C，Dima S M，Koubias S. Event identification in wireless sensor networks[M]//Keramidas G, Voros N, Hubner M. Components and Services for IoT Platforms. Cham：Springer，2017：187-210.

[3] Stromire G，Potoczny-Jones I. Empowering smart cities with strong cryptography for data privacy[C]. New York：Proceedings of the 1st ACM/EIGSCC Symposium on Smart Cities and Communities，2018：1-7.

[4] Lai J，Mu Y，Guo F，et al. Fully privacy-preserving and revocable ID-based broadcast encryption for data access control in smart city[J]. Personal and Ubiquitous Computing，2017，21（5）：855-868.

[5] Patsakis C，Laird P，Clear M，et al. Interoperable privacy-aware e-participation within smart cities[J]. Computer，2015，48（1）：52-58.

[6] Beltran V，Skarmeta A F，Ruiz P M. An ARM-compliant architecture for user privacy in smart cities：SMARTIE—quality by design in the IoT[J]. Wireless Communications and Mobile Computing，2017：1-13.

[7] Burange A W，Misalkar H D. Review of internet of things in development of smart cities with data management & privacy[C]. Ghaziabad：2015 International Conference on Advances in Computer Engineering and Applications，2015：189-195.

[8] Peters M K，Hemp A，Appelhans T，et al. Climate-land-use interactions shape tropical mountain biodiversity and ecosystem functions[J]. Nature，2019，568（7750）：88-92.

[9] Gonzalez-Garcia A，van de Weijer J，Bengio Y. Image-to-image translation for cross-domain disentanglement[C]. New York：Proceedings of the 32nd International Conference on Neural Information Processing Systems，2018：1294-1305.

[10] Milanese A，Mende D R，Paoli L，et al. Microbial abundance，activity and population genomic profiling with mOTUs2[J]. Nature Communications，2019，10（1）：1-11.

[11] Krichen M，Alroobaea R. A new model-based framework for testing security of IoT systems in smart cities using attack trees and price timed automata[C]. Crete：14th International Conference on Evaluation of Novel Approaches to Software Engineering，2019：570-577.

[12] Han G，Song Z，Tang Y，et al. Ca and Sr isotope compositions of rainwater from Guiyang city，Southwest China：Implication for the sources of atmospheric aerosols and their seasonal variations[J]. Atmospheric Environment，2019，214：116854.

[13] 张永民，杜忠潮. 我国智慧城市建设的现状及思考[J]. 中国信息界，2011（2）：28-32.

[14] 王金祥. 全面网络安全观下智慧城市安全保障体系建构探析[J]. 电子政务，2016（3）：20-26.

[15] 刘铭秋. 智慧城市治理中的安全重构——基于全景敞视主义的分析[J]. 学习与实践，2019（10）：22-31.

[16] 安达，梁智昊，许守任. 基于大数据的智慧城市安全建设研究[J]. 中国电子科学研究院学报，2016，11（3）：229-232.

[17] 光夏磊，王秉，吴超，等. 情报主导的智慧城市安全管理模型与体系研究[J]. 情报杂志，2020，39（2）：148-152.

[18] 吴建新. 以智慧政府建设推进智慧城市发展的对策研究[J]. 中国信息界，2011（5）：24-26.

[19] 张大江，毕晓宇，吕欣，等. 智慧城市信息安全体系研究[J]. 信息安全研究，2017，3（8）：710-717.

第9章 智慧城市评价方法和指标体系

随着我国城镇化和工业化进程的加快，城市人口膨胀，出现众多"城市病"，如城市交通拥堵、城市环境恶化、城市公共服务质量低下等问题。因此，国家从战略层面提出建设"智慧城市"目标，以转变城市发展方向，建设更加智能、便捷、美好的城市。各地政府也积极响应中央方针，因地制宜地编制有关智慧城市建设的政策方案，同时根据智慧城市评价原则，按照一定的评价流程和方法，对智慧城市建设成效进行评价，以了解其实际建设效果，从而改善现阶段智慧城市建设过程中存在的问题，保证其达到预期目标。

9.1 智慧城市的评价概述

9.1.1 评价目的

随着我国智慧城市的逐步推进，目前我国已有超过 500 个城市提出建设智慧城市的目标，智慧城市已成为城市规划的重点内容。开展智慧城市评价工作，一方面可以全面展示我国智慧城市发展的趋势和取得的成效，另一方面能了解当前我国智慧城市发展中存在的问题。为避免智慧城市建设偏离正轨，通过对智慧城市战略实施所产生的影响的评价，可作为后期建设资金投入、实施方案和进度调整的依据；挖掘智慧城市建设的典范样本，分析借鉴各地智慧城市建设的经验，加强各城市间的横向对比和交流学习，为参与其建设的政府、企业、机构等主体提供事实和决策依据，从而提出有针对性的发展路径和对策建议，推动智慧城市创新发展。

9.1.2 智慧城市评价及指标体系选取原则

为了公正、客观、准确地评价智慧城市的建设成效，构建评价指标体系需遵循一定的原则，只有这样才能切实起到指导、引领智慧城市建设的作用，进而促进智慧城市战略目标的实现。总体而言，智慧城市评价过程及评价指标体系设立应遵循的原则如下。

1. 智慧城市评价原则

（1）全生命周期原则。智慧城市的评价应贯穿智慧城市发展的整个生命周期，包含智慧城市发展的各阶段，从智慧城市最初的规划设计、实施及验收到中期的运行及维护、变更或调整等阶段，才能准确全面地反映智慧城市在发展过程中的整体成效。

（2）按需选用原则。智慧城市评价指标应从能反映其建设成效优劣的各领域的具体项目中选取，根据各城市具体的建设情况因地制宜地选取有所侧重的指标，并结合合适的评价方法进行选取，避免评价指标选取的"一刀切"，与实际情况不符。

（3）主客观结合原则。智慧城市评价指标的选取在反映城市建设客观情况的基础上，也应反映公众、企业、政府部门对智慧城市建设成果的满意度和体验感，将客观数据和人们的主观感受结合，以客观指标为主、主观指标为辅，构建完善的评价指标体系，综合评价智慧城市的建设成效。

2. 评价指标体系设立原则

（1）科学性原则。这是智慧城市评价指标体系构建的基本原则，具体体现在两方面：一是明确其构建的理论基础，依据经济社会发展理论、城市信息化发展以及创新理论等，对智慧城市的内涵、特征、发展趋势及规律等内容有科学的认识和理解；二是明确每个评价指标的含义，在指标选择和层次划分上要符合逻辑，避免出现指标含义模糊、层次划分不一、内容重复等现象。

（2）系统性原则。智慧城市系统涵盖一个城市的经济产业、公共服务、生态环境、人文氛围等各方面，是一个分布广泛、关系复杂的系统。建立评价指标体系应当按照系统论的观点，将其所涉及的所有关系纳入一个整体中，处理好局部与整体、具体行为与目标之间的关系，从而系统全面地反映智慧城市的整体情况。因此，评价指标体系应作为一个整体，从各领域、各层次反映被评价对象的总体特征和表现，也要反映其发展趋势和变化。在评价指标体系的构建中，指标类别的选择、指标权值的确定以及指标层次的划分也应注重各因素间的相关关系，以保证评价的全面性和可信度。

（3）导向性原则。智慧城市的评价指标体系将反映智慧城市的基础设施、公共管理和服务、城市经济发展、人文科学素养、城市市民的主观感知以及城市软环境建设等方面的内容，从发展的角度说明智慧城市的创新理念、内涵特征、前景目标等核心因素，使其充分发挥对未来我国智慧城市的发展路径和模式的导向性作用，引领我国甚至世界智慧城市的可持续发展。

（4）可操作性原则。构建智慧城市的评价指标体系不仅是一个研究课题，而且是我国为建设智慧城市所必需的实践课题。评价指标体系作为检验智慧城市发展成效的实践工具，通过对智慧城市各项指标的评价，利用其进行实证分析，衡量智慧城市的建设是否达到发展目标。因此，智慧城市的评价指标必须满足可操作性这一要求，真正用于实践考核之中。

（5）可比性原则。可比性决定着智慧城市最终评价结果的可信度，只有评价指标满足可比性原则，对智慧城市的发展现状才能进行准确的评价。因此，对其评价指标的选择应保证口径的一致性，评价指标体系不仅能进行横向地区间的比较，而且能对某个城市不同时间段的建设成效进行纵向比较。同时，在指标的选择上，应尽量将不可比因素转化为可比因素，并且与国际通用标准保持一致，以提高我国智慧城市评价的国际性。

（6）规范性原则。智慧城市的评价指标体系具有一定的结构和层次，整个指标体系由一级和二级指标构成。构建评价指标体系应在其总体框架下，使用规范性的术语，制定分项评价指标。同时，在评价指标的总体框架中，二级指标应在一级指标的范围内，根据其领域特征，设立具体操作的定量指标，且数量不宜过多。

（7）代表性原则。构建智慧城市的评价指标体系应做到因地制宜，在国家层面设立的评价指标体系的基础上，根据不同地区、不同城市的经济发展水平、资源条件、政府治理能力等因素，设立具有典型性和代表性的评价指标体系，反对在对智慧城市建设的质量和成效进行评价时，与国家层面的评价指标一成不变或照抄照搬其他地区的评价指标，不具备指导智慧城市创新发展的针对性。

（8）人本性原则。智慧城市评价指标体系的构成包含客观指标和主观指标，其中，主观指标是关于人们对智慧城市建设的主观感知，反映了市民对智慧城市建设成效的态度认知。它主要包含人们对生活便捷度、生活安全感等方面的感知，该类指标的设置体现了以人为本的宗旨，建立在人们对智慧城市满意度的基础上。

9.2　智慧城市的评价方法

9.2.1　层次分析法

层次分析法（analytic hierarchy process，AHP）由美国运筹学家萨蒂提出，其基本原理是将评价系统里的各要素按照一定的隶属关系分解成若干层，形成具有多层次结构的分析模型，对同一层次上的各因素进行两两比较，并以重要性程度为统一评价标准，确定各因素的权值或者相对优劣次序，通过各层次单排序，形成各因素比较结果的判断矩阵，在此基础上，进行层次的总排序，最终得到所有因素的权值。层次分析法是一种赋予目标因素权值，通过将定性指标模糊量化，以解决多目标决策问题的综合分析方法，主要应用在安全科学和环境科学领域，如煤矿安全研究、水安全研究等，适合用来解决复杂的多指标目标系统且目标值难以量化的优化方案决策问题。

层次分析法的具体步骤如下。

1. 建立层次结构模型

通过分析有关智慧城市的各评价指标间的关系，对整个评价指标体系进行层次划分，按最高层、中间层、最低层的顺序，建立评价指标的层次结构模型，形成因素层、准则层、目标层的评价指标模型。

2. 构造判断矩阵

采取一致矩阵法，以重要性为评价标准，将同一层次上的若干因素进行两两比较，并以重要性程度为统一评价标准，确定各层次指标的权值，形成各因素比较结果后的判断矩阵。

3. 进行层次单排序及其一致性检验

将同一层次的因素和上一层次的因素进行对比，以两者的相对重要性为依据进行排序,这一步骤则是层次单排序。在此基础上,对层次单排序的结果进行一致性检验,即某因素被允许不一致的范围。

4. 层次总排序及一致性检验

计算某层次所有因素相对于目标层因素的重要性的权值,这一过程称为层次总排序,从最高层向最低层逐层进行。

9.2.2　模糊综合评价法

在生活中人们会对某样事物做出一定的判断,形成一个总体评价,这就是模糊的概念。模糊综合评价法正是基于模糊数学的原理,以最大隶属度为原则,将定性评价转化为定量评价,借用模糊数学对受到多个因素影响的事物进行分析,减少人为因素对评价对象的主观影响,达到评价对象的去模糊化,以得出较为科学合理的评价结果,适用于解决难以量化的各种非确定性问题。

9.2.3　灰色综合评价法

在控制论中,人们常用颜色的深浅代表信息的充分程度,其中,黑色代表信息未知,白色代表信息已知且完全明确,灰色则代表信息不完全充分明确。由此可知,灰色系统是指系统存在模糊边界,部分信息不完全明确。这是因为一个系统由多种要素组成,各要素对系统都会产生直接或间接影响,各要素之间具有复杂的多层次结构,相互关系模糊,且存在动态变化。灰色系统普遍存在,其组成要素具有不完全性和不确定性,因此决定了灰色综合评价法在该领域的广泛应用。

灰色综合评价法正是基于灰色系统的理论,将定性分析和定量分析相结合,适用于解决指标不明确且难以量化的非确定性决策问题,是一种客观的综合评价方法。在智慧城市评价领域,其指标体系中的各层次指标之间存在一定的关联度,反映了各指标间的关联性大小和优劣次序。基于关联度分析的灰色综合评价法是一种多因素的统计分析方法。利用灰色综合评价法对智慧城市建设成效进行评价。首先确定智慧城市各评价指标的最优值,并将这些最优值组合成标准指标集;然后计算各指标和理想标准间的关联度,形成评价矩阵,通过比较各指标关联度的大小,确定其优劣次序。关联度越大,表明评价指标与理想标准越接近,其相对次序越靠前。

9.2.4　专家评分法

专家评分法是一种定性描述定量化方法,凭借专家的专业能力和经验,聘请某领域的若干专家根据评分标准对评价对象进行打分,然后进行综合计算,最后得出各评价对象最终排名。专家评分法主要计算方法如下。

（1）加法评价。通过将各评价指标的得分简单相加，按总分得出评价结果。此方法适用于指标间关系简单的评价体系。其具体表达式为

$$W=\sum_{i=1}^{n}w_i$$

式中，W 为评价指标体系总分；w_i 为第 i 项评价指标的得分；n 为评价指标项数。

（2）连积评价。将各评价指标得分相乘，按其乘积大小排列最终的评价结果。该方法灵敏度较高，各指标间关系密切，任何一项指标的得分都会影响其他指标的总结果，一旦某项指标不合格，则该类指标就会被全部否定。其具体表达式为

$$W=\prod_{i=1}^{n}w_i$$

式中，W 为评价指标体系总分；w_i 为第 i 项评价指标的得分；n 为评价指标项数。

（3）和数相乘评价。首先将评价指标体系分成若干组，计算出各组指标的得分，再将各组指标得分相乘，得到该评价指标体系的总分。该方法考虑了各评价指标间的相互关系和影响程度。其具体表达式为

$$W=\prod_{i=1}^{m}\sum_{j=1}^{n}w_{ij}$$

式中，W 为评价指标体系总分；w_{ij} 为评价指标中第 i 组 j 项指标的得分；m 为评价指标的组数；n 为第 i 组中包含的评价指标总项数。

（4）加权评价。根据评价指标体系各项指标的相对重要性，赋予其不同的权值。其具体表达式为

$$W=\sum_{i=1}^{n}A_iw_i$$

式中，W 为评价指标体系总分；A_i 为第 i 个指标的权值；w_i 为第 i 项评价指标的得分。其中，$\sum_{i=1}^{n}A_i=1$；$0<A_i\leqslant 1$。

（5）功效系数评价。对不同的评价指标赋予不同的功效系数，将多目标问题转化为单目标问题。总功效数 $D=\sqrt[n]{d_1d_2d_3\cdots d_n}$；$d_n=1$ 表示第 n 个目标的效果最好；$d_n=0$ 表示第 n 个目标的效果最差；$0<d_n<0.3$ 为不可接受效果的范围；$0.3\leqslant d_n<0.4$ 为边缘效果范围；$0.4\leqslant d_n<0.7$ 为次优效果范围；$0.7\leqslant d_n<1$ 为最优效果范围。

9.3　智慧城市的评价指标体系

9.3.1　国家层面的评价指标体系

国家标准委于 2017 年发布《智慧城市评价模型及基础评价指标体系》，该文件共有 5 个部分内容，包含总体框架、分项评价指标制定总体要求、信息基础设施、信息化应用和服务、建设管理。根据《智慧城市评价模型及基础评价指标体系　第 1 部分：总体框架

及分项评价指标制定的要求》可知，我国智慧城市评价指标体系包含能力类和成效类两类指标，既有用于对智慧城市进行整体评价的通用指标，也有针对智慧城市某特定领域的代表性指标。其中，能力类指标一般是客观性的指标，反映一个城市的建设管理水平，主要包括信息资源、网络安全、创新能力、机制保障四方面的水平能力；成效类指标反映智慧城市的建设目标和发展前景，表现为城市管理者带给市民和用户的实际影响与主观感受，包括基础设施、公共服务、社会管理、生态环境以及产业体系五个方面的建设成果。智慧城市评价指标体系框架如表 7-3 所示。

在智慧城市的评价指标体系总体框架图中，能力类和成效类指标下的各项指标为一级指标，在每个一级指标下设立多项二级指标，作为一级指标侧重于某个方面的具体考核依据。各分项指标的确定必须符合评价指标设立的原则，同时根据不同领域的特点以及评价的目的制定。智慧城市的评价指标体系共包含 9 个一级指标、38 个二级指标要素。

能力类指标是一系列用于评价城市运用物联网、云计算、大数据等新一代信息通信技术，进行城市规划与建设、城市管理和服务的要素，包括信息资源开放/共享/开发利用、信息系统安全可控、技术研发与创新、规划与建设方案等 16 项二级指标；成效类指标为评价智慧城市建设成效所带给政府、企业和市民安全感、舒适感、便捷性等感受的满意程度，涉及城市居民生活的各方面。

9.3.2　地方层面的评价指标体系

智慧城市如今已成为各大城市发展的热门话题，越来越多的地方政府出台有关智慧城市建设的政策文件，将智慧城市列入未来的建设重点。国内一些特大城市（上海、北京、南京等）在智慧城市建设上取得显著成效，成为国内城市智慧化发展的典型模式。

1. 上海智慧城市评价指标体系

基于城市"智慧化"的发展理念，综合考虑城市的信息化水平、核心竞争力、绿色低碳、人文科技等方面的因素，2011 年，上海浦东智慧城市发展研究院发布了《智慧城市指标体系 1.0》，该文件是目前国内首个公开发布的智慧城市评价指标体系，包含智慧城市基础设施、智慧城市公共管理和服务、智慧城市信息服务经济发展、智慧城市人文科学素养、智慧城市市民主观感知 5 个一级指标、19 个二级指标、64 个三级指标。2012 年，上海市又发布了《智慧城市指标体系 2.0》，在上一版本的基础上，增加了智慧城市软环境建设一级指标，共包含 6 个一级指标、18 个二级指标、37 个三级指标。该评价指标体系如表 9-1 所示。

表 9-1　上海市智慧城市指标体系 2.0

一级指标	二级指标	三级指标
智慧城市基础设施	宽带网络建设水平	1. 家庭光纤可接入率 2. 主要公共场所无线网络覆盖率 3. 户均网络接入水平

一级指标	二级指标	三级指标
智慧城市公共管理和服务	智慧化交通管理	1. 智能公交站牌建设水平率 2. 市民交通诱导信息使用率
	智慧化政府服务	1. 行政审批事项网上办理水平 2. 政府非涉密公文网上流转率
	智慧化医疗体系	1. 市民电子健康档案建档率 2. 病历电子化率
	智慧化环境保护	1. 环境质量自动化监测比例 2. 重点污染源监控水平
	智慧化能源管理	1. 家庭智能表具安装率 2. 新能源汽车比例 3. 建筑物数字化节能比例
	智慧化城市安全	1. 重大突发事件应急系统建设率 2. 危化品运输监控率
	智慧化教育体系	1. 城市教育支出水平 2. 网络教学比例
	智慧化社区管理	社区综合信息服务能力
智慧城市信息服务经济发展	产业发展水平	1. 信息服务业增加值占地区生产总值的比例 2. 信息服务业从业人员数量占社会从业人员总数的比例
	企业信息化运营水平	1. 企业网站建站率 2. 企业电子商务行为率 3. 企业信息化系统使用率
智慧城市人文科学素养	市民收入水平	人均可支配收入
	市民文化科学素养	大专及以上学历人口占总人口的比例
	市民生活网络化水平	1. 市民上网率 2. 家庭网购率
智慧城市市民主观感知	生活的便捷感	1. 交通信息获取便捷度 2. 城市医疗信息获取便捷度 3. 政府服务信息获取便捷度
	生活的安全感	1. 食品药品安全电子监控满意度 2. 环境安全信息监控满意度 3. 交通安全信息系统满意度
智慧城市软环境建设	智慧城市规划设计	1. 智慧城市发展规划 2. 智慧城市组织领导机制
	智慧城市氛围营造	智慧城市论坛会及培训水平

2. 南京智慧城市评价指标体系

南京市信息中心在充分借鉴国内外智慧城市评价方法和 IBM 公司的智慧城市评价标准的基础上，初步形成南京市智慧城市评价指标体系，包括城市网络互连、智慧产业、智慧服务、智慧人文 4 个一级指标以及 21 个二级指标，每个二级指标都设立了年目标值。但该评价指标体系的设立过于偏重城市的基础设施和产业体系，目前仅作为学术研究成果进行发布，并未对南京市智慧城市进行实地评价，同时忽略了对城市管理运行水平的评价。

3. 宁波智慧城市评价指标体系

宁波市智慧城市规划标准发展研究院联合浙江大学以及高级咨询机构共同发布了宁波市智慧城市评价指标体系[1]（表 9-2），其包含智慧城市基础设施、智慧人群、智慧治理、智慧民生、智慧经济、智慧环境和智慧规划建设 7 个一级指标、20 个二级指标、48 个三级指标。该评价指标体系在具体指标的选择上充分考虑了民众衣食住行等基本需求和对智慧城市的主观感受，各项指标要素与人们的生活息息相关，这有利于衡量宁波市智慧城市的建设成效对人们产生的实际影响。

表 9-2 宁波市智慧城市评价指标体系

一级指标	二级指标	三级指标
智慧城市基础设施	通信设施	1. 每百人移动电话持有数 2. 有线电视双向数字改造率 3. 每百户家庭计算机拥有量 4. 有线宽带接入率 5. 无线宽带网络覆盖率
	信息共享基础设施	1. 政府数据中心、四大基础数据库、信息安全灾备建设情况 2. 通信网络共建共享
智慧人群	人力资源	1. 每万人受过高等教育人数 2. 每万人拥有科技人员数 3. 信息产业从业人数占全社会从业人数比例
	终身学习	人均公共图书馆书刊文献外借次数
	教育与信息消费	1. 城镇居民人均教育支出所占比例 2. 人均信息消费系数 3. 人均电子商务交易额
智慧治理	电子政务	1. 政务微博发布数 2. 是否有一站式网上行政审批服务及电子监察系统 3. 市政府门户网站点击量
	政府决策的公共参与与公共服务投入	1. 人民代表大会议案立案数 2. 政协委员提案立案数 3. 听证会数量 4. 一般公共服务支出（地方财政）
智慧民生	社保	1. 基本养老保险覆盖率 2. 基本医疗保险覆盖率
	医疗	网上预约挂号医院比例
	交通	1. 人均交通卡拥有数量 2. 城市交通诱导系统 3. 公交站牌电子化率
智慧经济	经济实力	人均地区生产总值
	智慧产业	1. 信息产业增加值占地区生产总值比例 2. 软件服务外包产值占地区生产总值比例
	研发能力	1. 研究和开发占地区生产总值比例 2. 万人专利授权量
	产出消耗	平均每万元地区生产总值能源消耗量

续表

一级指标	二级指标	三级指标
智慧经济	产业结构与贡献度	1. 平均每名从业人员创造农、林、牧、渔业增加值 2. 规模以上高技术制造业增加值占工业增加值比例 3. 第三产业增加值占地区生产总值比例
智慧环境	废物处理能力	1. 城镇生活污水处理率 2. 生活垃圾无害化处理率 3. 工业固体废物综合利用率 4. 三废综合利用产品产值
	环境吸引力	1. 建成区绿化覆盖率 2. 人均绿地面积
智慧规划建设	城乡统筹一体化	1. 城乡居民收入比 2. 城乡居民受教育年限比 3. 城乡公共财政投入比 4. 城镇化率
	空间布局	通勤时间（或换乘次数）
	智慧楼宇	建筑智能化水平

9.3.3　社会层面的评价指标体系

1. ICF 评价指标体系

智慧社区论坛（Intelligent Community Forum，ICF）是组织举办"年度智慧社区"评价活动，对全球智慧城市发展进行评价，评选出全球最智慧社区的组织机构。ICF 智慧社区的评价过程分为三个步骤：首先根据各参与评价的城市提交的申请材料，评选出"Smart21"；然后通过问卷调查和专家打分从前者中选出"TOP7"；最后由独立的专业研究公司和论坛评议团评选出"年度智慧社区"。

ICF 制定的智慧城市评价指标体系[2]（表 9-3）共分为 5 个维度，包含宽带连接、知识型劳动力、创新、数字包容、营销和宣传。在这 5 个一级指标下，共设立了 18 个二级指标与之相对应。在其设置的评价指标体系中，定性指标多于定量指标，偏向定性评价，且指标多从政府和企业的角度进行描述，反映公众满意度的指标极少。因此，ICF 对智慧城市的评价不够全面，更多带有主观评判成分，缺乏准确性和人文关怀。

表 9-3　ICF 智慧城市评价指标体系

一级指标	二级指标
宽带连接	开发政策
	政府网络
	公私关系
	暗纤/开放式接入网络
	直接竞争

一级指标	二级指标
知识型劳动力	协调性资产
	创造性资产
	创造知识工作的文化
创新	减少官僚主义负荷
	建立人才输送渠道
	扩大融资渠道
	开展电子政务
数字包容	接入
	承担能力
	技能
	应对挑战
营销和宣传	营销
	宣传

2. 国脉互联智慧城市研究中心

国脉互联智慧城市研究中心于 2015 年发布《第五届（2015）中国智慧城市发展水平评估报告》。该报告在总结前几届评价指标体系设立的经验上，采取"6+1"模式对中国各大智慧城市建设结果进行评价，即智慧基础设施、智慧管理、智慧服务、智慧经济、智慧人群与保障体系 6 个板块和 1 个加分项。此评价指标体系在以往的基础上增加了城市研发创新能力、电子商务发展水平和信息消费水平 3 项指标，共包含 7 个一级指标、16 个二级指标。

3. 中国软件评测中心评价指标体系

中国软件评测中心在 2013 年发布了《智慧城市评估指标体系研究报告》。该报告将评价指标体系分为智慧准备、智慧管理、智慧服务三个大类，共包含 8 个一级指标、36 个二级指标。基于该评价指标体系框架，进一步对指标进行细化，提取出能够体现我国智慧城市特征的共性和个性指标，同时为了提高不同城市之间发展水平的对比性，在定量指标的选择上多采用相对指标，而避免绝对指标。该评价指标体系广泛吸收来自地方政府信息化管理部门、高等研究机构的意见，指标设计更全面、更合理。

9.4　智慧城市的评价实施

智慧城市的评价通常由第三方专业机构实施，借助其专业的评价方法和专家团队，在科学原理的指导下开展评价工作。它的整体评价流程为：制定智慧城市评价指标体系；选择评价模型；收集与分析处理数据；确定各评价指标权值；计算评价结果；对评价结果的可视化展示和分析[3]。

本节以国家标准委发布的《智慧城市评价模型及基础评价指标体系》为例，采用基于专家打分的模糊综合评价法对该指标体系进行评价，从而分析智慧城市的建设成效。

1. 智慧城市的指标体系构建

在智慧城市评价指标体系中，分别设置一级、二级、三级指标，将其依次划分为准则层、因素层、措施层。准则层下的各类一级指标设置若干二级指标，因素层下的二级指标设置若干三级指标，措施层的三级指标则由各项具体的评价项目构成，最终的评价结果指标则为目标层。

在评价指标体系中，各指标的值由两部分构成，即指标值和权值（一个指标相对于另一个指标的重要性程度），两者的取值范围均为[0, 1]，分别用 V 和 W 表示。各评价指标相对重要性的取值含义如表 9-4 所示。

表 9-4　各评价指标相对重要性取值含义

取值	含义
0.1	极不重要
0.2	很不重要
0.3	明显不重要
0.4	稍微不重要
0.5	同等重要
0.6	稍微重要
0.7	明显重要
0.8	很重要
0.9	极端重要

2. 措施层指标数据的收集和处理

措施层指标是有关智慧城市领域的各项具体项目，通常以问卷调查表或专家打分表的形式发放给各专家进行打分，表格上所对应的每个问题需设置满分值。回收数据样本后，根据专家的打分情况和回收样本数对措施层指标值进行计算，去掉其中的最高分和最低分，取其剩余值的平均值作为措施层各项指标值。

3. 因素层指标数据的收集

在智慧城市的评价指标体系中，因素层指标与措施层指标间相互对应，根据两类指标间的对应关系，基于步骤 2 计算得到的措施层指标值，对因素层指标值进行归类，并将各项措施层指标的权值都设置为 1。然后对措施层指标值进行归一化处理，即指标值的加权和/指标满分和，保证措施层指标的取值范围为[0, 1]。

4. 因素层指标的权值计算

制定用来衡量因素层各二级指标相对重要性的评分表，根据该评分表构建判断矩阵 M，通过方根法计算因素层指标的相对权值，设判断矩阵的元素为 a_{mn}，$1 \leqslant m,n \leqslant N(N=1, 2, 3, \cdots)$，则因素层指标权值的计算公式为

$$W = \frac{\left(\prod_{n=1}^{N} a_{mn}\right)^{\frac{1}{N}}}{\sum_{m=1}^{N}\left(\prod_{m=1}^{N} a_{mn}\right)^{\frac{1}{N}}}, \quad k=1, 2, 3, \cdots, N$$

式中，W 为因素层指标的权值。

5. 准则层指标值的计算

因素层指标的计算值是其对应的措施层指标值加权之和，同理，准则层指标值也应根据因素层指标值之和计算得出。

6. 目标层评价结果的计算

通过上述对整个评价指标体系中的措施层、因素层指标值和权值的计算，得到了有关信息资源、网络安全、基础设施、公共服务、产业体系等 9 个准则层指标值和权值，准则层指标值的加权之和便是目标层的最终评价结果，它综合反映出智慧城市在各方面的建设成效。根据智慧城市评价结果的含义（表 9-5），得出评价智慧城市发展的结果，反映智慧城市建设成效。

表 9-5 智慧城市评价结果的含义

取值范围	智慧化程度
[0, 0.1]	很低
(0.1, 0.2]	低
(0.2, 0.4]	较低
(0.4, 0.6]	中等
(0.6, 0.8]	较高
(0.8, 0.9]	高
(0.9, 1]	很高

参 考 文 献

[1] 顾德道，乔雯. 我国智慧城市评价指标体系的构建研究[J]. 未来与发展，2012（10）：79-83.

[2] 王思雪，郑磊. 国内外智慧城市评价指标体系比较[J]. 电子政务，2013（1）：92-100.

[3] 齐亚青. 基于层次分析法的智慧城市评价的算法研究[D]. 北京：北京工业大学，2016.

第 10 章 从智慧城市走向智慧社会

中国进入发展新阶段，主要矛盾是人民日益增长的美好生活需要和不平衡不充分的发展之间的矛盾。数字化、网络化、智能化的新一轮科技与产业革命蓬勃兴起，推动着国家治理通过新技术应用、新经济发展满足人民生活需要，解决社会主要矛盾，与此同时也将智慧城市的发展延伸到智慧社会。智慧社会是继农业社会、工业社会、信息社会之后一种更为高级的社会形态，将是人类社会发展历程中的一次全方位、系统性变革，其发生规模、影响范围和复杂程度远超以往，将彻底改变人们的生产生活方式，重构个人、企业、政府、社会之间的互动关系，变革社会治理模式和国际竞争格局，给人类社会的发展走向带来持续且深远的影响。

10.1 建设智慧社会的目标定位

的十八届三中全会中审议通过的《中共中央关于全面深化改革若干重大问题的决定》指出了全面深化改革的指导思想、目标任务和重大原则。党的十九大报告中再次强调将"全面深化改革"作为当前及未来一段时间内的工作总基调。同时，党的二十大报告指出，"加快转变超大特大城市发展方式，实施城市更新行动，加强城市基础设施建设，打造宜居、韧性、智慧城市"。智慧社会建设作为全面深化改革的一部分，自然应该紧密结合这一时代背景与时代要求。中国正处于高速信息化的背景下，截至 2020 年 3 月，网民规模已达 9.04 亿人，互联网普及率已经超越全球平均水平，达到了 64.5%。移动支付、共享经济、电子商务等新兴经济模式成为中国崭新的名片；在人工智能、大数据和移动互联网等方面不断取得突破；社会治理和政府管理正在以"互联网+"为特征的国家发展规划下发生前所未有的深刻变革。这一切都表明，信息科学技术正以惊人的速度发展。然而，随之而来的治理挑战也困扰着决策者：网络中的各类犯罪活动干扰着网络空间正常秩序，信息社会发展成果在"数字鸿沟"的阻碍下难以得到共享，受制于部分核心技术，我国信息社会持续稳定发展的基础与保障受到不利影响。与此同时，全球治理体制机制在全球互联网空间中不同治理理念并存、网络霸权、持续内在冲突等的影响下需要不断调整甚至重新建构。

探索智慧社会建设的目标是研究智慧社会的必要切入点，理清智慧社会的建设目标有助于我们更好地理解智慧社会以及建设智慧社会的必要性与重要性。智慧社会是人类社会发展历程中的一次全方位、系统性变革，智慧社会建设的总体目标是在充分发挥新技术支撑作用的基础上，通过激发全社会创造力、汇聚发展合力，推进社会制度创新和社会形态重构，形成适应新的生产力发展要求的生产关系，从而解决社会发展不平衡不充分的主要矛盾，最终实现人们对美好生活的向往。智慧社会的具体建设目标是构建一个基础设施智能化，产业发展数字化，政府运行智慧化，公共服务精准化，城乡发展一体化，治理能力和治理体系现代化，政治、经济、社会、生态文明全面协调发展的社会。智慧社会的总体目标如图 10-1 所示。

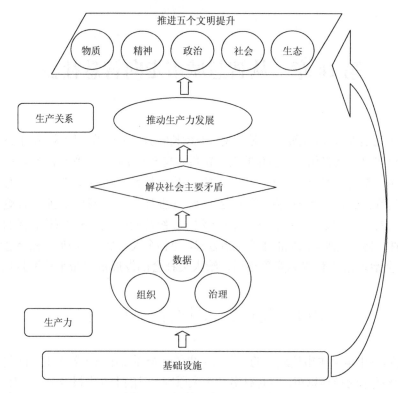

图 10-1　智慧社会的总体目标

10.2　建设智慧社会的总体框架

建设智慧社会需要处理好三对基本关系。

1. "数字"与"物理"

建设智慧社会要处理好"数字"与"物理"这一基本关系。信息技术的发展改变了社会形态，这种改变既包含作为独立社会空间的网络空间（数字世界）的形成，也包括线上线下融合后新的空间的形成。由此自然引发对于"数字"与"物理"关系的基本考量。具体而言，数字（世界）与物理（世界）是一对矛盾统一体，两者既相互区别，又相互联系。

一方面，数字世界与物理世界具有差异性，前者由比特构成，后者由原子构成。比特是数字世界的最小单位，原子是物理世界的最小单位；比特没有重量，原子有重量；比特易复制，原子不易复制；比特使用的人越多，则价值越高，原子使用的人越多，则价值越低。由比特构成的虚拟世界与由原子构成的物理世界也存在较大分殊：前者是电子世界，后者是物理世界；前者是无形世界，后者是有形世界；前者是信息世界，后者是事物世界；前者资源丰富，后者资源稀缺；前者是相对自由的世界，后者是有较多羁绊和限制的世界。源于这样的差异性，数字世界与物理世界的运行规则也存在较大不同：物理世界力图控制数字世界，极力通过技术、法律、权力、市场、道德、教育等方式，将物理世界的行为规范、价值理念、权力结构、社会秩序强加给数字世界或向数字世界渗透；数字世界虽然源于物理世界、立基于物理世界和受制于物理世界，但同时它是相对独立的，并可对物理世界产生一定反作用。

另一方面，数字世界与物理世界又存在紧密联系。数字世界是以现实为根基的，与现实具有同源性；虚拟同时是对现实的折射、延伸和超越，是人的主观能动性的反映。有学者将"数字"形式概括为三种：对实存事物的数字化、对现实超越性的数字化、对现实背离的数字化。无论是哪种形式的数字化，都是以现实为根基的，都不可能偏离现实太远，都是对现实的反映或超越。就运行规则而言，数字世界是延伸于物理世界而非完全独立于物理世界的，是对物理世界的"重塑"、"再造"和"虚拟"，是物理世界的"显微镜"、"望远镜"和"放大镜"，人类对自身存在方式的探索，其现实性在某种意义上比虚拟性更为根本。

网络社会也是人类社会系统中的一个部分和现实中人类互动的特殊场域，属于人类社会特定活动空间。更重要的是，数字世界与物理世界之间存在相互转化、相互影响的关系。例如，网民往往利用互联网的匿名性、跨时空性、连接性等特性和放大机制进行网络表达、动员与传播。但网民并不仅仅满足于虚拟参与，其往往在线下进行频繁互动，尤其是当网络政治参与没有获得及时回应时就会引发猛烈的线上舆情甚至线下行动。数字世界与物理世界的自由转换使得网络事件的随机性与不确定性显著增强，相应地，也大大增加了网络治理的难度。

2. 自由与秩序

自由与秩序是对立统一的，是人类社会的两大价值追求。两者既有区别和张力，又有联系与引力。自由与秩序共生，不可分割。20 世纪末，以约翰·巴洛发表的《网络空间独立宣言》为典型代表，早期的网络自由主义者强烈要求网络空间的绝对自由，强烈拒斥"工业世界的政府"对网络空间的任何干预，认为物理世界的政府与法律不适合网络空间，主张"隶属于过去的你们，不要干涉我们的自由。我们不欢迎你们，我们聚集的地方，你们不享有主权"。这一思想固然体现了互联网追求自由、开放、多元、共享的理念，也是促进网络发展的活力、动力及人的创造力的基础；但是若不对这种自由加以适当控制，则会扰乱正常的信息与社会秩序，危害他人自由与权利，侵犯公共利益。

习近平总书记曾精辟指出自由与秩序的平衡，"自由是秩序的目的，秩序是自由的保障"①。具体来说，在保护网民自由表达的同时，也防范打击不良现象，维护网络秩序。不能假借自由之名扰乱公共秩序，也不能托词公共利益而压制网民正当表达，力求实现作为社会核心价值的自由与作为社会基础价值的秩序之间的动态平衡，实现"依法保障公民言论自由，规范互联网信息传播秩序"的网络管理目标，防止"一放就乱，一乱就统，一统就死"的恶性循环的发生，在自由与秩序之间建立一种富有弹性的张力。

3. 治理与管理

治理理论在互联网崛起的过程中逐渐流行，治理主体参与公共事务的门槛被扁平化的

---

① 新华网. 习近平：推进全球互联网治理体系变革应坚持四原则[EB/OL]. （2015-12-16）[2021-12-10]. http://www.xinhuanet.com//world/2015/12/16/c_128536360.htm.

网络结构、透明的数据信息所降低，多元主体参与治理更加可能。但制度主义认为，技术只是决定制度变迁的众多因素之一，在智慧社会的建设中，基于科层制的传统管理体制机制依然有重要作用。因此，必须处理好治理与管理之间的关系。

目前中国网络管理基本上沿袭传统媒体时代的管理方式，如严格的技术、行政和法律手段等，对网络政治参与进行严格管控，较好地维护了网络空间的基本秩序，但是存在对网民的权利性规定不足、对网络自由参与和表达权利重视不够、对网络政治表达的尺度把握不准、对技术的滥用缺乏必要警惕、对网络民意的吸纳不够充分等弊端，管理方式显得刚性有余而柔性不足。对于这一问题，有学者认为，中国对网络信息表达与交换的法律监管总的来说是比较严格的。为了保证法律法规在互联网领域贯彻落实，相关部门花费了大量资源。智慧社会中相关制度建设将把平衡权力与权利、目的与手段、服务与治理、自由与秩序、政府与社会的关系，追求自由与秩序的平衡，遵循适度原则作为重要考量，以促进网络政治参与朝着健康有序的方向发展。

基于此，建设智慧社会的总体框架主要体现为三个维度：层次、议题与领域。就层次而言，借鉴互联网治理相关研究中的层次理论，同时紧密结合习近平总书记对于智慧社会相关问题的论述结构，本书提出智慧社会顶层框架设计应从技术、行为、组织、制度这四个层次成体系地展开。就议题而言，主要参考智慧社会形态下三对基本关系的论述，本书提出智慧社会顶层框架设计的相关议题都可置于发展与规制这一维度之下。发展议题涉及如何更好地释放信息技术推动下的生产力变革潜力，而规制议题则更多考虑伴随此变化过程而出现的治理风险与挑战。就领域而言，主要参考当前国家政策的相关论述，且考虑智慧社会涵盖国家建设的各方面，本书从政治、经济、文化、社会、生态这五个方面系统性地总结智慧社会建设的顶层框架。基于上述总结，形成如图 10-2 所示的分析框架。

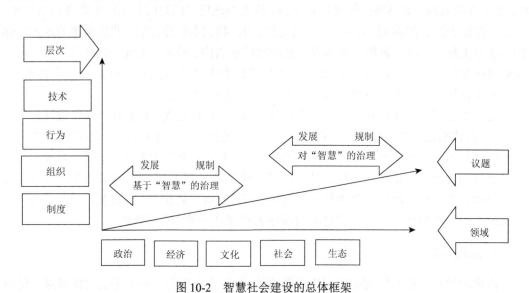

图 10-2　智慧社会建设的总体框架

10.3　建设智慧社会的实施路径

　　智慧社会是一种以正在快速发展并不断迭代更新的信息技术为关键基础、以制度框架变革为重要内核、以知识生产为内在动力、以全社会的创新创造及合作发展为实现手段、以解决发展不平衡不充分的社会主要矛盾为奋斗目标的全新社会形态。建设智慧社会，应全面贯彻落实党的二十大精神，时刻秉持"以人为本"和"城乡统筹"这两个原则，坚持"人民城市人民建、人民城市为人民"重要理念，增强人民获得感与幸福感，满足城市与农村均等化享受智慧社会建设成果的需求，同时结合以资源治理体系和信息技术治理体系为代表的基础设施，明确覆盖政治、经济、文化、社会、生态五大领域的建设范围，以及短期、中期、远期的三阶段规划目标，构建符合我国特色的智慧社会实现路径。智慧社会建设的实现思路应包括服务导向、创新驱动、产业支撑。第一，以提供智慧服务为导向，让城市和农村中的每一个公民都能均等化享受智慧社会建设成果，真正做到"以人为本"和"城乡统筹"。第二，以创新技术驱动为核心，加快大数据、云计算、物联网、移动互联网、5G、人工智能、区块链等新一代信息技术的研发与推广，实现新型基础设施建设高质量发展，构建以数字转型、智能升级、融合创新为动力的智慧社会。第三，以智慧产业为支撑，形成人类智慧在生产要素中占主导地位的产业形态，通过智能技术促进资源整合与再生、促进传统产业的智慧化转型提升，实现智慧社会的新经济的高水平高质量协同发展。

　　服务导向、创新驱动、产业支撑三个实现思路相辅相成，共同推动中国特色社会主义的智慧社会的建设。同时，制度保障将解决如何更好地建设智慧社会的问题，保障智慧社会建设思路的顺利实施。智慧社会建设的制度保障主要包括法律法规、政策体系、规划方案、体制机制、标准规范、评价体系等，这一系列的具体措施将为智慧社会的实现与建设提供全方位的制度保障。我国建设智慧社会的实现思路框架如图 10-3 所示。

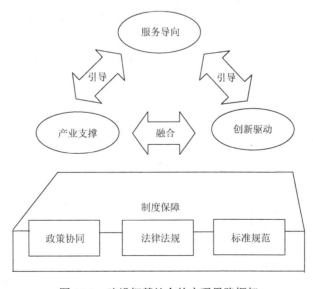

图 10-3　建设智慧社会的实现思路框架

1. 建设智慧社会的服务导向研究

建设智慧社会要始终坚持服务导向的建设思路，显著增强人民获得感，提升公众幸福感，让城市和农村中的每一个公民都能均等化享受智慧社会建设成果，真正做到"以人为本"和"城乡统筹"。在新一代信息技术的高速发展下，服务意识、服务水平、公民理念逐渐放大。政府如何才能在智慧社会形态下更好地搭建与公众的沟通渠道、提供更能满足公众需求的服务、建立更符合智慧社会发展阶段的治理模式，成为政府适应技术创新所带来的必然课题。以政府为主的转型必须从传统意义上的管制型政府转向服务型政府，突出以公民为中心，将"以人为本"思想融入智慧社会建设。与此同时，以服务为导向的智慧社会建设以大数据、5G、人工智能、区块链等新一代关键信息技术为手段，在政府、企业、居民与社会组织互联及协作的基础上，通过规划布局、社会治理、公共服务等各环节的智慧化渗透、精准化嵌入、均等化供给，形成高效、可持续、强聚力的社会形态，以提高居民的生活质量。以服务为导向的智慧社会将脱离智慧城市聚焦城市智慧化发展的窠臼，最大限度消除地区之间、城乡之间、群体之间在社会治理与公共服务上的差异性，使智慧社会下的社会治理与公共服务精准、高效、智能、便民、均等。

2. 以服务导向为主的智慧社会价值理念

在工业社会与后工业社会时期，人类社会从"管理主导"进阶至"服务主导"的治理模式，本质的改变是治理者与被治理者之间的关系，双方不再有明显的阶级划分与权力制约，而是形成公平、均等的"二元互动"。在服务理念引领的新型治理模式中，平等的双方基于内心的自愿与主动，进行合作、追求共赢。同时，全社会的治理关系结构也从"法治"变成"德治"，摆脱了以往来自法律和制度的强权与约束，各方主体自由、自主、平等地组合成全新的社会网络关系结构。在服务型社会治理形态中，全社会的思想认知与行为方式也得以变革，人们开始尝试共创与合作，以服务理念为指引，以公共理性行为追求共同价值[1]。

习近平总书记曾指出，要运用大数据提升国家治理现代化水平。要建立健全大数据辅助科学决策和社会治理的机制，推进政府管理和社会治理模式创新，实现政府决策科学化、社会治理精准化、公共服务高效化①。在以服务导向为主的智慧社会价值理念中，应将上述内涵中的技术边界加以延展，发挥人工智能、区块链、5G等新一代信息技术对国家治理、政府管理与社会治理的助力作用，最终为公众提供个性化、便捷化、定制化的公共服务，以及形成满足社会需要的现代化治理机制，激发市场活力与社会创造性。结合信息技术高速发展与社会主要矛盾，服务导向路径的价值理念在于能够正确运用技术创新指导产业发展，全面提高公共服务品质，提高基础设施和公共环境品质，提高公众日常社会生活的品质，最终让人民群众过上幸福生活。

---

① 人民网. 运用大数据提升国家治理现代化水平[EB/OL].（2018-02-01）[2021-12-10]. http://theory.people.com.cn/n1/2018/0201/c40531-29799599.html.

3. 以服务导向为主的智慧社会五位一体建设

智慧社会是以城市与农村相结合的全域范围为基础,运用大数据、人工智能、物联网等新一代信息技术对社会数据进行精准采集、智能分析、实时反馈,使这些数据可以在社会的不同功能模块中进行有效互动,并以服务为导向提供更加全面、智慧的,以政治、经济、社会、文化、生态为主的五位一体建设。服务导向是对服务型政府理念的高度贯彻,智慧社会的最终任务和根本目标是为人民服务,是完全为公众利益所服务的。

第一,服务导向下的数字政府建设。党的二十大报告提出加快建设网络强国、数字中国。深入推进数字政府建设,是适应信息化时代趋势,加快建设数字中国的必然要求。数字政府不是单纯地复制一个传统政府的在线版本,数据治理也不是简单地构造一个汇聚各方数据的政务云,数字政府建设需要以服务理念为引导,以全面提升政府职能为基础,加强部门联动,重塑行政流程,切实贯彻与落实服务型政府理念[2]。服务导向下的数字政府建设要以人民为中心,准确把握公众在智慧社会建设背景下的真实需求。应以科学、精准、高效为目标,建立健全一个技术(大数据、人工智能、物联网、5G 等)助力国家治理、社会治理、政府治理的创新机制。同时,以智慧城市建设为抓手,构建跨地域、连城乡的数字政府模式,做好城乡统筹规划,弥补城乡之间的数字鸿沟。

第二,服务导向下的数字经济建设。大数据、人工智能、移动互联网和 5G 的飞速发展带来了数字经济的大幅提升。我国的数字经济规模在 2021 年跃居世界第二位,达到 8.5 万亿美元,占全球经济总量的 55%。推动数字经济高质量发展,要以人民与企业为服务对象,以人民日益增长的美好生活需要和企业持续健康经营的需要为责任,聚焦产品和服务在需求与供给上的数字化加工,将数字转化为生产要素而再造产业流程。对"产业数字化"和"数字产业化"这两架动力马车的打造,以及对高质量发展的数字经济的建设,则均需突破核心技术难关、建设数字经济重大战略平台、打造世界级数字产业集群,从而提升数字技术对三大产业的融合度与渗透力[3]。

第三,服务导向下的智慧民生建设。民生服务的供给数量和质量决定了智慧城市的发展内涵。然而,在新型城镇化建设及智慧城市建设的初期,我国部分地区由于忽视服务型民生建设,缺乏对人民获得感的真切感知,存在公共服务供需失衡、区域间对比明显、结构不合理等问题,阻碍了城乡民生建设的同步提升。在智慧社会建设背景下,全面贯彻落实党的二十大精神,以习近平新时代中国特色社会主义思想为指导,以人民为智慧民生建设的服务中心,实现民生建设精准化、专业化、一体化和均等化发展,以社会治理和公共服务为核心发展领域,满足民众需求及社会需要。以智慧民生基础设施建设和民生保障制度构建为基础,以保障和改善民生与增进人民福祉为发展目标,积极推进智慧民生建设成为摆在我们面前的重要任务。

第四,服务导向下的智慧生态建设。随着城市化进程的加快与经济的飞速发展,经济可持续发展的目标受到了越发严重的环境问题的威胁。习近平总书记在党的二十大报告中指出,尊重自然、顺应自然、保护自然,是全面建设社会主义现代化国家的内在要求。必须牢固树立和践行绿水青山就是金山银山的理念,站在人与自然和谐共生的高度谋划发展。智慧社会建设务必思考、回应和解决环境污染与环境恶化问题。绿水青山就是金山银山,只有通过以人为中心的智慧生态建设，利用技术驱动城乡生态环境创新治理，才能实现"让良好生态环境成为人民生活的增长点、成为经济社会持续健康发展的支撑点、成为展现我国良好形象的发力点"的奋斗目标①。服务导向下的智慧生态建设更加强调以新能源、新科技等推动形成绿色发展方式和生活方式。利用智能化信息技术，打造不受空间、地域限制的高效便捷的环境大数据服务平台，规范创新管理，完善生态环境服务体系，逐步实现生态环境智能化监测，提升生态环境预警分析能力，完善生态环境大数据平台建设。

第五，服务导向下的数字文化建设。在新公共服务理论中，政府的定位不是统治主体，而是服务主体，是立足于共同价值的公共领导，其核心使命在于尊重公民、服务公民，倾听其需求表达，满足其公共权益。在智慧社会建设背景下，数字文化治理坚持重心下放、资源下沉、服务下移，以服务公众、服务社会、服务文化为导向，促进公共文化服务体系建设。数字文化治理的目标是让所有公民真切地获得与享受文化发展带来的文化服务，数字文化服务供给过程要围绕公平核心，通过加强公共文化服务基础设施建设、统筹城乡数字文化资源、再造公共文化服务流程等路径，面向不同年龄阶层、不同工作领域的群众，提供均等、高效的公共文化服务[4]。

参 考 文 献

[1]　耿永志. 治理模式演进视角下的"服务型"社会治理伦理关系研究[J]. 江汉论坛，2019（1）：72-77.

[2]　叶战备，王璐，田昊. 政府职责体系建设视角中的数字政府和数据治理[J]. 中国行政管理，2018（7）：57-62.

[3]　刘淑春. 中国数字经济高质量发展的靶向路径与政策供给[J]. 经济学家，2019（6）：52-61.

[4]　郑建明，王锰. 数字文化治理的内涵、特征与功能[J]. 图书馆论坛，2015，35（10）：15-19.

---

① 中国政府网. 习近平主持中共中央政治局第四十一次集体学习[EB/OL].（2017-05-27）[2021-12-10]. http://www.gov.cn/xinwen/2017-05/27/content_5197606.htm.